STUDI E RI

CDVI

I lettori che desiderano informarsi
sui libri e sull'insieme delle attività della
Società editrice il Mulino
possono consultare il sito Internet:

www.mulino.it

CHIARA SARACENO

MUTAMENTI DELLA FAMIGLIA E POLITICHE SOCIALI IN ITALIA

con la collaborazione
di Manuela Naldini

SOCIETÀ EDITRICE IL MULINO

ISBN 88-15-09348-6

INDICE

Prefazione alla nuova edizione p. 7

Introduzione 11

I. Il contesto delle politiche: mutamenti nei modi di formare famiglia 23

1. Una storia di diversità 23
2. Strutture familiari e reti parentali 39
3. I cambiamenti nel diritto di famiglia 47

II. La divisione del lavoro: strategie familiari e modelli delle politiche 61

1. La divisione del lavoro: un affare di donne? 61
2. Mutamenti nella partecipazione delle donne al mercato del lavoro 64
3. Divisione del lavoro e uso del tempo 70
4 Politiche del lavoro e politiche nei confronti dei genitori lavoratori 74

III. Economia delle famiglie: redditi, consumi, trasferimenti e imposte 87

1. Redditi e consumi delle famiglie 87
2. Il trattamento fiscale delle famiglie 109
3. I trasferimenti monetari alle famiglie 120
4. Altre prestazioni monetarie previdenziali e assistenziali 136

IV. Famiglie e servizi sociali 145

1. Un settore ancora a bassa legittimazione? 145
2. Le politiche e i servizi per l'infanzia 154
3. I servizi per chi non è autosufficiente 175

4. Il servizio sanitario come strumento di redistribuzione alle famiglie p. 187
5. Le facilitazioni per l'accesso all'abitazione: la cenerentola delle politiche sociali 196

V. Orientamenti politici e attori nel processo di definizione delle politiche familiari 205

1. La mobilitazione dei gruppi di interesse 205
2. Le politiche della famiglia nelle proposte di legge e nei programmi dei partiti: dagli anni Sessanta ai primi anni Novanta 229
3. L'istituzionalizzazione delle politiche familiari 236
4. Gli enti locali come promotori di politiche familiari 240
5. Verso una ulteriore differenziazione delle cittadinanze locali? 250

Riferimenti bibliografici 255

PREFAZIONE ALLA NUOVA EDIZIONE

Dopo decenni di immobilismo pressoché totale, gli anni immediatamente successivi alla prima pubblicazione di questo libro sono stati caratterizzati da una nuova attenzione per le politiche della famiglia, non solo a livello di discorso pubblico ma anche di interventi legislativi. Nei cinque anni trascorsi dalla prima edizione è stata infatti approvata la legge quadro sul sistema integrato dei servizi e degli interventi sociali (l. n. 328/2000) che ha finalmente sostituito la legge Crispi del 1890. Essa dovrebbe fornire il quadro di riferimento delle politiche non previdenziali e non sanitarie in un contesto istituzionale della organizzazione dello stato e dei suoi diversi livelli territoriali che quasi contemporaneamente è stato trasformato in senso federalista. È stata anche approvata la legge sui congedi genitoriali (l. n. 53/2000), che affronta la questione della conciliazione tra responsabilità familiari e impegni nel mercato del lavoro non solo limitatamente alle donne, ma anche in riferimento agli uomini. Anche la questione del sostegno al costo dei figli ha iniziato a trovare risposte più consistenti in termini economici, anche se non del tutto soddisfacenti soprattutto sul piano dell'equità.

Questi mutamenti nelle policy sono stati accompagnati e in parte sollecitati da fenomeni la cui presenza era già stata segnalata nella prima edizione del testo e che pure si sono consolidati in questi anni nei comportamenti e nelle condizioni degli individui e delle famiglie: l'aumento della occupazione femminile, in particolare tra le donne madri e in generale tra le donne in età feconda; una crescente tensione, sulle reti familiari, derivanti dalla presenza di grandi anziani in condizioni di fragilità e non autosufficienza; la precarizzazione dei rapporti di lavoro in particolare per le generazioni più giovani; l'aumento della incidenza della povertà nelle famiglie con figli; la crescente richiesta di servizi più attenti ai bisogni delle famiglie come microcosmi sociali e organizzativi, e così via. Ci sono state anche sollecitazioni da parte della Unione Europea, specie per quanto riguarda il tema del sostegno alla conciliazione tra responsabilità familiari e lavorative, le pari opportunità tra uomini e donne e l'incentivazione alla attività e occupazione femminile. Queste ultime sollecitazioni, e gli impegni presi di conseguenza, hanno definitivamente escluso, almeno a livello del discorso pubblico, la possibilità di considerare il ritorno alla famiglia fondata sulla tradizionale divisione del lavoro tra uomini e donne come la soluzione alla carenza di servizi. Anche se il peso della conciliazione continua a gravare sproporzionatamente sulle donne, che ne pagano i prezzi nel mercato del lavoro, e sulle reti parentali.

Non si può dunque più dire del tutto che quella italiana sia una «non politica della famiglia». Pezzi di politica della famiglia anche intenzionali sono emersi qui e là. A parere di chi scrive, tuttavia, rimangono tutta la timidezza, ambivalenza, frammentarietà (con esiti di possibile contraddittorietà tra una politica e l'altra) che venivano evidenziati nella prima versione di questo testo. Rimane anche l'alta conflittualità di ogni intervento in questo campo. Se prima questa conflittualità riguardava soprattutto la questione della occupazione delle madri, oggi riguarda soprattutto la definizione di che cosa sia una famiglia (solo quella legale o anche quella di fatto?). E la questione dell'incoraggiamento alla procreazione assume i toni dell'allarmismo, e della difesa, rispetto alla immigrazione e non solo di un riconoscimento dovuto a chi sostiene il costo di crescere figli. Il passaggio di governo che ha tagliato quasi a metà questi cinque anni non ha solo rallentato la messa a regime di riforme importanti, *in primis* della legge n. 328/2000. Ha anche reso ancora più espliciti i conflitti ideologici e di valore con cui nel nostro paese, forse più che in altri, hanno a che fare politiche altrove consolidate da decenni: che si tratti del sostegno al costo dei figli o dell'accesso all'abitazione. D'altra parte, il rimescolamento delle forze politiche ha trasferito all'interno dei partiti e delle coalizioni i dissensi sulle tematiche familiari che prima potevano essere esternalizzati, rendendole un terreno ancora più minato dal punto di vista politico.

Allo stesso tempo, i mutamenti di quadro istituzionale ridisegnano, e per certi versi rafforzano, il sistema delle differenze territoriali che caratterizza l'Italia in questo come in altri campi. Esiste la possibilità che le politiche familiari sviluppate a livello locale diventino un elemento cruciale nel dare forma a modelli locali di welfare anche fortemente differenziati.

marzo 2003

C.S.

INTRODUZIONE

La politica per le famiglie in Italia può essere definita allo stesso tempo riluttante e ambivalente. Come è noto, in Italia manca una vera politica sociale per la famiglia. Obiettivi e misure, pertanto, devono essere ricostruiti all'interno delle politiche sociali in generale, e della legislazione sociale e fiscale. Data la frammentazione degli attori e degli ambiti che contribuiscono a dar vita nel nostro paese a una politica familiare implicita, non sorprende solo che le misure siano troppo spesso inadeguate, ma anche che gli obiettivi perseguiti appaiano spesso contraddittori, altamente differenziati, se non addirittura con effetti contrari rispetto a quelli desiderati. Così, ad esempio, le nostre politiche fiscali fino alla metà degli anni novanta hanno riconosciuto in maggior misura la dipendenza familiare derivante dal fatto che un coniuge (per lo più la moglie) non abbia un reddito proprio che non quella derivante dalla presenza di figli non ancora autonomi; allo stesso tempo forniscono di fatto meno sostegno al modello tradizionale di famiglia basato sulla figura del maschio capofamiglia unico procacciatore di reddito che a quella basato sul doppio reddito, in cui entrambi i coniugi lavorano. D'altra parte, non solo l'offerta di servizi alle persone, ma l'intera organizzazione degli orari sociali sembra continuare a presumere l'esistenza di famiglie in cui vi è sempre una persona addetta a tempo pieno al lavoro familiare. O ancora, la lunga dipendenza dei figli adulti dai genitori, legittimata anche da norme giuridiche, sembra avere contribuito sostanzialmente, anche se niente affatto intenzionalmente, al ridimensionamento della fecondità.

Le politiche sociali per la famiglia nel nostro paese sono riluttanti e ambivalenti soprattutto perché sono il risultato di un'assenza. Un'estesa e prolungata solidarietà tra le generazioni anche oltre i confini della convivenza, la disponibilità a continuare a condividere risorse, a fornire cura a parenti non autosufficienti o in stato di temporaneo bisogno: tutti questi comportamenti sono incoraggiati molto di più dalla mancanza di alternative strutturate che non da forme attive di incentivazioni e sostegni. Così, ad esempio, l'aver privilegiato misure a sostegno del reddito insieme diffuse e di importo modesto – «a pioggia», oltre che categoriali – invece di servizi e di forme di sostegno al reddito universalistici, ha di fatto rafforzato la solidarietà familiare e parentale [Negri e Saraceno 1996]. Questa tuttavia appare non tanto sostenuta e incentivata, quanto una risposta obbligata in assenza di alternative migliori. L'insufficienza di servizi di asilo nido obbliga le madri a svolgere lavoro di cura a tempo pieno o, qualora madri lavoratrici, ad affidarsi alla rete di parentela (soprattutto femminile). La scarsa diffusione sul territorio di servizi di assistenza a domicilio e di strutture residenziali per anziani non autosufficienti, significa che qualcuno (di nuovo, in genere una parente donna) dovrà fornire i servizi di cura che necessitano. Da questo punto di vista, il soggetto-famiglia, con la sua divisione dei compiti e delle responsabilità lungo le linee di genere e di generazione, lungi dall'essere ignorato dallo stato, viene a costituire il partner esplicito del welfare state italiano [Saraceno 1994]. Pertanto, ci si può interrogare non solo sugli effetti delle politiche sociali per la famiglia, ma anche sul ruolo di questa nell'ambito delle politiche sociali: che cosa la famiglia fa per lo stato e per la collettività in generale, assumendosi così tante responsabilità.

Esping-Andersen [1990; 1995], nella sua analisi dei diversi modelli di regime di welfare, colloca lo stato sociale italiano insieme ad altri welfare di tipo continentale quali la Germania, la Francia o il Belgio. In quei paesi, argomenta, il rapporto tra stato, mercato e famiglia nella fornitura di servizi e nell'attività di redistribuzione delle risorse è fortemente sbilanciato a favore della famiglia, anche al di là dei confini della convivenza. Non appare facile, tuttavia, accomunare l'Italia con il sistema di welfare state tedesco, francese o belga. Là infatti, è vero che dalla famiglia ci si attendono servizi e sostegni per i suoi componenti. Tuttavia essa viene sostenuta e fortemente protetta dallo stato attraverso generose prestazioni monetarie. Inoltre, il raggio delle obbligazioni familiari è più ridotto: per lo più limitato al rapporto genitori-figli, anche se senza limiti di età. Nel nostro paese, viceversa, da un lato il ventaglio dei parenti «obbligati» è più ampio; dall'altro le obbligazioni familiari, inclusa la loro chiara specificità di genere, sono attese e sostenute più attraverso la mancanza di alternative che attraverso incentivi attivi. L'individuo e la famiglia che non si comportano secondo le attese (ad esempio la famiglia in cui entrambi i coniugi lavorano o la famiglia mono-genitore) sono costretti a pagare costi molto elevati per soddisfare i bisogni e rispondere alle obbligazioni attese. Anche coloro che si comportano secondo le attese previste, tuttavia, possono essere costretti a pagare costi assolutamente non riconosciuti: in termini di vulnerabilità economica (in particolare le donne e i bambini), di sovraccarico (particolarmente quando vi sono disabili o persone non del tutto autosufficienti nel nucleo familiare), di mancanza di autonomia.

Proprio per queste sue caratteristiche diversi autori [ad esempio Ferrera 1996; Naldini 2002 e 2003; Gonzalez, Jurado e Naldini 2000] ritengono che l'Italia, insieme a Spagna, Portogallo e Grecia costituisca un regime di welfare distinto – cosiddetto mediterraneo. Esso sarebbe caratterizzato, tra l'altro, da una elevata frammentarietà delle politiche sociali e, per quanto riguarda esplicitamente la famiglia, da un basso livello di generosità dei trasferimenti pubblici alle famiglie con figli, da uno scarso sviluppo dei servizi sociali, da un ricorso crescente alla prova dei mezzi e dalla lunga assenza di politiche di conciliazione tra responsabilità familiari e lavoro remunerato. La figura 1 mostra come questo gruppo di paesi abbia avuto una spesa per la famiglia sistematicamente più bassa degli altri dell'Unione Europea sin dagli anni Ottanta e ciononostante si trovi anche tra quelli in cui la quota di questa spesa sul totale della spesa sociale è diminuita fino a tutto il 1998.

«De-mercificare», per usare il termine caro a Esping-Andersen, cioè sottrarre all'alea del mercato il soddisfacimento di una serie di bisogni, nel nostro paese è ancora

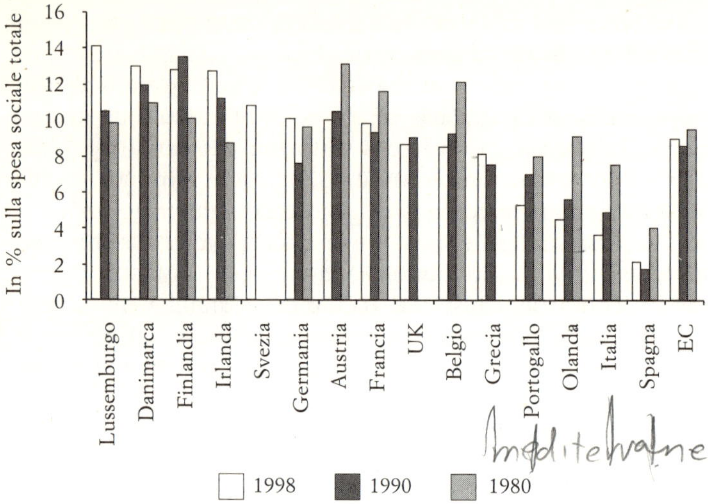

Nota: La spesa indicata include la spesa per prestazioni monetarie e in natura (eccetto la sanità) connesse con i costi relativi alla maternità, alla nascita, all'adozione e al mantenimento e cura dei figli e di altri membri familiari.

FIG. 1. Spesa sociale per la funzione: famiglia/infanzia in Europa in % sulla spesa sociale totale, 1980-1998.

Fonte: Eurostat [2000].

un compito che spetta alle famiglie e, quando si tratta di bisogni di cura, alle donne in particolare – soprattutto se si tratta di bambini, disabili e anziani non autosufficienti. Non ci si può quindi stupire troppo che, nel tentativo di trovare un equilibrio percorribile tra la solidarietà attesa tra le generazioni, la lunga dipendenza dei giovani, le domande di cura provenienti dalla crescente quota di anziani non autosufficienti che necessitano di assistenza, e l'aspirazione a una sicurezza economica e a un grado di autonomia personale, le coppie più giovani, e in particolare le donne, riducano il numero dei figli al minimo necessario a soddisfare il desiderio di generare.

La mancanza di una politica sociale per le famiglie in Italia potrebbe essere spiegata come una strategia per evitare conflitti aperti e scelte chiare, in un campo in cui esistono valori e aspettative sociali tra loro in tensione, se non contraddittori: conflitti tra il valore dell'uguaglianza tra i sessi, riconosciuto a livello formale, e le aspettative di comportamento ancora fortemente legate alla divisione del lavoro in base al genere; tra il valore dell'unità e della solidarietà familiare e il valore attribuito all'autonomia individuale; tra quello della privacy e quello della responsabilità sociale. Il persistere di forti differenze di valori in questo campo è indice delle differenze e divaricazioni culturali che hanno caratterizzato la storia politica del nostro paese: tra la Chiesa e la cultura cattolica e i partiti e i gruppi di ispirazione sia marxista e socialista sia laico-liberale, tra la cultura marxista e quella liberale, tra il cattolicesimo, in particolare nella sua variante più conservatrice, e i movimenti femministi, e così via. Anche se non va ignorato che molti di questi valori – in particolare quelli relativi a rapporti di genere asimmetrici e alla prioritaria rilevanza della solidarietà familiare allargata rispetto ai diritti individuali – sono stati al contrario di fatto condivisi dai diversi partiti e gruppi politici, molto di più di quanto comunemente si ammetta. Lo testimonia anche il lessico politico del dibattito sulla riforma dello stato sociale negli anni Novanta e all'inizio del nuovo secolo, in cui l'evocazione della famiglia come risorsa ovvia e pressoché inesauribile è presente in tutto il variegato spettro dei partiti.

Peraltro, è utile ricordare come le contraddizioni legate ai valori familiari siano addirittura state inscritte nella nostra Costituzione, la quale solennemente sancisce l'uguaglianza tra i sessi contrapponendola però all'unità familiare (art. 29: «Il matrimonio è ordinato in base all'eguaglianza morale e giuridica dei coniugi, con i limiti stabiliti dalla legge a garanzia dell'unità familiare») e subordina il diritto delle donne al lavoro extra-domestico al fatto che non entri in conflitto con l'«adempimento della sua essenziale funzione familiare» (art. 37).

Più che in altri paesi le politiche nei confronti della famiglia sono state e sono ancora in larga misura il prodotto secondario di politiche di settore e/o categoriali: della politica pensionistica piuttosto che di quella sanitaria o scolastica, o del successo con cui una o l'altra categoria di lavoratori è riuscita a ottenere benefici. La questione delle dipendenze e interdipendenze che si creano entro una famiglia, e delle responsabilità familiari degli individui, viceversa fatica a ricevere un riconoscimento positivo autonomo.

Soltanto in un periodo della storia italiana la politica familiare è stata esplicita: durante il regime fascista negli anni Trenta e all'inizio degli anni Quaranta. Il regime ebbe nei confronti della famiglia una politica chiara. Essa aveva tre obiettivi: invertire la tendenza al declino della fecondità; rafforzare la struttura autoritaria della famiglia incentrata sul marito/padre; fare della famiglia un'istituzione direttamente impegnata e responsabile di fronte agli obiettivi e ai valori del regime. La riluttanza e l'ostilità mostrate dalla politica repubblicana, e da tutti i governi che si sono succeduti dal dopoguerra a oggi, verso una politica sociale diretta alla famiglia possono in gran parte spiegarsi con l'eredità fascista e con il desiderio di prendere le distanze dalla precedente esperienza. Anche se l'Italia repubblicana è stata più pronta a eliminare o ridurre la portata dei pochi sostegni positivi offerti dal regime alle famiglie (assegni familiari, detrazioni fiscali per familiari a carico) che a iniziare azioni positive, sia a livello pratico che legislativo, intese a modificare le disuguaglianze di genere all'interno della famiglia e a facilitare l'autonomia dei figli.

Pare, in effetti, riduttivo spiegare le ambivalenze dello stato sociale nei confronti della famiglia, con la conseguente assenza di un'esplicita politica familiare, solo nei termini di una necessaria presa di distanza dal fascismo e dai suoi obiettivi di politica demografica. Altri fattori legati alla storia del nostro paese devono essere tenuti presenti.

Il primo fattore, a cui abbiamo già fatto riferimento, riguarda il profondo conflitto di valori che ha attraversato le divisioni politiche. Almeno fino al 1989, e alla caduta del muro di Berlino, l'Italia si trovava ad avere sia il più grande partito cattolico d'Europa (oltre a ospitare il Vaticano), sia il più grande partito comunista dell'Occidente. In questo scenario di profonde divisioni, l'assenza di politiche, sommata alla presenza di politiche implicite negli obiettivi e frammentarie negli interventi, aiutò a evitare un confronto reale. Al tempo stesso, permise il mantenimento dell'equilibrio politico facendo concessioni ora a un gruppo, ora a un altro (cfr. anche Jenson e Sineau 1998).

Soltanto il movimento femminista sembrò capace, per un breve periodo, di rompere il patto tacito che reggeva questo compromesso. Gli anni Settanta si presentarono come gli anni delle grandi trasformazioni in cui ebbero luogo importanti cambiamenti legislativi; furono sviluppati numerosi servizi pubblici, indirizzati a rispondere alla crescita dei bisogni espressi dalle famiglie, soprattutto nel campo dei servizi per l'infanzia, ma anche dei servizi domiciliari per gli anziani. Il fatto, tuttavia, che questi servizi e prestazioni sociali fossero stati argomentati, dai gruppi e movimenti che se ne fecero promotori (movimento delle donne, sindacati, partiti di sinistra, alcune amministrazioni locali), anche, se non soprattutto, come strumento per lo sviluppo dei diritti individuali – delle donne, dei bambini, degli anziani – allora, ma anche oggi, viene spesso utilizzato come critica: misure che in altri paesi sarebbero senza problemi definite e presentate come a sostegno della famiglia e delle responsabilità familiari vengono viceversa denunciate come forme di indebolimento di unità, solidarietà, doveri familiari, oltre che come «intrusioni» indebite dello stato nei modi di regolazione della famiglia. Anche nel nuovo clima politico formatosi a partire dagli anni Novanta – segnato da inedite alleanze politiche e dalla necessità di ridurre il debito pubblico – quella stagione di sviluppo dei servizi alle persone viene spesso denunciata nel dibattito politico non già come uno dei pochi, parziali, passi compiuti verso la costruzione di una politica di sostegno a chi avesse responsabilità familiari, e insieme di parziale alleggerimento delle dipendenze familiari, ma come una deviazione individualistica che avrebbe distolto l'attenzione dalla famiglia, in favore degli «individui».

Il rischio è che si ricreino ancora una volta contrapposizioni «intrattabili» tra sostenitori dei diritti degli individui e sostenitori della famiglia: come se gli individui non avessero, spesso, rapporti e responsabilità familiari, oltretutto mutevoli lungo il corso della vita; e come se «la famiglia» fosse un'entità compatta e omogenea, assolutamente non districabile nei suoi componenti, relazioni, bisogni, responsabilità. Ove, soprattutto, salvo poche eccezioni da seguire con attenzione, un sostegno alla famiglia sembra sempre consistere nella prescrizione di doveri e obbligazioni, piuttosto che nell'offerta di risorse e opportunità.

Un secondo fattore che va considerato nella ricerca delle ragioni della mancanza di una politica familiare in Italia, per lungo tempo pensata come un paese troppo fecondo, è una forma di strabismo di cui sembriamo soffrire ogni volta che guardiamo alla nostra storia. È noto che oggi l'Italia, nonostante un tasso più elevato di fecondità nelle regioni meno sviluppate, o più svantaggiate economicamente, è uno dei paesi a più bassa fecondità. Tuttavia, sono in molti, compresi noti commentatori, a continuare a pensare che la fecondità non vada incoraggiata. A partire da questo strabismo storico, ogni misura sospettata di incentivare, o anche solo non scoraggiare, le nascite – assegni o detrazioni fiscali per i figli, ad esempio – viene immediatamente denunciata sia come uno strumento di politica demografica potenzialmente appartenente all'ideologia fascista, sia come uno strumento che incoraggia una fecondità di cui non ci sarebbe alcuna necessità.

Non aiuta, da questo punto di vista, il nesso talvolta anche esplicitamente formulato che si è venuto a creare tra questioni demografiche e questioni legate alla immigrazione – sia che si evochi l'immigrazione come soluzione al declino della natalità sia che viceversa, e più frequentemente, si invochi una ripresa della fecondità in chiave di difesa della identità culturale (se non razziale) autoctona, percepita come minacciata dalla immigrazione stessa.

Un terzo fattore è rappresentato dalla disoccupazione strutturale di cui il nostro paese ha sempre sofferto. Gli alti tassi di disoccupazione hanno facilmente contribuito a porre l'occupazione femminile, particolarmente quella delle mogli e madri, in competizione con le «legittime» aspettative del capofamiglia maschio a svolgere il ruolo di procacciatore di reddito familiare. Aiutare le donne, non solo le donne che si trovano in stato di bisogno, a conciliare il lavoro e la famiglia attraverso lo sviluppo di servizi sociali personali a lungo è stato percepito a lungo sia come un «lusso», sia come un attacco alle «giuste» aspettative maschili a un lavoro che, più in generale, ai valori familiari.

Il welfare state italiano, anche durante il periodo di sua massima espansione, ha ininterrottamente potuto contare sul sostegno economico offerto dalle famiglie e dalle reti parentali ai propri membri, nonché su un'abbondante offerta di lavoro di cura gratuito svolto dalle donne. Per questo gli elevati tassi di disoccupazione tra i giovani maschi e femmine e, più recentemente, anche tra le donne adulte, sono stati a lungo percepiti come un problema certo serio, ma politicamente non grave e socialmente non dirompente. Analogamente, la questione della povertà è rimasta a lungo un problema da affidare alla solidarietà familiare allargata alla parentela, con qualche integrazione della beneficenza privata e pubblica: senza motivare, come in altri paesi, una vera e propria politica pubblica e tanto meno l'istituzione di una qualche forma di reddito minimo garantito a chi ne fosse sprovvisto. E i servizi per la prima infanzia, per anziani non autosufficienti o per portatori di handicap sono rimasti la cencrentola delle politiche sociali.

Paradossalmente, la richiesta di una politica pubblica per la famiglia, divenuta sempre più esplicita e culturalmente legittimata negli ultimi anni, sembra meno diretta a sviluppare politiche di sostegno attivo verso le famiglie che a riattivare obbligazioni familiari implicitamente o esplicitamente attese anche prima, asimmetrie di genere e tra le generazioni incluse. Inoltre, nonostante il calo della natalità sia una delle motivazioni forti dietro ai nuovi discorsi sulla necessità di una politica per la famiglia in Italia, pochi sostegni attivi sono divenuti misure concrete, volte a ridurre il peso del costo dei figli, e a sostenere la conciliazione tra responsabilità familiari e partecipazione al mercato del lavoro. Anche se va segnalato come il tema della conciliazione sia presente e centrale nelle due leggi di grande rilievo per l'organizzazione delle famiglie che sono state approvate proprio al volgere del secolo, nel 2000: la legge sui congedi genitoriali, n. 53/2000 e la legge quadro sul sistema integrato dei servizi e degli interventi sociali, n. 328/2000. D'altra parte, queste due questioni – costo dei figli e problemi di conciliazione – appaiono sempre più centrali nelle strategie delle giovani coppie a fronte non solo dei mutati comportamenti e aspettative femminili, ma delle incertezze di un mercato del lavoro flessibile e de-standardizzato – anche nelle forme di protezione del reddito – che si sommano alla crescente fragilità del matrimonio.

Proprio la riduzione della fecondità, d'altra parte, insieme all'allungamento della vita e alla crescente presenza di donne nel mercato del lavoro, segnala che gli assunti impliciti su cui si è retto il modello di welfare italiano non possono più essere dati per scontati: non si può più contare su una riserva familiare di lavoro di cura femminile per far fronte ai bisogni dei grandi anziani se e quando questi divengono fragili; non è solo il sistema sanitario, o quello pensionistico, a essere sottoposto a tensione, ma anche quello familiare-parentale, innanzitutto per motivi di equilibrio (o squilibrio) demografico. Ciò è già visibile nelle grandi città del centro-nord, ove si è creato un mercato del lavoro di cura spesso senza regole sia per chi lo fa che per chi lo riceve, che vede coinvolte in prevalenza donne immigrate extracomunitarie. La forzata, data per scontata, attribuzione esclusiva alle famiglie del lavoro di cura, senza sostegni e senza flessibilità nell'assenza di politiche, può avere come effetto, anzi lo sta già avendo, la mercificazione più o meno selvaggia dello stesso.

Proprio perché le politiche, esplicite o implicite, della famiglia interferiscono e interagiscono con i modi concreti di fare famiglia, prima di illustrare come si siano sviluppate e modificate le politiche «di fatto» della famiglia in Italia nel corso del Novecento, nelle pagine che seguono delineeremo sinteticamente le principali trasformazioni avvenute nel modo di fare famiglia, a livello sia dei comportamenti sia delle forme di regolazione giuridica.

Questo lavoro fa parte di una ricerca comparativa internazionale su *Trasformazioni familiari e politiche per la famiglia*, coordinata da Peter Flora, Sheila Kamerman e Alfred Kahn, presso l'Università di Mannheim.

Pur ampiamente modificato per la pubblicazione italiana, esso mantiene l'impostazione dello studio originale, in particolare la sua prospettiva storica e il confronto tra politiche – dirette e più spesso indirette – della famiglia da un lato, modi di formazione e di organizzazione della famiglia e comportamenti dei soggetti dall'altro. Anche la scelta di privilegiare l'attenzione per le politiche nei confronti delle famiglie con figli deriva dall'impostazione del progetto internazionale.

Il volume è stato preparato con la collaborazione di Manuela Naldini. Questa, oltre ad avere effettuato la prima traduzione dal testo originario inglese, ha contribuito alla preparazione del materiale di base e ha scritto, e successivamente aggiornato, i paragrafi 3.1 e 3.2 sugli assegni familiari nel capitolo 3, ha collaborato alla stesura del capitolo 5 su «Orientamenti politici e attori nel processo di definizione delle politiche familiari», e ha predisposto parte delle tabelle contenute nei vari capitoli. Il paragrafo 2 del capitolo 3 per il periodo fino al 1995 è stato scritto con l'aiuto di Roberto Zanola, che ha raccolto tutti i dati necessari e steso un primo rapporto.

CAPITOLO PRIMO

IL CONTESTO DELLE POLITICHE: MUTAMENTI NEI MODI DI FORMARE FAMIGLIA

1. *Una storia di diversità*

La storia della famiglia italiana fino alla metà del XX secolo è storia sia di continuità sia di diversità. È impossibile tracciare per il passato un profilo omogeneo della struttura della famiglia in Italia tra le diverse regioni e i diversi ceti sociali; ed è impossibile parlare di una tendenza univoca alla continuità [Barbagli 1988]. Al contrario, a partire almeno dal XIV secolo, prevalsero una forte differenziazione nei modelli di formazione della famiglia tra aree urbane e aree rurali, particolarmente nel centro-nord, e una forte differenziazione nell'incidenza dei tipi di strutture familiari tra il sud e il centro-nord [Golini 1988; Barbagli 1988]. Fino alla fine del XIX secolo, le regioni meridionali si caratterizzavano per un'età precoce al matrimonio (ma non la Sardegna), per un tasso di nuzialità più elevato che le regioni centro-settentrionali e per il prevalere, dopo le nozze, della regola della residenza neo-locale, sia nelle campagne che nelle città (ma non in Abruzzo e in Molise). Nelle regioni centro-settentrionali, invece, un'età avanzata al matrimonio costituiva la norma matrimoniale, mentre il modello residenziale dopo le nozze differiva dalla campagna alla città. In ambiente urbano si seguiva principalmente la regola di residenza neolocale; e molte ragazze prima del matrimonio trascorrevano una parte della loro adolescenza e giovinezza come serve presso un'unità domestica diversa dalla loro famiglia. Nelle campagne, particolarmente là dove la mezzadria era diffusa, prevaleva la regola della residenza patrilocale e i giovani ancora celibi trascorrevano molti anni della loro gioventù come servi presso unità produttive familiari esterne. Allo stesso tempo, i lavoratori nelle campagne vivevano principalmente in strutture familiari di tipo nucleare o esteso (ma non multiplo).

Le differenze in ampiezza e varietà delle strutture familiari nel nostro paese permasero fino a tutta la prima metà del XX secolo, come conseguenza anche del lento e tardivo processo di industrializzazione. Al censimento del 1951, i lavoratori del settore agricolo costituivano ancora il 42% della popolazione attiva in Italia, il 52% in Emilia-Romagna, il 63% in Calabria, il 73% e il 76% rispettivamente in Basilicata e Molise. I contratti di mezzadria, ancora molto diffusi, svolsero un ruolo assai rilevante nel determinare il tipo, la struttura e l'organizzazione del nucleo familiare e non furono modificati che nel 1964, quando furono aboliti anche altri rapporti di lavoro agricolo che prevedevano restrizioni e condizioni assai svantaggiose per la famiglia agricola e che contribuivano a mantenerne la struttura di autorità lungo le linee di genere e generazione. La diversa incidenza della popolazione agricola, insieme ai diversi tipi di contratti agricoli, spiega la diversa distribuzione delle strutture familiari per regioni e per province, così come appare ancora al censimento del 1951: la famiglia nucleare era molto più diffusa al sud, mentre le famiglie estese e multiple caratterizzavano le regioni centrali, particolarmente Toscana, Umbria ed Emilia-Romagna.

A causa del ritardato processo di industrializzazione, in Italia il tasso di nuzialità iniziò a crescere più tardi che in altri paesi occidentali. La percentuale dei mai sposati, uomini e donne, inizia a diminuire per la prima volta tra le coorti nate dopo il 1920 e a scendere sotto il 10% solo con le coorti nate dopo il 1930 [Santini 1986]. Pur nelle differenze tra regioni, l'età media al matrimonio rimase più elevata che in altri paesi europei (24 anni per le donne e 27 per gli uomini).

Forti differenziazioni territoriali esistevano anche a livello di modelli di fecondità [Livi Bacci 1977], con le famiglie delle regioni meridionali sistematicamente più feconde di quelle delle regioni centro-settentrionali, nonostante le forti differenziazioni interne a queste ultime. Come segnala una ricerca di Santini [1997], esse sono ancora nettamente visibili nei comportamenti delle diverse coorti di donne che sono state protagoniste della vicenda riproduttiva di questo secolo e in particolare degli ultimi cinquant'anni.

Nonostante questa forte differenziazione su base territoriale e di classe e ceto nei modi di fare famiglia, alcuni valori e principi accomunavano i gruppi e i contesti sociali, marcando una continuità fino al secondo dopoguerra. Nelle parole di Golini [1988, 347] tre fondamentali principi furono alla base dei modelli di formazione della famiglia italiana fino agli anni Cinquanta: 1) relazioni sessuali ammesse solo nell'ambito del matrimonio; 2) il matrimonio per sempre, «fino a che morte non separi»; 3) relazioni di genere (e di generazione) asimmetriche. A questi principi potremmo aggiungere un elevato valore attribuito ai figli e prima ancora alla generazione, a prescindere dal loro numero, e il permanere di intensi legami di parentela.

Questi principi non vennero modificati neppure dal pur forte, e sistematico, intervento del fascismo sulle condizioni di formazione e organizzazione della famiglia. Al contrario, il regime tentò di ostacolarne il possibile indebolimento a seguito del processo di industrializzazione e urbanizzazione e della diffusione del lavoro extra-domestico delle donne nei contesti urbani del nord. Anche se, in questa azione di contrasto, il regime produsse in effetti una radicale discontinuità nelle relazioni tra stato e famiglia, aprendo la via dell'intervento del primo sulla seconda.

È comunque nella prima metà degli anni Cinquanta, con un'accelerazione a partire dalla seconda metà degli anni Sessanta, che divengono visibili i primi segnali di discontinuità nei comportamenti familiari.

Ripercorrendo l'analisi fatta da Golini [1988], in sintesi si può dire che a questi cambiamenti contribuiscono almeno cinque fattori fondamentali: la rivoluzione sessuale; un non più esclusivo orientamento verso i figli; una nuova importanza attribuita al benessere e alla felicità della coppia; la crescita dell'instabilità coniugale; e, infine, il cambiamento del ruolo e della posizione sociale delle donne nella società.

Questi mutamenti si rafforzeranno vicendevolmente intrecciandosi nel contempo alle profonde trasformazioni che stavano avvenendo a livello di stratificazione sociale, di sviluppo economico e di modelli di consumo. Come mostra Piccone Stella [1993] in una ricerca sugli anni Cinquanta, una serie di fenomeni, che si manifesteranno solo verso la fine degli anni Sessanta tra i giovani delle città, particolarmente tra quelli del centro-nord – e che andranno dai mutamenti nei modelli di consumo e di famiglia alle relazioni di genere, fino ai conflitti tra le generazioni – erano processi già iniziati durante gli anni Cinquanta, tra le reazioni perplesse e ambivalenti degli osservatori e dei ricercatori. Il lento diffondersi di nuovi beni di consumo (la lambretta, la vespa, i jeans americani, il rock and roll), le crescenti occasioni di incontro tra ragazze e ragazzi lontano dagli occhi vigili dei genitori, contribuiranno a formare non solo il quadro generale di una nuova quasi-generazione, per usare la terminologia di Mannheim, ancora non completamente consapevole, ma anche tendenze di comportamento che diverranno visibili solo nei decenni successivi: quando queste giovani coorti e i loro fratelli e sorelle minori formeranno esse stesse le nuove famiglie. Le adolescenti degli anni Cinquanta, cresciute all'ombra del modello ideale di donna/madre/moglie/casalinga, sono le stesse che inizieranno a essere occupate nel settore dei servizi durante gli anni Sessanta; quelle stesse che inizieranno anche ad andare a scuola più a lungo (anche se con un decennio di ritardo rispetto ad altri paesi occidentali) e ad avere meno figli delle loro madri e sorelle maggiori. Esse contribuirono pertanto a sviluppare quel nuovo modello di ciclo di vita femminile che più tardi sfocerà in quello che è stato definito il modello della «doppia presenza» [Balbo 1978]. Nello stesso periodo, molte donne cominceranno a entrare in relazione con i diversi tipi di servizi pubblici, sociali e sanitari, e soprattutto con i servizi per l'infanzia, con pediatri e altri esperti, a un livello e con un'intensità totalmente sconosciuti alle generazioni precedenti.

Data la perdurante, se non crescente, differenziazione delle formazioni socio-economiche nel nostro paese, questi cambiamenti non avvengono in modo omogeneo su tutto il territorio nazionale e non producono gli stessi effetti. Così che ancora oggi possiamo in certa misura continuare a parlare di diversi modi di fare famiglia nel nostro paese.

Ripercorriamo ora brevemente i principali cambiamenti.

1.1. *Matrimonio*

La propensione degli italiani al matrimonio è sempre stata tradizionalmente alta, mantenendosi tale fino al periodo 1961-70, con valori medi intorno al 7,6 per mille abitanti, per poi scendere costantemente fino al 5,2 nel triennio 1984-86. A partire dalla metà degli anni Ottanta il tasso di nuzialità sembra essersi stabilizzato intorno ai 5,3 matrimoni ogni mille abitanti (cfr. tab. 1.1). Questa riduzione è solo in parte imputabile alla riduzione del numero dei potenziali sposi, cioè della numerosità delle coorti con età da matrimonio. È infatti dovuta anche a una posticipazione del processo di formazione della famiglia, ossia a un innalzamento dell'età dei giovani al matrimonio [De Sandre 1997]. L'età al matrimonio, che era progressivamente aumentata a partire dalla metà del XIX secolo, contrariamente a quanto avveniva in altri paesi, fino a raggiungere 28,6 anni per gli uomini e 24,8 per le donne, proprio durante gli anni Sessanta e la prima metà degli anni Settanta, ossia nel periodo di massimi tassi di nuzialità, diminuì fino a 27,2 anni per gli uomini e 24 per le donne, riprendendo poi a risalire appunto alla fine degli anni Ottanta. Con il persistere di tale tendenza, alcuni studi prevedono che nei prossimi decenni circa il 30% di ogni coorte non si sposerà mai [Golini 1988, 352; De Sandre 1997]. Le donne delle grandi città del centro-nord sono quelle più coinvolte da questo fenomeno.

Il fatto che i giovani ritardino il matrimonio non significa tuttavia che lascino la casa dei genitori per condurre una vita autonoma da soli o per vivere in coppia senza sposarsi. Al contrario, questo comportamento, come indicano sia i dati del censimento del 1991 che quelli delle periodiche *Indagini Multiscopo* dell'Istat, è in Italia molto limitato rispetto ad altri paesi. Nel 1989-90 il 20,2% delle persone tra i 24 e i 34 anni viveva come figlio/a nella famiglia dei

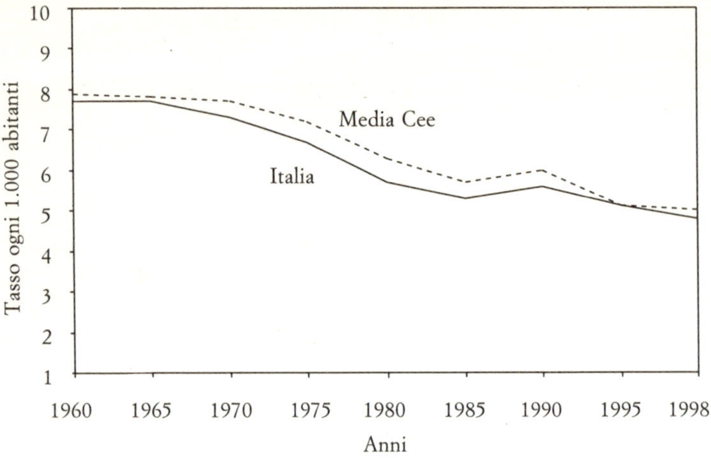

FIG. 1.1. Tasso di nuzialità in Italia e nei paesi Eu, 1960-1998.

Fonte: Eurostat [1999, 122, tab. F-3].

genitori. Meno di dieci anni dopo, nel periodo 1997-98, tale percentuale era salita al 30,4%. Le differenze rispetto al modello prevalente negli altri paesi europei sono nette, specie per le fasce di età giovani fino ai 30 anni. Nel 1987 ed anche nel 1995 viveva ancora con i genitori il 63,5% dei giovani europei tra i 20 e i 24 anni. Ma ciò valeva rispettivamente per l'81% e l'87% dei giovani italiani. Negli stessi due anni troviamo ancora nella casa dei genitori rispettivamente il 27,5% e il 31,6% dei giovani europei tra i 25 e i 29 anni, ma il 39% e il 56% dei loro coetanei italiani. Portogallo e Grecia hanno percentuali analogamente elevate, ma più contenute, e solo la Spagna ha percentuali più elevate di quelle italiane. Sono più i maschi che le femmine a rimanere a lungo in famiglia. Ma la differenza è largamente imputabile alla differenza di età al matrimonio, non a una diversa modalità di uscita dalla famiglia di origine da parte dei due generi. D'altra parte, una analisi effettuata dai ricercatori dell'Istat sulla base delle Indagini Multiscopo [Istat 2000, 445-448] suggerisce che in Italia chi esce dalla famiglia di origine prima dei 23 anni incorre in un maggior rischio di povertà economica di chi aspetta ancora qualche anno, ed

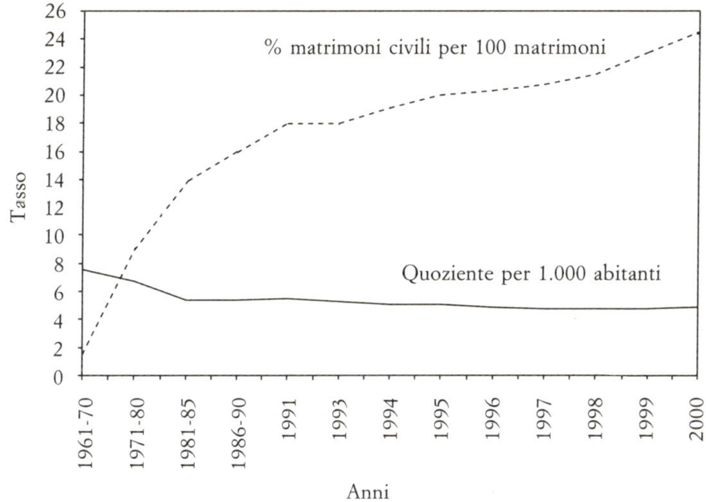

FIG. 1.2. Matrimoni in totale e matrimoni civili in Italia. 1961-2000.

Fonte: Golini e Menniti [1994]; Istat, *Matrimoni, separazioni e divorzi*, 1997; Istat [*2002*d].

anche di rimanere povero più a lungo, se non può contare sul sostegno economico dei genitori. Questa fascia di età, infatti, in Italia più che in altri paesi è pressoché esclusa da ogni forma di ammortizzatore sociale: difficilmente può contare su una indennità di disoccupazione se perde il lavoro, perché non ha maturato una storia contributiva abbastanza lunga e perché è più spesso occupata con contratti di lavoro atipici. E non può contare su un reddito minimo di ultima istanza, perché, come vedremo, nel nostro paese non esiste per nessuno, salvo che per gli anziani. Rimane, appunto, solo la famiglia, che tuttavia non ha sempre le risorse necessarie per aiutare i più giovani a vivere per conto proprio [cfr. anche Saraceno 2000a; 2000b]. Nonostante il matrimonio venga ritardato, esso continua nel nostro paese a essere considerato la ragione per così dire legittima per lasciare la casa dei genitori.

Le ragioni della scarsa propensione dei giovani a «uscire di casa» non possono essere ricercate solo nella difficoltà dei giovani di trovare un lavoro stabile: una percentuale consistente di giovani donne e uomini continua infatti a vivere nella casa dei genitori pur essendo occupata [Menniti, Palomba e Sabbadini 1992; Ongaro 1995; De Sandre 1997; Piccone Stella 1997; Istat 1998]. Ricerche sui giovani sembrano suggerire che le nuove generazioni non sono solo, o tanto, costrette, ma preferiscono rimanere nella casa dei genitori: vi trovano sia sostegno economico che affettivo e allo stesso tempo godono di ampi spazi di libertà; e non desiderano rischiare un abbassamento del tenore di vita e affrontare le difficoltà della organizzazione pratica della vita quotidiana che deriverebbero dal vivere per conto proprio e dal contare solo sui propri mezzi [Cavalli e De Lillo 1993; Saraceno 2000a].

Un mutamento nei modelli matrimoniali è rappresentato dall'aumento del numero dei matrimoni celebrati con il solo rito civile. Il loro numero è rimasto stabile intorno al 4% (sul totale dei matrimoni celebrati) fino al 1970; successivamente tale percentuale è cresciuta costantemente fino a raggiungere il 24% nel 2000 (cfr. fig. 1.2). Nonostante tale crescita coincida con l'introduzione del divorzio in Italia e, pertanto, con la possibilità di contrarre seconde nozze che possono essere celebrate solo con il rito civile, essa è in parte attribuibile anche alla crescita di prime nozze celebrate con rito non religioso: già nel 1992 il 18% del totale dei matrimoni fra nubili e celibi era celebrato soltanto con il rito civile. L'aumento dei matrimoni civili indica pertanto un processo di secolarizzazione del matrimonio e, soprattutto, un mutamento del significato che gli italiani attribuiscono all'unione coniugale.

1.2. *Separazione, divorzio e seconde nozze*

Le seconde nozze in Italia costituiscono ancora una quota limitata sul totale dei matrimoni, seppure abbiano conosciuto un costante aumento negli ultimi anni. Il numero dei matrimoni in cui almeno uno dei coniugi era già stato sposato, fino alla prima guerra mondiale era abbastanza eleva-

TAB. 1.1. *Alcuni indicatori sulle separazioni e i divorzi in Italia (1980, 1985, 1990, 1995, 1998)*

	1980	1985	1990	1995	1998
Separazioni	29.462	35.162	44.018	52.323	62.737
Età media alla separazione					
uomini	37	39	40	40	41
donne	34	36	37	37	38
Durata del matrimonio					
media	10	12	12	12	13
Coppie senza figli (%)	27,8	21,2	32,1	36,9	33,6
Tassi si separazione totale per 1.000 matrimoni	77,4	97,9	129,1	158,3	195,0
Divorzi	11.844	15.650	27.682	27.038	33.510
Età media al divorzio					
uomini	46	44	43	43	44
donne	42	41	40	40	40
Coppie senza figli (%)	37,6	38,3	38,9	49,8	44,7
Tassi di divorzio totale per 1.000 matrimoni	31,6	41,1	78,0	79,7	100,9

Fonte: Istat, *L'instabilità coniugale in Italia: evoluzione e aspetti strutturali. Anni 1980-99*, 2001.

to; era poi diminuito, stabilizzandosi, alla metà degli anni Settanta, con valori intorno al 5%. Negli anni successivi, tale quota è aumentata fino a raggiungere il 7% di tutti i matrimoni durante gli anni Ottanta. La morfologia delle seconde nozze è cambiata profondamente nel corso degli anni Settanta, trasformandosi da fenomeno che coinvolge prevalentemente i vedovi e le vedove a fenomeno che coinvolge prevalentemente i divorziati. Secondo i dati più recenti, le seconde nozze sono costituite più frequentemente da nubili e divorziati, seguiti da celibi e divorziate. La diversa propensione a risposarsi varia tra i due sessi: gli uomini si risposano più frequentemente delle donne, e più frequentemente nel caso siano divorziati invece che vedovi [Barbagli 1990; Rettaroli 1997; Lo Conte 2002].

Le separazioni legali in Italia hanno costituito un fenomeno numericamente limitato fino alla metà degli anni Sessanta, nonostante sia in costante crescita fin dall'inizio del XX secolo: nel 1900 furono pronunciate 826 sentenze di separazione, nel 1938 ne furono pronunciate 2.016. La separazione poteva essere consensuale, per mutuo consenso, e giudiziale, per colpa. A partire dalla metà degli anni Sessanta sia il numero totale di separazioni, sia le richieste di separazione per mutuo consenso crebbero enormemente, divenendo di fatto la ragione di richiesta di un mutamento legislativo che eliminasse l'istituto giuridico della separazione per colpa. Nel 1969 il numero di separazioni raggiungeva le 8.636 unità, dieci anni più tardi il numero era più che triplicato passando a 28.673. Nel 1988 il numero aveva raggiunto le 37.224 unità e nel 1998 ha superato le 60.000 unità (v. tab. 1.1). Forti differenze permangono fra le diverse zone geografiche, particolarmente tra il centro-nord e il sud, ma anche tra piccole e grandi città all'interno della stessa regione, oltre che tra ceti sociali [Barbagli 1990; Maggioni 1997; Istat 2001a].

Quanto al divorzio, divenuto possibile nel 1970, esso ha avuto un andamento discontinuo, anche a causa dei mutamenti legislativi intervenuti [Maggioni 1997]. Benché si tratti di un fenomeno numericamente meno consistente della separazione, è comunque in forte crescita. Nel 1998 sono avvenuti circa 33.510 divorzi, cioè quasi tre volte quelli di diciotto anni prima.

1.3. *Le unioni libere e le famiglie di fatto*

Diversamente da quanto avviene in altri paesi industrializzati, in Italia le convivenze non matrimoniali non sono un fenomeno molto diffuso, nemmeno tra i giovani. E negli ultimi decenni la diffusione delle unioni libere non ha mostrato tendenza a variazioni significative. Secondo i dati Istat, nel 1983 solo l'1,3% di tutte le coppie era costituito da famiglie di fatto; tale percentuale è rimasta sostanzialmente invariata negli anni successivi. Al censimento del 1991, infatti, le unioni libere sono risultate l'1,6% di tutte le coppie. Le Indagini Multiscopo effettuate lungo tutti gli anni Novanta non mostrano sostanziali mutamenti in questa percentuale. Segnalano tuttavia interessanti mutamenti sia per quanto riguarda la durata delle convivenze, che si è andata allungando, che per quanto riguarda le caratteristiche di chi convive (limitatamente alle convivenze eterosessuali). In primo luogo l'esperienza della convivenza riguarda una fascia più ampia di persone di quella coinvolta in una convivenza in un momento dato. È stato infatti stimato che il 6,3% della popolazione dai 15 anni in su ha sperimentato una convivenza in un momento o l'altro della propria vita. Di più tra le coorti che al momento delle indagini erano tra i 25 e i 44 anni che non tra quelle più anziane, segnalando appunto che è in atto una maggiore accettazione e pratica della convivenza. Di più al centro e nel nord-est e di più nei grandi centri metropolitani; di più tra le persone separate e divorziate che non tra i celibi e nubili. Per le donne più che per gli uomini rappresenta la prima forma di uscita dalla casa dei genitori, mentre per gli uomini è più spesso una fase tra due matrimoni [cfr. anche Rosina 2002]. Queste caratteristiche si ritrovano, ovviamente, anche tra chi convive al momento della rilevazione. Si tratta per lo più di adulti/e, sopra i 35 anni e senza figli. In molti casi almeno uno dei due partner proviene da un precedente matrimonio [Sabbadini 1997; Rosina 2002].

È convinzione comune che i dati di cui disponiamo tendano a una sotto-rappresentazione del fenomeno. È probabile che una quota non indifferente di giovani coppie conviva di fatto senza però rendere pubblica la relazione. L'esiguità del numero di unioni libere registrate (all'anagrafe, al censimento, nelle indagini nazionali) segnala, in effetti, sia la mancata accettazione sociale di tale fenomeno, sia il fatto che il matrimonio ancor oggi continua a rimanere la sola ragione legittima per dar vita a una convivenza formale. Ciononostante si può ragionevolmente sostenere che un numero più limitato di giovani in Italia si ritrova a vivere sia come *single* che come partner in una convivenza non matrimoniale, rispetto ai giovani degli altri paesi occidentali: certamente sulla base dei dati ufficiali, ma in larga misura anche nella pratica.

1.4. *La fecondità*

In ritardo nel processo di transizione demografica da un regime ad alta fecondità verso uno a bassa fecondità, solo dopo la seconda guerra mondiale l'Italia esibirà un modello di fecondità simile a quello degli altri paesi europei [Livi Bacci 1977; Santini 1988]. Tuttavia, nell'andamento dei tassi di fecondità permanevano e permangono tuttora differenze assai marcate a livello regionale. Più di un terzo del paese – tutto il Mezzogiorno – ancora negli anni Cinquanta esibiva un tasso di fecondità tipico delle società non ancora entrate nella seconda fase di transizione demografica: in media più di tre figli per donna, quattro in Basilicata e Sardegna. Marcate differenze territoriali continuano ancor oggi a sussistere, benché tutte le regioni abbiano ormai imboccato la strada della riduzione della fecondità [Santini 1994; 1997]. A partire da un'analisi regionale per coorti, Santini evidenzia come dal punto di vista del comportamento riproduttivo negli ultimi cinquant'anni si possa tranquillamente parlare di «due Italie»: un'Italia, quella del centro-nord, in cui la proporzione di donne con un solo figlio è cresciuta costantemente, e in cui tale modello tende ad affermarsi anche in quelle regioni dove ancora non è prevalente. In queste regioni la differenza nella incidenza delle donne con un solo figlio e quelle con due si è ridotta considerevolmente. La seconda Italia è quella delle regioni meridionali, in cui la riduzione della fecondità sembra essersi realizzata attraverso la riduzione del numero di terzogeniti e figli di ordine superiore, e in parte l'aumento di chi non ha figli, ma non attraverso l'aumento del numero di figli unici. In altre parole, possiamo dire che al centro-nord il modello è quello di almeno un figlio, e solo un figlio, e a un'età della madre relativamente matura. Mentre al sud, se una donna decide di avere figli sceglie di averne almeno due, presto, e non a troppa distanza tra di loro. Altrimenti (e più raramente) non ne ha affatto.

È noto come attualmente il nostro paese, insieme con la Spagna e il Giappone, detenga il primato della più bassa fecondità nel mondo [Golini 1994]. Il numero medio di figli per donna è stato di 1,3 nel 1989 e di 1,2 nel 1999. Il declino della fecondità si presenta come un fenomeno diffuso tra le donne di tutte le coorti. Il tasso di fecondità è stato costantemente inferiore al tasso naturale di sostituzione a livello nazionale a partire dagli anni Ottanta [Istat 1993c]; ma nelle regioni centro-settentrionali è stato così almeno per tutti gli ultimi cinquant'anni [Santini 1997]. Ciò significa che gran parte della riduzione della fecondità è avvenuta a seguito del mutato comportamento delle donne meridionali, nonostante queste continuino ad avere, come si è detto, un numero di figli superiore rispetto alle donne che vivono nel centro-nord [cfr. anche Sorvillo 2002].

Il ridimensionamento della fecondità è prima di tutto un ridimensionamento della fecondità coniugale, «legittima». L'analisi per coorti matrimoniali dimostra che tale ridimensionamento è prima di tutto il risultato dell'allungamento dell'intervallo protogenesico, cioè dell'intervallo che intercorre tra la celebrazione del matrimonio e la nascita del primo figlio: mentre le coppie con nozze celebrate dal dopoguerra a tutti gli anni Sessanta avevano avuto nel 60% dei casi il primogenito nei primi due anni di matrimonio, la proporzione di coppie con almeno un figlio con matrimoni celebrati nel 1976 scende al 54% e al 42,5% per le coppie sposatesi nel 1987 [Castiglioni 1993]. Questa assenza di figli nei primi anni di matrimonio non si è ancora trasformata in «sterilità» coniugale, dato che la quota delle coppie sposate con almeno un figlio rimane nel nostro paese considerevolmente elevata. Questo cambiamento indica, piuttosto e ancora una volta, una trasformazione nei tempi e nel ciclo di formazione della famiglia, particolarmente avvertito al centro-nord, e un diverso significato attribuito all'evento del matrimonio, che non segna più come nel passato il passaggio da vita non feconda a vita feconda [Golini e Menniti 1994]. Al tempo stesso, dato che la durata media dei matrimoni che finiscono in una separazione si va riducendo, un crescente numero di separazioni non coinvolge figli. E ancora una volta, il fenomeno è particolarmente evidente nelle regioni centrali e settentrionali [Barbagli 1990; Maggioni 1997; Istat 2001a].

Le conseguenze del declino della fecondità non riguardano solo l'invecchiamento della popolazione, ma anche e soprattutto l'esperienza di crescita così come è vissuta dai bambini e dai ragazzi: si assiste a una rarefazione del numero dei bambini; ci sono meno fratelli e sorelle, cugini e coetanei, particolarmente nelle regioni del centro-nord. Vi sono, al contrario, più adulti, e particolarmente più generazioni (genitori, nonni, bisnonni), nelle reti di parentela di ciascun bambino. In Italia oggi vi sono circa 2,8 milioni di bambini sotto i cinque anni e 1,9 milioni di anziani sopra gli 80 anni. Si prevede che fra cinquant'anni vi saranno 1,5 milioni di bambini e 4,3 milioni di anziani, con un rapporto di circa uno a tre [Golini e Menniti 1994].

Le nascite fuori dal matrimonio costituiscono in Italia una percentuale molto modesta del totale delle nascite se comparate con altri paesi europei, soprattutto con i paesi dell'Europa centro-settentrionale, nonostante la loro incidenza sia lievemente aumentata dal 1960 alla fine degli anni Novanta, come mostra la figura 1.3, che mette a confronto la tendenza italiana con la media europea. In particolare l'aumento è netto nella seconda metà degli anni Settanta, analogamente a quanto avviene negli altri paesi, ma in modo molto più contenuto, soprattutto negli anni successivi.

Diversi fattori possono spiegare sia l'aumento di quegli anni sia il rallentamento di quelli successivi: in primo luogo i mutamenti culturali e di comportamento, specie relativi alla sessualità femminile, che hanno fatto sì che aumentassero i rapporti pre- ed extramatrimoniali, in un contesto ancora segnato dal divieto della diffusione di informazioni e strumenti contraccettivi, divieto che rendeva particolarmente vulnerabili le donne nubili[1]. In secondo luogo l'introduzione del divorzio nel 1970, e il lungo tempo di attesa imposto per poterlo richiedere dopo la separazione (dapprima cinque anni, poi scesi a tre), costringevano e tuttora costringono chi voleva rifarsi una famiglia a costituire famiglie di

[1] Castiglioni e Della Zuanna [1997] segnalano come in quel periodo aumentino fortemente i concepimenti pre- ed extranuziali delle nubili di tutte le coorti.

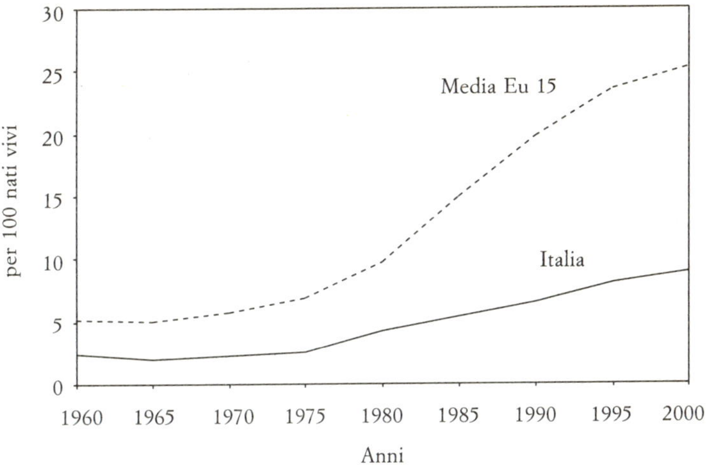

FIG. 1.3. Nascite fuori dal matrimonio.

Fonte: Eurostat, 1999, E.4.

fatto. Una parte dei figli naturali, infatti, nasce da coppie di conviventi in cui almeno uno dei genitori è separato e in attesa di divorzio e quindi non può ancora sposarsi. Infine può avere avuto una influenza il fatto che con la riforma del diritto di famiglia del 1975 i figli naturali ottennero lo stesso statuto giuridico di quelli legittimi, venendo così meno molte forme di stigmatizzazione sociale. Dagli anni Settanta si registra un aumento dei figli «naturali» riconosciuti da entrambi i genitori, nonché un aumento dei figli legittimati a seguito del successivo matrimonio dei genitori [Golini e Menniti 1994]. Quest'ultimo fenomeno, per altro, conferma come la procreazione in Italia continui a essere ritenuta opportuna solo entro il matrimonio e come la maggior parte delle nascite naturali avvenga «in vista di» un matrimonio, o comunque lo provochi.

Data la specificità del contesto sociale e culturale italiano nei comportamenti e valori familiari rispetto ad altri paesi europei, non è semplice trovare una spiegazione al persistente declino della fecondità. La riduzione della fecondità è avvenuta in Italia con ritardo rispetto ad altri paesi; ma la tendenza è andata accelerando nonostante la presenza di condizioni non particolarmente favorevoli: una bassa partecipazione femminile al mercato del lavoro (ed ancora più bassa nelle regioni, quelle meridionali, che viceversa hanno visto la maggiore riduzione della fecondità), un divario nel livello di istruzione tra i sessi che rimarrà tale fino agli anni Settanta, la presenza di una legislazione che fino al 1975 proibiva l'informazione e la diffusione della conoscenza dei metodi contraccettivi e vietava l'aborto. Infine, la riduzione della fecondità è avvenuta, non bisogna dimenticarlo, in un contesto caratterizzato da una forte influenza sulla vita politica, culturale e della quotidianità della Chiesa cattolica. In altre parole, se è vero anche per l'Italia, come è stato dimostrato per altri paesi, e come l'analisi per coorti di De Sandre [1991] indica, che la partecipazione delle donne al lavoro extra-domestico e il livello di istruzione delle donne influenzano direttamente la fecondità, tuttavia questi fattori da soli non sono in grado di spiegare la specificità della situazione italiana. Altri fattori devono essere ricercati per capire il fenomeno nel caso italiano.

Tra le diverse spiegazioni più comunemente adottate dagli analisti [per un'analisi dettagliata v. Livi Bacci 1991; Saraceno 1993a; Micheli 1995] vi è innanzitutto il rapido sviluppo economico negli anni successivi al dopoguerra, accompagnato, come sempre, dai cambiamenti nei modelli di consumo e di vita e dalle profonde trasformazioni comportamentali, di conoscenze sulla vita quotidiana che richiedevano continui adeguamenti a nuovi standard di benessere. In altri paesi, tali trasformazioni erano avvenute in un arco di tempo più ampio, che aveva consentito una sedimentazione e trasmissione di conoscenze tra le generazioni. Al contrario, nel nostro paese ogni generazione si trovò a «inventare» il comportamento più adatto a un contesto di rapidi cambiamenti. Una seconda spiegazione comunemente adottata sottolinea la specificità del modello di occupazione femminile: l'occupazione femminile regolare e protetta dalla sicurezza sociale è in Italia prevalentemente il lavoro a tempo pieno. Il numero di persone che in Italia lavorano a part-time (nonostante il numero di ore lavorate vari ampiamente, per esempio, tra il settore pubblico e quello privato) è molto limitato. Tra tutti i paesi industrializzati l'Italia vanta il tasso più basso di lavoratori e lavoratrici a part-time [Pillinger 1993; Oecd 1991; Eurostat 1992]. Qui è sufficiente dire che fin dall'inizio degli anni Sessanta dai risultati di alcune ricerche emergeva una relazione diretta tra il numero di ore lavorate, lo status occupazionale e il numero di figli: le lavoratrici dipendenti avevano il numero più basso di figli e le casalinghe e le lavoratrici autonome il più alto [Bielli, Pinnelli e Russo 1973; Federici 1984]. Mentre tale differenza appariva netta ancora nel corso degli anni Settanta, pur all'interno di una tendenza alla riduzione, oggi non lo è più. Non è solo (o non più) l'esperienza effettiva di lavoro retribuito che influenza la decisione sul numero dei figli. D'altra parte, non bisogna dimenticare che il numero relativamente alto di lavoratrici a tempo pieno non è sostenuto in Italia, a differenza di altri paesi in cui il tasso di occupazione femminile è molto più elevato, attraverso un adeguato sistema di servizi per l'infanzia. Come vedremo meglio nel capitolo 4, particolarmente insufficienti e distribuiti in modo molto ineguale sul territorio sono i servizi per i bambini al di sotto dei tre anni. La doppia richiesta di lavoro di cura per i bambini e di lavoro retribuito nel mercato, insieme con una divisione di genere del lavoro familiare ampiamente sbilanciata a sfavore delle donne madri e mogli, tende probabilmente a tenere il tasso di fertilità al minimo sia tra le donne che stanno già lavorando, sia tra quelle che intendono entrare nel mercato del lavoro dopo aver terminato il periodo di allevamento dei figli. È proprio questo atteggiamento che può spiegare perché nel Mezzogiorno, dove la situazione dei servizi per l'infanzia è peggiore, benché sia prevalente il modello di almeno due figli vi sia una quota di donne che, intendendo lavorare, non ne ha affatto.

2. *Strutture familiari e reti parentali*

Dall'analisi delle informazioni raccolte con il censimento del 1951, il primo che permette di avere dati storici comparabili, si registra una costante tendenza verso quel processo che viene definito di nuclearizzazione della famiglia. Abbiamo già richiamato l'attenzione sul fatto che nel passato le strutture familiari in Italia variavano ampiamente per regioni e per classi sociali. La famiglia estesa e multipla era concentrata prevalentemente nelle zone rurali del centro-nord, mentre la popolazione rurale meridionale e i diversi ceti residenti nei centri urbani di tutta la penisola adottavano prevalentemente una struttura familiare di tipo nucleare e seguivano la regola della residenza neo-locale. A partire dai dati del censimento del 1961 si nota una costante riduzione del numero di nuclei familiari estesi e/o multipli (sfortunatamente, fino al censimento del 1991 è impossibile avere dati separati per i due tipi di struttura familiare).

Nel 1991 la famiglia costituita dalla coppia con i figli costituiva il 61,7% di tutte le famiglie con un solo nucleo. Va, tuttavia, precisato che in questo tipo di famiglia sono compresi tutti, e solo, i figli non sposati, a prescindere dalla loro età. Una quota consistente di figli non sposati è costituita in effetti da figli adulti: nel 1991 il 20% delle coppie con figli aveva solo figli sopra i 18 anni, a fronte del 32% che ne aveva solo minori di 18 anni; un ulteriore 9% era costituito da nuclei dove erano presenti figli sia minori che adulti.

Accanto, e a scapito, di questo modello tuttora prevalente altri tipi di famiglia sono venuti emergendo negli ultimi anni, vuoi come modo alternativo di fare famiglia, vuoi, più spesso, come nuove fasi del ciclo di vita familiare e individuale [Zanatta 1997]. In primo luogo, è cresciuto notevolmente il numero delle famiglie con un solo genitore. Questo tipo di famiglia nasce dall'incontro di due esperienze di vita alquanto diverse tra loro: quella in cui il genitore è vedovo/a e quella in cui il genitore è separato/a o divorziato/a, o non è mai stato sposato/a. Nonostante la maggior parte delle famiglie monogenitore sia costituita da vedove/i, quelle costituite da separati/e, divorziati/e o mai sposati/e mostrano una costante tendenza a crescere. L'unico genitore presente nella stragrande maggioranza delle famiglie monogenitore è la madre (82,9%), soprattutto quando non si tratta di vedovi/

e. In quest'ultimo caso anche l'età dei figli è più bassa. Le Indagini Multiscopo dell'Istat segnalano un costante, ancorché modesto, incremento nel numero delle famiglie monogenitore e con figli minori, con la sola madre nel 90% circa dei casi [Sabbadini 2000]. Tale aumento è imputabile esclusivamente all'aumento delle separazioni e divorzi. Mentre negli anni Settanta la maggior parte delle madri sole, infatti, era vedova, negli anni Novanta due terzi delle madri sole di figli minori sono separate o divorziate [Tronu 1998]. Nel 2000 le famiglie monogenitore rappresentavano il 4,9% delle famiglie con minori. Dati di tipo longitudinale ci mostrerebbero che la quota di minori che si trova a vivere in una famiglia monogenitore in una fase della propria crescita è più elevata di quella riscontrata in un momento dato. Di più, il numero di figli minori coinvolti nella separazione dei genitori è aumentato del 73% (da 29.586 a 51.229 figli minori coinvolti in una separazione legale) nel periodo 1980-2000 [Istat 2001b; 2002e]. Ciò è dovuto appunto all'aumento nei tassi di instabilità coniugale, nonostante nel medesimo periodo le coppie in generale siano divenute meno feconde, le coppie che si separano abbiano in media meno figli di quelle che non si separano e soprattutto nonostante le coppie senza figli siano sovra-rappresentate tra quelle che si separano.

Un altro tipo di famiglia la cui presenza è cresciuta costantemente nel corso degli ultimi decenni è quella cosiddetta unipersonale. Costituiva il 20,3% di tutte le famiglie nel 1989/90 e il 21,3% nel 1997/98. Anche in questo tipo di famiglia, come nel caso delle famiglie monogenitore, confluiscono individui che si trovano in condizioni personali diverse e che provengono da percorsi di vita anche radicalmente differenti. Accanto agli anziani che vivono soli, spesso in conseguenza della morte del coniuge, vi sono non anziani che vivono soli come esito di una scelta di vita, temporanea o meno, intenzionale o subita a seguito di scelte altrui: vi sono i (pochi) giovani che vanno a vivere per conto proprio, o coloro che sono usciti da un matrimonio, o coloro che non intendono né sposarsi né convivere. Nel nostro paese le famiglie «unipersonali» coinvolgono prevalentemente persone anziane, pensionate e vedove. Le principali caratteristiche della famiglia unipersonale italiana apparvero evidenti già con i dati del censimento del 1981 e sono state confermate successivamente dal censimento del 1991. In quell'anno il 54,3% di tutte le famiglie unipersonali era composto da una persona sopra i 65 anni, nella maggioranza (oltre il 69%) donne. Nell'Indagine Multiscopo su «famiglia, soggetti sociali e condizioni dell'infanzia» del 1998, è stato rilevato che l'81,2% delle persone ultra-sessantacinquenni che vivono da sole sono donne; laddove nelle età più giovani il rapporto di genere si inverte, anche se in modo meno squilibrato: tra le persone tra i 25 e i 44 anni che vivono da sole il 63% sono uomini e il 37% donne. Vivere da sole è quindi una esperienza tipicamente femminile in età avanzata, maggiormente maschile in età giovane e nella prima maturità. Questa diversa probabilità che i due generi hanno di vivere da soli nelle diverse età della vita in parte è dovuto alla maggior durata della vita femminile che, unita al differenziale di età degli sposi al matrimonio, rende più probabile una vedovanza femminile piuttosto che maschile in età anziana. Ma è dovuta anche al modo in le pratiche culturali e giurisprudenziali suddividono una famiglia al momento della separazione: le donne e i figli vanno più spesso a costituire una famiglia monogenitore, mentre gli uomini vanno, almeno temporaneamente, a vivere da soli. Se si guarda infatti allo stato civile di chi vive da solo, sempre sulla base dei dati del 1998, si nota che tra gli uomini prevalgono i celibi (53,6%) seguiti dai separati e divorziati (23,8%), mentre tra le donne prevalgono le vedove (64,6%), seguite dalle nubili (26,6%), mentre le separate e divorziate sono l'8,7%. Vivere da soli è più frequente nelle grandi aree urbane del nord, sia a causa della più alta concentrazione abitativa di anziani, sia perché in questi contesti il modello dell'instabilità coniugale e quello del vivere come *single* tra i giovani sono più facilmente accettati.

La nuclearizzazione della famiglia e il declino della fecondità hanno avuto come conseguenza più evidente la riduzione del numero dei componenti. Nel 1961 il numero medio di componenti per famiglia era di 3,6; nel 1991 tale numero era pari a 2,8. Nel 1998 è stato stimato in 2,7.

Nuclearizzazione della famiglia dal punto di vista del modello di convivenza non necessariamente significa isolamento del nucleo familiare dalla rete di relazioni parentali. Al contrario, sia i dati delle *Indagini Multiscopo* che i risultati di ricerche a carattere locale indicano quanto siano consistenti, e importanti sia in termini affettivi che di qualità della vita complessiva, il flusso di aiuti e lo scambio di risorse entro la rete parentale. Ricerche sull'organizzazione della vita familiare in Emilia-Romagna, per esempio, parlano del modello del «vivere vicino ai parenti», entro un flusso continuo di divisione e scambio di risorse: un modello di convivenza definito anche della «intimità a distanza» [Balbo, May e Micheli 1990]. A risultati simili è giunta un'indagine fatta nella regione del Veneto [Mauri *et al.* 1992]. Anche a livello nazionale, i dati dell'*Indagine Multiscopo sulle famiglie* relativa al 1994, che ha dedicato una parte specificamente ai rapporti di parentela e quella del 1998 segnalano come genitori e figli tendono a vivere vicino dopo le nozze dei secondi: due terzi circa delle coppie in cui la moglie ha meno di 45 anni vivono a meno di un chilometro dalla casa di una delle due famiglie di origine [Cioni 1997]. Questa percentuale scende a poco meno della metà quando le coppie sono più vecchie, ma si ha il sospetto che ciò sia più dovuto alla morte della generazione più anziana che non a un vero e proprio allontanamento. Per altro, è proprio nelle coppie di mezza età che avviene più spesso il fenomeno cosiddetto della «ricoabitazione», con l'accoglimento in casa propria di un genitore/suocero anziano rimasto vedovo/a.

La modalità organizzativa della vita quotidiana e delle relazioni di parentela basata sia sulla vicinanza che su fitti scambi sembra essere più diffusa nelle città di medie dimensioni rispetto a quelle di grande dimensione. Tuttavia le differenze sono minori di quanto non ci si aspetterebbe. Nei grandi comuni metropolitani, ad esempio, le coppie giovani che vivono a meno di un chilometro dalla casa dei genitori di uno dei due sono poco meno della metà: 46%. Per altro, in alcuni quartieri operai delle grandi città del nord non è raro trovare un'ampia rete di parenti che vive talvolta nella medesima strada. Le reti di parentela, in effetti, costituirono, dagli anni Cinquanta fino agli anni Settanta, il punto di arrivo dei flussi migratori provenienti in particolare dalle regioni meridionali.

Nonostante l'eterogeneità delle motivazioni e delle situazioni in cui si presta e riceve aiuto entro la rete parentale, nel 1994 erano stati individuati tre tipi prevalenti di interventi: 1) scambi e sostegni economici tra diversi nuclei familiari, tra i figli adulti e i loro genitori, in particolare quando i primi hanno figli piccoli e/o i secondi diventano anziani; 2) assistenza ai lavori domestici per le famiglie di anziani e disabili; 3) cura e accudimento ai nuclei con figli piccoli, particolarmente quando la madre è occupata in un lavoro extra-domestico [Sabbadini 1994]. Il flusso di aiuti più importanti avviene lungo le linee generazionali, e lo scambio tra genitori e figli sembra il più adatto a dare un'idea complessiva del tipo di aiuti forniti e ricevuti. Il 32% dei nuclei familiari composti da uno o più anziani e il 16,8% di nuclei con almeno un figlio sotto i 14 anni riceveva una qualche forma di aiuto dalla rete parentale. Circa un terzo delle coppie con figli e circa la metà delle famiglie monogenitore ricevevano una qualche forma di sostegno dalla rete parentale. Inoltre, mentre le coppie con figli e madre casalinga ricevevano più frequentemente aiuti economici, le coppie in cui la donna lavora fuori casa ricevevano più frequentemente aiuti di accudimento e di assistenza. Le madri lavoratrici dell'Italia centrale e settentrionale ricevevano più frequentemente aiuti di quelle meridionali, mentre il contrario avveniva nel caso di madri casalinghe. Le famiglie monogenitore ricevono più aiuti sia di tipo economico che sotto forma di servizi. Ciò può costituire un indizio che si tratta di un tipo di famiglia che presenta sia problemi organizzativi che rischi specifici di povertà.

Gli scambi di risorse e di aiuti dentro la rete parentale erano più frequenti nelle piccole che nelle grandi città, nonché più esclusivi rispetto ad altri tipi di scambi sociali e di solidarietà (con gli amici o con il vicinato, o attraverso associazioni di volontariato). Al nord le famiglie davano ai parenti e ai non parenti più aiuti di quanti ne ricevessero. Al contrario, al sud le famiglie ricevevano più aiuti di quanti ne offrissero, e di un ammontare in genere più elevato che al nord. Queste differenze territoriali potrebbero essere un indicatore della maggiore dipendenza, al sud, delle famiglie dalla solidarietà parentale, a seguito di una minore disponibilità di risorse sia di mercato (in primo luogo l'occupazione) sia pubbliche.

Infine, come segnala in particolare l'indagine sulla condizione anziana effettuata all'interno dell'*Indagine Multiscopo* [Istat 1994b], allorché vivono da soli gli anziani solo raramente sono isolati. Al contrario, sono al centro di una rete spesso fitta di scambi e sostegni provenienti dalla rete di parentela, in particolare dalle figlie e figli; ciò consente loro di rimanere a casa propria anche quando parzialmente non autosufficienti. È quando questa rete non esiste, o non riesce a reggere la domanda di cura, che si ricorre all'istituzionalizzazione.

Le ultime Indagini Multiscopo [Sabbadini 2002] confermano questa tenuta della parentela come rete di solidarietà importante, in cui il flusso degli aiuti e degli scambi sembra concentrarsi soprattutto nei confronti delle famiglie giovani in cui la madre è occupata e delle famiglie di anziani fragili. In questa rete i nonni sono una presenza sempre più significativa nella vita dei nipoti per il solo fatto di poter condividere molti anni di possibile vicinanza e scambi. Allo stesso tempo i dati più recenti segnalano sia mutamenti che punti di tensione all'incrocio tra mutamenti demografici e mutamenti nei comportamenti femminili rispetto alla partecipazione al mercato del lavoro. In particolare indicano come gran parte del flusso di redistribuzione della cura sia verso le generazioni più giovani che verso quelle più anziane sia gestito dalla generazione delle donne che alla fine degli anni Novanta avevano sessant'anni – la generazione delle nonne, appunto: una coorte numerosa, in buona salute, con ancora un certo numero di genitori viventi e bisognosi di cure e con un numero ridotto (rispetto alle loro madri) di nipoti, ma con figlie e nuore nel mercato del lavoro. Quando queste «giovani anziane» saranno passate a loro volta nella generazione più anziana e più fragile, potranno contare per le proprie domande di cura su un numero più ridotto di figlie e nuore, che oltretutto rimarranno probabilmente più a lungo nel mercato del lavoro anche a causa delle riforme nell'età pensionistica della seconda metà degli anni Novanta [Istat 2000; Sabbadini 2002; Castiglioni 2002]. In altri termini, la rete parentale non si presenterà più con gli stessi equilibri demografici e sociali che oggi le consentono, sia pure a fatica, di integrare o sostituire servizi sociali scarsi e non sempre adeguati. Già ora il fatto che la quota di famiglie con almeno una persona ultra-ottantenne che riceve aiuto dai parenti sia diminuita nel 1998 rispetto a 15 anni prima può segnalare non solo le migliorate condizioni di salute e maggiore autonomia dei nuovi grandi vecchi. Può anche indicare che la cura di grandi anziani non autosufficienti sempre meno può essere fronteggiata con le sole risorse familiari, tanto più se queste consistono di persone a loro volta già nella età anziana, per quanto ancora vigorose e in buona salute. Analizzando il sistema di aiuto cui possono fare ricorso le famiglie con seri bisogni di assistenza, perché hanno un componente con disabilità o fragilità grave, Buratta e Crialesi [2002] rilevano che nella maggioranza, 63,6% dei casi, queste famiglie contano solo sulle proprie forze. Ed anche nei casi in cui il bisogno è più impegnativo solo il 43,3% delle famiglie riceve un aiuto esterno, che proviene in misura massiccia dalla rete familiare. In altre parole, oltre l'80% dell'aiuto in caso di bisogno grave deriva vuoi dalla famiglia di residenza, vuoi dalla rete familiare allargata, talvolta anche sotto forma di «ricoabitazione», ovvero tramite l'accoglienza dell'anziano/a rimasto solo e divenuto non autosufficiente nella famiglia di un figlio/a: un fenomeno molto più diffuso in Italia che in altri paesi europei [si veda anche Cioni 1997; Castiglioni 2002]. Ma questa solidarietà familiare già oggi non riesce a coprire tutto il fabbisogno. Riprenderemo questo tema nel capitolo quarto dedicato alla offerta di servizi.

3. *I cambiamenti nel diritto di famiglia*

3.1. *Dall'Unità alla Costituzione repubblicana*

Nel periodo precedente l'Unità, le leggi e i costumi che regolavano la famiglia, le relazioni di genere e tra le generazioni differivano da uno stato all'altro. Numerosi studiosi [Ungari 1970; Vincenzi Amato 1988] hanno messo in evidenza che le diverse discipline e regolamentazioni della famiglia avevano tuttavia un minimo comune denominatore, consistente nel duplice principio di privilegio per il primogenito maschio e d'ineguale distribuzione dei diritti tra i figli maschi e le figlie femmine, e tra marito e moglie.

Con il nuovo Regno unito (1861) i codici civili e penali furono unificati, nei codici, rispettivamente, Pisanelli e Zanardelli. Il primo si rifaceva in larga misura al codice adottato in Piemonte e Sardegna durante il periodo della Restaurazione. Esso si ispirava in parte al codice civile napoleonico, sia per quanto riguardava la limitazione dell'autorità paterna sulla prole adulta (*patria potestas*), sia nel riconoscere uguali diritti ai figli e alle figlie di fronte alla successione, sia nel rafforzare l'autorità del marito, attraverso il principio dell'autorizzazione maritale. D'altra parte, il divorzio, introdotto con il codice napoleonico in alcune parti dell'Italia pre-unitaria, fu proibito e la separazione concessa soltanto in caso di adulterio. La gravità dell'adulterio, tuttavia, veniva riconosciuta diversamente a seconda che il colpevole fosse il marito o la moglie: il primo si vedeva riconosciuto il diritto a una trasgressione maggiore rispetto alla seconda. Al marito/padre si riconosceva anche un illimitato potere disciplinare sulla moglie e sui figli minori [Saraceno 1990a].

Le leggi che disciplinavano le relazioni familiari rimasero immodificate (fatta eccezione per l'abolizione dell'autorizzazione del marito nel 1919) fino all'approvazione del nuovo codice civile fascista del 1942, con il quale la famiglia divenne, per usare una espressiva definizione di un giurista, «un istituto sociale e politico» [Rocco 1935, 312]. Il nuovo codice rafforzò l'autorità del marito/padre, sancendo nel contempo la subordinazione degli interessi familiari a quelli nazionali. Approvato durante la seconda guerra mondiale, il codice rimase in vigore anche durante i primi decenni della nuova Repubblica. Le parti che riguardavano la famiglia non furono modificate fino alla riforma del diritto di famiglia del 1975.

Nel corso del ventennio l'influenza del fascismo sulla famiglia, prima che nel nuovo codice civile, si fece sentire attraverso una feconda attività legislativa a livelli diversi: innanzitutto attraverso il Concordato, in secondo luogo attraverso misure che incoraggiavano la fecondità, punivano l'aborto e scoraggiavano il lavoro extra-domestico della donna. Il Concordato del 1929, mentre risolveva il vecchio conflitto tra Chiesa e Stato iniziato con la costituzione del Regno d'Italia e successivamente la conquista del Regno Pontificio e la presa di Roma nel 1870, assegnava alla Chiesa un ruolo di preminenza nella definizione del matrimonio legittimo. Il matrimonio concordatario divenne la regola per la maggioranza della popolazione italiana, tanto per i cattolici praticanti quanto per chi praticante non lo era. La struttura gerarchica della famiglia che il regime fascista aveva in parte ereditato dal codice Pisanelli, in parte rafforzato attraverso le leggi fasciste, fu ulteriormente riaffermata attraverso la definizione di matrimonio e di famiglia contenuta nella legge canonica che disciplinava il matrimonio religioso. Il matrimonio concordatario era basato su una struttura giuridica e simbolica caratterizzata da una doppia gerarchia: quella tra i sessi e quella tra le generazioni. Ne era un indicatore, tra gli altri, la fissazione di due diverse età minime al matrimonio per ragazzi e ragazze: 16 anni per i ragazzi e 14 per le ragazze.

La priorità accordata alla Chiesa cattolica nella definizione della famiglia legittima fondata sul matrimonio si manifesterà esplicitamente ogni qualvolta verrà avanzata una diversa, e potenzialmente conflittuale, definizione di matrimonio. È significativo a questo proposito ricordare la storia delle proposte di legge italiane sul divorzio che, avanzate più volte fin dalla nascita del parlamento unitario, per oltre cento anni non riusciranno a terminare l'iter parlamentare:

scontrandosi negli anni precedenti il fascismo con la forte opposizione prima dei parlamentari cattolici e poi del Partito popolare. Nell'Italia repubblicana, l'indissolubilità del matrimonio non divenne un principio costituzionale solo per lo stretto margine di tre voti. Per altro, la Democrazia cristiana si opporrà per più di venti anni e con successo all'introduzione del divorzio con il valido ed esplicito sostegno della Chiesa, che in nome del Concordato argomentava l'illegittimità formale, non solo di principio, del divorzio. Queste argomentazioni vennero riprese anche in occasione della discussione e alla fine approvazione della legge in Parlamento nel 1970 e del successivo referendum abrogativo.

L'ostilità della Chiesa a una trasformazione legislativa si ritroverà anche relativamente alle questioni riguardanti l'aborto e la contraccezione. Esse continueranno a rimanere regolate dalle leggi punitive contenute nel codice fascista (che definivano contraccezione e aborto come reati non solo contro la morale, ma contro «la razza») fino al 1978.

Da quanto detto sinora si può concludere che, se con la fine della seconda guerra mondiale e con la caduta del fascismo l'Italia cambia radicalmente le sue strutture istituzionali e politiche, approvando una Costituzione con cui si stabiliscono i principi della nuova Repubblica democratica, incluso quello dell'estensione, per la prima volta, del voto alle donne, ciò non vale per la regolazione della famiglia e dei suoi rapporti interni. Al contrario, dal punto di vista normativo le relazioni familiari continuarono per molti anni a essere definite e regolate non solo da norme culturali e valori profondamente radicati nella tradizione, ma dalle norme contenute nel codice civile fascista.

La stessa Costituzione, mentre da un lato sancisce che la famiglia è una «società naturale» basata sul matrimonio, che va protetta e incoraggiata, dall'altro tratta in modo assai ambivalente i nuovi ideali di democrazia e di uguaglianza politica e giuridica tra i sessi e le tensioni che da questi potrebbero derivare, offrendo soluzioni che sembravano (e sembrano) ispirarsi a una visione gerarchica della famiglia. La Costituzione, infatti, sancisce che il matrimonio è ordinato sull'uguaglianza giuridica e morale dei coniugi «con limiti stabiliti dalla legge a garanzia dell'unità familiare»[2]. Fino alla seconda metà degli anni Settanta e in particolare alla riforma del diritto di famiglia del 1975, questo articolo ha permesso la giustificazione e ha contribuito al mantenimento di una serie di ineguaglianze giuridiche e sociali. Così, ad esempio, alla moglie era richiesto di seguire il marito ovunque egli ritenesse opportuno fissare la residenza, a prescindere dalle priorità e/o ragioni di ordine professionale della donna. Qualora la moglie contravvenisse a tale obbligo, il marito avrebbe potuto ricorrere in giudizio con l'accusa di «abbandono del tetto coniugale». L'adulterio della moglie e quello del marito continuavano a essere giudicati e puniti differentemente: il marito, infatti, veniva punito solo quando l'adulterio si trasformava in riconosciuto concubinaggio, che desse «pubblico scandalo». Al contrario, il semplice sospetto di adulterio della moglie costituiva causa sufficiente per ottenere la separazione.

Le disuguaglianze giuridiche tra i sessi significavano anche che una donna sposata non poteva rendere pubblico il nome del padre di suo figlio, quando diverso dal marito. Soltanto il marito aveva il diritto di disconoscere il figlio. In questo caso, la madre non aveva il potere di riconoscere il figlio come proprio, mentre tale potere era riconosciuto solo al padre naturale. In altre parole, il riconoscimento della prole era un diritto negoziato tra uomini, mentre la madre poteva rimanere «innominata» e senza alcun diritto. Il tema della legittimità era cruciale, poiché delimitava i confini della famiglia. Tuttavia, il diritto di decisione spettava solo al marito o, nel migliore dei casi, al padre naturale. Senza

[2] Sul dibattito avvenuto alla Costituente appunto sul tema della famiglia, sui principi in gioco, cfr. Bonini [1997]. Ricordiamo che in questione non erano solo i rapporti di genere e generazione e neppure solo quello della dissolubilità o meno del matrimonio, ma da un lato il grado e tipo di autonomia regolativa da lasciare alla famiglia rispetto alle leggi dello stato, dall'altro l'opportunità o meno di inserire nella Costituzione affermazioni di principio, o filosofiche, come denunciarono liberali come Calamandrei ed altri, opponendosi ad esempio alla dizione «società naturale».

alcun potere di legittimare i propri figli, le mogli/madri adultere potevano però essere punite dal marito offeso, attraverso l'espulsione dal matrimonio. Soltanto le madri non coniugate avevano diritto a riconoscere i figli naturali, i quali, comunque, rimanevano illegittimi, data l'assenza del padre legittimo. Questa situazione paradossale fu cambiata solo con la più volte ricordata riforma del diritto di famiglia del 1975, non tanto in nome dell'uguaglianza tra i sessi, ma in nome dell'uguaglianza tra i figli legittimi e quelli naturali. Questi ultimi continuano tutt'oggi ad essere definiti figli «naturali» in contrasto con quelli legittimi; ma non sono più considerati illegittimi e godono per legge degli stessi diritti dei figli legittimi [Vincenzi Amato 1997].

Anche altre parti della legislazione italiana contenevano norme e principi più ispirati all'asimmetria dei sessi e all'idea dell'unità familiare che alla parità giuridica e sociale tra essi, costituendo un freno all'affermazione dei diritti individuali. Una prima serie di leggi di questo tipo riguardava i cosiddetti «delitti d'onore», che comprendevano tutti gli omicidi, o i tentati omicidi, motivati dall'intenzione di difendere «l'onore» dell'individuo, e soprattutto della famiglia, offesi o compromessi a seguito di comportamenti sessuali fuori dal matrimonio o anche di violenze sessuali nei confronti di una donna. Queste leggi, applicate quasi esclusivamente nel Mezzogiorno, venivano giustificate in nome del rispetto e della comprensione per le tradizioni e i valori locali. L'uccisione dell'uomo che aveva avuto rapporti sessuali con la moglie, la sorella o la figlia di un altro, ma anche l'atto omicida di una donna nei confronti di chi l'aveva «sciupata» senza sposarla, venivano puniti in modo lieve e in qualche misura venivano ritenuti legittimi, se non «dovuti», poiché commessi in difesa appunto dell'onore (l'onore degli uomini innanzitutto, che passava attraverso il controllo sui corpi delle loro donne). Allo stesso tempo, se un violentatore sposava la ragazza violentata, l'offesa veniva cancellata; mentre la ragazza non aveva altra scelta che accettare il matrimonio, a meno di non perdere l'onore per sempre. Soltanto all'inizio degli anni Settanta le donne iniziarono a rifiutare queste «soluzioni», talvolta con l'aiuto della famiglia, talvolta no, ma quasi sempre senza il sostegno della comunità. I «delitti d'onore» scomparvero dal codice penale soltanto all'inizio degli anni Settanta.

Un'altra serie di leggi riguarda la violenza e gli abusi sessuali. La violenza sessuale, il ratto e gli atti di libidine fino al 1996, quando venne approvata, dopo molte controversie, la legge sulla violenza sessuale, sono stati definiti dal nostro codice penale come reati contro la moralità pubblica e il buon costume, e non reati contro la persona. La possibilità di considerare reato la violenza sessuale all'interno del matrimonio rimane controversa. Anche l'incesto a lungo è stato riconosciuto come tale e punito solo quando diveniva pubblico, e pertanto solo quando offendeva la pubblica moralità. Le penalità previste erano più lievi che per violenze commesse sui non familiari, cosicché «l'affettività» e i legami familiari venivano a costituire la base per una riduzione e non un aggravio della pena.

Va infine ricordata la legge del 1967 sull'adozione cosiddetta speciale, che introdusse nel nostro ordinamento giuridico il modello dell'adozione legittimante, o «piena», con la totale parificazione alla condizione di figlio legittimo. Precedendo di diversi anni la riforma del diritto di famiglia e la sua nuova attenzione per i diritti dei figli, essa testimonia l'emergere di una nuova sensibilità per i bambini e per i loro bisogni, cui vanno subordinati i legittimi desideri e aspettative dei potenziali adottandi. Da questo punto di vista la successiva legge di riforma del 1983 non innoverà pressoché nulla nei principi, che anzi estenderà facendo di questo tipo di adozione il regime normale, ordinario, dell'adozione.

3.2. *Le riforme degli anni Settanta*

L'introduzione della legge sul divorzio (1970) e la riforma del diritto di famiglia (1975) costituiscono i principali cambiamenti avvenuti nel quadro normativo riguardante la legislazione familiare in Italia dal dopoguerra.

Già prima degli anni Settanta, tuttavia, la giurisprudenza aveva cominciato a riconoscere parzialmente i cambiamenti che erano ormai avvenuti sia a livello di costumi sociali che di valori. Nel 1968, una sentenza della Corte di Cassazione aveva stabilito che la moglie che non cambia la propria residenza per seguire quella del marito non poteva più essere condannata per «abbandono del tetto coniugale». Molte leggi condonanti i delitti d'onore (v. sopra) vennero, nel corso dei decenni precedenti le due riforme, progressivamente denunciate come incivili, e talune furono eliminate dal codice penale. D'altra parte, la crescente importanza attribuita alla coppia dentro il matrimonio, riconosciuta ufficialmente anche dal Concilio Vaticano II e dalla enciclica *Gaudium et Spes* (con cui si emendava di fatto l'enciclica *Casti Connubii*), non poteva rimanere più a lungo compatibile con un quadro normativo che parlava il linguaggio dell'autorità (maschile), dell'obbedienza (femminile), e dell'onore (sessuale) che doveva essere preservato e vendicato.

L'introduzione del divorzio (1970) cambiò la vecchia definizione di matrimonio-istituzione in una concezione moderna di contratto matrimoniale revocabile. Il modello di divorzio era ispirato all'idea del rimedio, piuttosto che della colpa. Esso poteva essere concesso purché vi fosse una delle seguenti condizioni: *a*) qualora il matrimonio non fosse stato consumato; *b*) qualora uno dei due coniugi fosse stato condannato per un lungo periodo di detenzione; *c*) qualora i coniugi fossero stati legalmente separati per almeno cinque anni. Negli anni immediatamente successivi all'entrata in vigore della nuova legge, la domanda di divorzio poteva essere presentata anche da coloro che erano separati di fatto da almeno sette anni. Con la riforma del 1987 il numero di anni dalla pronuncia di separazione legale richiesto per presentare domanda di divorzio è stato abbassato a tre anni. In Italia, pertanto, a differenza di quanto accade nella maggioranza dei paesi industrializzati, il divorzio si presenta come un lungo processo a due stadi, dato che la separazione legale costituisce una strada obbligata per arrivarvi.

La riforma del diritto di famiglia del 1975 rappresentò il compimento di quel processo di cambiamento giuridico nella concezione del matrimonio, nelle relazioni tra i sessi e tra le generazioni che era stato avviato con l'approvazione della legge sul divorzio [cfr. anche Vincenzi Amato 1997]. Venne eliminata la figura legale del «capofamiglia» e abolita la maggiore autorità di uno dei due coniugi sull'altro/a e sui figli. Perciò venne abbandonato il principio dell'autorità patriarcale nella regolazione della vita familiare e del matrimonio a favore della negoziazione e del consenso. La comunione dei beni, incluso un esplicito riconoscimento del valore del lavoro familiare non retribuito, è divenuta il normale regime patrimoniale del matrimonio, anche se ai coniugi è concessa la libertà di scegliere la separazione quando la preferiscono[3].

Con la riforma del diritto di famiglia gli obblighi dei «parenti tenuti agli alimenti», nonostante in parte ridimensionati, non sono stati eliminati. Il codice prevede infatti che i genitori e i nonni siano tenuti agli alimenti verso i figli e i nipoti, anche se questi hanno raggiunto la maggiore età, qualora questi versino in un grave stato di bisogno. I fratelli e le sorelle sono tenuti alla solidarietà economica reciproca e i figli sono obbligati verso i loro genitori. Continuano, inoltre, a essere tenuti agli alimenti anche i parenti affini: specificamente nuore, generi e suoceri (art. 433 codice civile). Questa estensione dei parenti tenuti agli alimenti è una caratteristica che distingue questo istituto nel nostro paese da quello presente nella maggior parte degli altri paesi occidentali sviluppati. L'obbligo alimentare diviene fondamentale quando un individuo si trova a far richiesta di assistenza economica ai servizi sociali; oppure nel caso vi sia un anziano in stato di bisogno che richieda servizi all'assistenza sociale.

[3] Una indagine effettuata a metà degli anni Novanta [Barbagli e Saraceno (a cura di) 1998; Barbagli 1997] indica che, benché nei primi anni il nuovo regime matrimoniale fosse divenuto ampiamente popolare, essendo accettato da più del 90% del totale dei novelli sposi, successivamente vi è stato un incremento del numero dei coniugi che preferiscono entrare nel matrimonio con il regime di separazione dei beni. Nelle grandi aree urbane del centro-nord e tra le coppie con un livello di educazione più elevato la separazione sta divenendo il regime patrimoniale preferito. Ciò suggerisce che qualcosa va mutando anche nella concezione del matrimonio.

Come testimonia il lungo e complesso dibattito parlamentare, la riforma del diritto di famiglia venne a costituire un passaggio simbolico di non piccola rilevanza: entravano nel discorso pubblico come valori da difendere non più solo la famiglia intesa come unità indifferenziata, ma la coppia da un lato, i diritti dei singoli componenti (in particolare delle mogli e dei figli, i cui diritti nella legislazione precedente erano sottomessi al prioritario valore dell'autorità e dell'unità) dall'altro.

Tre anni dopo la riforma del diritto di famiglia, nel 1978, viene approvata la legge n. 194, che legalizza sia i mezzi di contraccezione, sia soprattutto l'interruzione volontaria della gravidanza durante i primi novanta giorni. I movimenti femministi avevano a lungo rivendicato l'esigenza di una legge che regolamentasse la materia e che pertanto contribuisse a estirpare il fenomeno, tanto diffuso, degli aborti illegali, allo stesso tempo restituendo alle donne il controllo sulla propria sessualità e sul proprio corpo. L'aborto illegale non solo metteva a rischio la salute e la vita della donna, ma costituiva una cospicua fonte di illecita ricchezza per medici, ginecologi, ostetriche e levatrici. Con la nuova legge, la donna può decidere di interrompere la gravidanza quando questa venga a costituire un rischio per la sua salute fisica e mentale, ove al concetto di salute fisica e mentale si attribuisce un significato ampio. Nel caso si tratti di ragazze minorenni la legge richiede il permesso o dei genitori o del Tribunale dei minori. L'aborto può essere praticato negli ospedali pubblici, nell'ambito del sistema sanitario nazionale, senza il pagamento di alcun ticket. Il singolo medico può, da parte sua, far ricorso all'obiezione di coscienza e pertanto rifiutarsi di praticare l'aborto anche se lavora in un ospedale pubblico.

Così come era avvenuto per la legge che introduceva in Italia il divorzio, anche la legge sull'aborto dovette passare al vaglio di un referendum popolare che la confermò come legge dello stato. Tuttavia, periodicamente, si presentano sulla scena politica italiana gruppi e partiti politici che chiedono una revisione e/o una restrizione, quando non addirittura una completa abrogazione della legge n. 194. Queste richieste si sono fatte più pressanti negli ultimi anni, non solo a causa della rottura di equilibri politici consolidati, ma anche perché l'attuale papato sembra averne fatto uno dei temi forti della propria predicazione e denuncia dei mali contemporanei. Anche all'interno della sinistra la compatta difesa della legge ha lasciato il passo ad atteggiamenti più interlocutori e possibilisti.

Se la legge sul divorzio e successivamente la riforma del 1975 hanno profondamente innovato i rapporti interni alla famiglia legale, ciò è stato meno vero rispetto alla famiglia cosiddetta naturale, o di fatto, sia per quanto riguarda i rapporti di coppia che per quanto riguarda i rapporti di generazione [Vincenzi Amato 1997; Pocar 1997]. Ciò appare con particolare evidenza quando cessa la convivenza, per separazione o morte di uno dei due partner: non è previsto alcun riconoscimento dell'apporto di ciascuno al benessere e al patrimonio familiare, e neppure alcuna tutela nei confronti della parte eventualmente più debole, a prescindere dalla durata della convivenza. Perciò non vi è alcun diritto successorio, in caso di morte (incluso il diritto alla pensione di reversibilità), o alcun diritto agli alimenti, in caso di separazione. Anche in costanza di convivenza, per altro, il rapporto di coppia ha un riconoscimento più debole, dal punto di vista dei diritti e responsabilità derivanti, che il rapporto fondato sul matrimonio: non dà diritto, ad esempio, alla detrazione per il coniuge eventualmente a carico, e neppure configura una legittima aspettativa al reciproco sostegno economico; i conviventi, inoltre, non rientrano nell'elenco dei «prossimi congiunti» fissati dall'art. 307 del codice penale, che sono non punibili, o punibili in misura ridotta, se non denunciano un reato, o nascondono un colpevole o sono in altro modo coinvolti in fatti penalmente rilevanti commessi, appunto, da un congiunto. Infine, i conviventi nella legislazione italiana possono ricevere in affidamento un minore, ma non possono adottarne uno, anche se hanno figli propri e indipendentemente dalla durata della convivenza.

Questa debolezza giuridica e istituzionale delle coppie conviventi rispetto a quelle sposate riguarda sia le coppie eterosessuali che, a maggior ragione, quelle omosessuali. Giacciono da tempo in parlamento diverse proposte di legge tese a fornire ai conviventi un maggiore riconoscimento giuridico, almeno per quanto riguarda i rapporti patrimoniali e le responsabilità reciproche liberamente assunte e spesso consolidate nel tempo. Al momento, tuttavia, è solo la pratica giurisprudenziale che fornisce un qualche tipo di riconoscimento, oltre ai regolamenti di alcuni enti locali, ad esempio in merito all'accesso all'edilizia popolare, e di alcuni enti assicurativi, ad esempio in merito alla estensione al convivente di una assicurazione medica, o di una pensione integrativa.

Se nella famiglia di fatto vi sono figli, la coppia genitoriale è considerata tale, dal punto di vista dei diritti e dei doveri, solo se vi è convivenza. Se questa non c'è, o cessa, tutto il potere e la responsabilità rimangono concentrati di fatto nelle mani del genitore convivente con i figli. Se la coppia desidera dare stabilità e certezza ai propri accordi, se il genitore non convivente desidera stabilire il proprio diritto al rapporto con il figlio, se il genitore convivente intende assicurare l'assegno alimentare al figlio, occorre rivolgersi al Tribunale dei minori (non a quello civile, come nel caso delle separazioni e divorzi). Ma questo interviene solo su richiesta, o denuncia, di una parte o anche di terzi. Non vi è cioè un diritto soggettivo e automatico dei figli che debba in ogni caso venire tutelato, a prescindere dalla denuncia di parte. Questa situazione sta in parte mutando a livello di pratica giurisprudenziale, ma è lontana dall'essere soddisfacente.

Per altro, anche nel caso di figli nati entro un matrimonio, la tutela dei loro diritti è ancora lontana dall'essere adeguata, se avviene una separazione. È vero, infatti, che il giudice deve sempre comunque pronunciarsi in merito sia al loro affidamento che al loro mantenimento, se minori. Tuttavia mancano criteri univoci nello stabilire l'importo dell'assegno per i figli, che quindi può variare non solo o tanto sulla base delle disponibilità dei genitori, ma sulla base della valutazione soggettiva dei giudici. Mancano anche procedure semplici e tempestive per ottenere il pagamento quando questo non avviene, e misure sostitutive temporanee definite in modo certo e univoco a livello nazionale. Allo stesso tempo, i criteri per l'affidamento dei figli continuano, a livello di norma oltre che di pratica, a privilegiare l'affidamento a un unico genitore (di fatto per lo più la madre), prevedendo, dopo il 1987, l'affidamento congiunto o alternato solo in via subordinata o eccezionale: al contrario di quanto avviene in altri paesi ove questo tipo di affidamento è la norma, qualora lo richiedano entrambi i genitori, o comunque la scelta prioritaria, quando se ne sia accertata la fattibilità. Nelle ultime due legislature si sono moltiplicate le proposte di legge per modificare questa situazione, ma senza arrivare ad una decisione. A maggio 2001 è stata presentata in Parlamento la proposta di legge n. 66 sull'affido condiviso, che intende rendere questo istituto la regola anziché l'eccezione. Al momento in cui scriviamo, gennaio 2003, tale proposta non è tuttavia ancora stata oggetto di esame parlamentare.

Un altro settore in cui la regolazione dei rapporti genitori-figli è insoddisfacente è quello che scaturisce dalle nuove tecniche di riproduzione assistita. Paradossalmente qui le opportunità fornite dalla legge – in nome dei diritti dei figli naturali – di far prevalere il diritto di verità rispetto a quello di legittimità possono venire rovesciate: un padre (ma anche una madre, nel caso di donazione di ovulo) può in qualsiasi momento disconoscere un figlio nato con inseminazione artificiale con seme di donatore, anche se aveva a suo tempo consentito all'inseminazione e aveva riconosciuto come proprio il figlio così nato. Per altro, è tutto il settore della riproduzione assistita che manca nel nostro paese di una forma di regolamentazione, *in primis* per quanto riguarda i legami e i rapporti di responsabilità che ne nascono, o ne dovrebbero nascere.

Come e più che negli altri paesi la difficoltà a legiferare in questo campo – e prima ancora ad individuare gli ambiti in cui è necessario introdurre forme di regolazione e quelli invece che è più opportuno lasciare alla scelta dei singoli – è dovuta non solo al fatto che si tratta di un fenomeno che coinvolge assunti di valore, modelli di normalità, idee di famiglia radicati e conflittuali, ma alla forza politica dei cattolici e alla presenza della Chiesa anche come attore politico. Nella scorsa legislatura (governo dell'Ulivo), era stata presentata in Parlamento dalla maggioranza una proposta di legge che intendeva normare sia le condizioni e le forme in cui può avvenire la fecondazione assistita, sia i soggetti che possono accedervi. Tale proposta di legge era stata fortemente criticata da forze politiche e culturali opposte: dai cattolici che ne criticavano sia l'estensione delle tecniche ammesse (in particolare il ricorso al donatore) sia l'accesso a tali tecniche anche alle persone non coniugate; da diversi gruppi femministi e dal movimento radicale perché pretendeva comunque di normare non solo il «come» ma anche il «chi» potesse accedere a tali tecniche, definendo implicitamente chi possa «fare famiglia» e come possa essere una famiglia. Dopo un lungo dibattito che ha visto la spaccatura trasversale di tutte le forze politiche e l'alleanza di chi, in esse, si richiamava al cattolicesimo, tale proposta, profondamente modificata in senso restrittivo, è stata approvata da un ramo del Parlamento. Ma non è mai stata portata alla discussione nell'altro. Essa consente solo l'inseminazione cosiddetta omologa (ovvero con spermatozoi del partner ufficiale, senza ricorso a donatore) e solo alle coppie coniugate o alle coppie conviventi da alcuni anni. Inoltre, vietando il congelamento e la conservazione di ovuli fecondati, non consente l'inseminazione di più ovuli di quanti possano venire inseriti nella donna ogni volta; di fatto costringendo la donna a sottoporsi ad un numero più elevato di cicli ormonali per stimolare l'ovulazione, stante la bassa percentuale di successo della procedura. L'attuale maggioranza ha ripresentato la proposta così come era stata approvata nella precedente legislatura. Anche in questo caso, e con le medesime spaccature e alleanze trasversali, è stata approvata da un ramo del Parlamento. Al momento in cui scriviamo – inizio 2003 – non è ancora stata portata all'esame del secondo.

CAPITOLO SECONDO

LA DIVISIONE DEL LAVORO: STRATEGIE FAMILIARI E MODELLI DELLE POLITICHE

1. *La divisione del lavoro: un affare di donne?*

Sia il lavoro degli uomini sia quello delle donne sono profondamente cambiati nel corso del Novecento, dal punto di vista del tipo di lavoro e dal punto di vista del tempo che a esso viene dedicato. Il cambiamento riguarda sia il lavoro per il mercato sia il lavoro domestico e familiare[1]. Tuttavia, entro questi cambiamenti anche radicali, due elementi sembrano viceversa profondamente immutabili. Il primo è la divisione del lavoro familiare, ovvero la sua attribuzione pressoché esclusiva alle donne, e in particolare alle mogli. Per quanto, infatti, il lavoro familiare possa essere mutato nei suoi contenuti, alleggerito dal punto di vista della fatica fisica, arricchito (e complicato) di contenuti relazionali, la sua dimensione di genere è rimasta sostanzialmente intoccata. Il secondo elemento è una conseguenza del primo: sono le donne, molto più degli uomini, non solo ad avere mutato nel tempo la composizione delle loro attività lavorative per il mercato e familiari – e in particolare i modi della loro partecipazione al lavoro per il mercato – ma a dovere tener conto delle interferenze e possibile competizione o conflitto tra di esse. Si badi bene, anche gli uomini con responsabilità familiari sono da queste vincolati (o motivati) nelle loro scelte lavorative molto più di quanto non venga rilevato nella letteratura sull'offerta di lavoro maschile[2]. Anche essi, quindi,

[1] Come è noto, la dizione lavoro familiare, più estensiva di quella di lavoro domestico, viene utilizzata per indicare tutte quelle attività di manutenzione, trasformazione dei beni di consumo, di cura dei membri della famiglia, di mediazione tra questa o un suo componente e i servizi sociali o altre istituzioni esterne, svolte in modo gratuito da uno o più componenti della famiglia.

[2] Ho affrontato più estesamente questa questione in Saraceno [1991b].

possono intensificare o meno la loro presenza sul mercato del lavoro, o presentarvisi in modo più o meno rigido, a seconda delle circostanze familiari e non solo delle caratteristiche della domanda di lavoro. E tuttavia per gli uomini l'interferenza delle domande familiari sull'attività lavorativa si presenta più, se non quasi esclusivamente, nella forma di una modifica del tempo che dedicano al lavoro remunerato che nella composizione delle attività di lavoro complessive, tra lavoro remunerato e lavoro familiare, come invece avviene per le donne. Perciò, mentre l'essere l'unico percettore di reddito della famiglia può indurre, anche costringere, un uomo a dedicare tutto il proprio tempo al lavoro remunerato[3], viceversa condividere con una moglie la responsabilità di procacciare il reddito familiare non induce necessariamente un marito a condividere il lavoro familiare. Con la conseguenza che la partecipazione della moglie al mercato del lavoro può contribuire a fare aumentare il tempo libero del marito, ma non necessariamente la presenza di questi sulla scena familiare e nel lavoro che questa richiede; mentre riduce sia il tempo libero che la disponibilità di tempo per il lavoro familiare della moglie.

Da questo punto di vista, è il comportamento delle donne sposate rispetto al mercato del lavoro a incidere di più – anche se in modo niente affatto lineare – sul benessere delle famiglie; perché incide sui due elementi fondamentali di questo benessere: appunto la disponibilità di reddito e la disponibilità di lavoro familiare. In altri termini, è la divisione del lavoro che fanno le donne, il modo in cui le donne combinano le proprie diverse attività lavorative a essere cambiato nel tempo e a fare differenza per il benessere loro e delle loro famiglie. Ed è a questo cambiamento che si deve anche quel poco o tanto di modifica che c'è stato nella divisione di genere del lavoro nella famiglia nel Novecento. Nel senso che in un primo tempo le donne sposate hanno

[3] Una ricerca della fine degli anni Settanta segnalava, ad esempio, come i «doppio-lavoratori» fossero molto più numerosi tra i mariti di donna casalinga a tempo pieno che non tra i mariti di donna lavoratrice remunerata (quindi, di fatto, doppio-lavoratrice) [cfr. Saraceno (a cura di) 1980].

lasciato in prevalenza agli uomini il compito di procacciare il reddito per la famiglia, dedicandosi per parte loro a un lavoro familiare divenuto sempre più articolato; in un secondo tempo, ed è la storia degli ultimi vent'anni, hanno assunto sempre più, accanto alle responsabilità di lavoro familiare, anche quelle di secondo, e talvolta di primo o unico, percettore di reddito.

Le politiche sociali e del lavoro, da questo punto di vista, si sono mostrate ambivalenti: da un lato, in modo più o meno esplicito, hanno dato per scontata la divisione di genere del lavoro familiare e il ruolo di principale, o esclusivo, procacciatore di reddito del maschio capofamiglia. Dall'altro hanno progressivamente riconosciuto l'esistenza di figure di lavoratori che avevano responsabilità familiari non limitate a quella di procacciarsi il reddito. La legislazione sulle lavoratrici madri, infatti, rappresenta, limitatamente alle madri di neonati, la presa d'atto che vi è in qualche caso una interferenza tra responsabilità familiari e attività lavorativa che va in qualche modo composta. La focalizzazione sulla dimensione fisica di questa interferenza, rappresentata dal corpo gravido, se è stata inevitabile e necessaria, è stata anche riduttiva: non solo perché ha impedito a lungo di concepire una possibile responsabilità paterna di cura, ma anche perché ha impedito, e in certa misura tuttora rende difficile, «vedere», in termini di politiche del lavoro, altre dimensioni delle responsabilità familiari di cui tenere conto nella organizzazione dei tempi di lavoro che non siano quelle legate, appunto, alla presenza di bambini molto piccoli. Naturalmente, l'onere di una eventuale politica di conciliazione tra lavoro familiare e lavoro remunerato non è tutto attribuibile alle politiche del lavoro, così come non solo da queste dipendono la costruzione e il rafforzamento di un modello di organizzazione sociale e familiare basato sul maschio capofamiglia principale procacciatore di reddito, piuttosto che sulla condivisione sia delle responsabilità di procacciare reddito che di quelle di fornire cura. Accanto alle politiche del lavoro e dirette ai lavoratori e lavoratrici, contribuiscono a disegnare uno o un altro modello di divisione del lavoro sia quelle redistributive e fiscali, sia quelle nel campo dei servizi alla persona. In questo capitolo ci occuperemo delle prime, rimandando ai capitoli successivi le altre.

2. *Mutamenti nella partecipazione delle donne al mercato del lavoro*

Dagli anni Trenta fino alla prima metà degli anni Sessanta, la partecipazione delle donne al mercato del lavoro, e particolarmente quella delle donne sposate, è costantemente diminuita. Anche se questo processo è avvenuto in modo differenziato a seconda del settore produttivo e della classe sociale di appartenenza. Nel settore agricolo, ad esempio, tale riduzione è iniziata più tardi: durante gli anni Cinquanta e Sessanta.

L'espulsione massiccia delle donne dal mercato del lavoro ufficiale negli anni Trenta fu sostenuta dal regime fascista, che fece del lavoro delle donne il capro espiatorio sia della disoccupazione maschile che del calo demografico. Alcune politiche del regime mirarono esplicitamente allo scoraggiamento del lavoro delle donne, specie sposate: possibilità di licenziamento in caso di matrimonio, divieto di accesso ai concorsi pubblici per le posizioni più alte e così via. Dopo la guerra e nella Repubblica democratica tali politiche vennero mantenute a lungo: la possibilità di licenziamento venne dichiarata illegittima e le donne ebbero accesso a tutte le carriere solo nel 1977, con la legge n. 903 (nota come «legge di parità») che ha armonizzato l'ordinamento italiano alle direttive comunitarie in materia di parità salariale e di trattamento fra lavoratrici e lavoratori [Saraceno 1979-80; 1991b].

Il processo che condusse nel nostro paese alla riduzione dell'occupazione femminile non si realizzò pacificamente e linearmente. Al contrario fu accompagnato da reazioni e comportamenti tra loro contraddittori. Da un lato, molte donne sposate con figli continuarono a lavorare, per necessità economiche, ma nel mercato del lavoro nero, spesso non coperte da alcuna forma di protezione sociale. Dall'altro lato, lo sviluppo e la modernizzazione dello stato, che erano iniziati con il processo di unificazione d'Italia, avevano contribuito a creare nuovi posti di lavoro per le donne nella pubblica amministrazione: come insegnanti nelle scuole, come impiegate negli uffici pubblici [Scaraffia 1988]. Il decreto fascista che proibì alle donne sposate di occupare posti nelle amministrazioni pubbliche (nelle scuole, negli uffici amministrativi, ecc.) fu anche interpretato come un tentativo di proteggere l'universo maschile dalla competizione delle donne più giovani e istruite [Scaramuzza 1983].

In ogni caso, l'assunzione del ruolo di casalinga a tempo pieno emerse come modello di comportamento insieme prevalente e ideale tra le donne sposate italiane solo verso la fine degli anni Cinquanta e la prima metà degli anni Sessanta: ossia all'affacciarsi del primo modesto benessere italiano. Questo comportò, per una quota consistente di forza lavoro maschile, una progressiva stabilizzazione dell'occupazione sostenuta da un raggio crescente di garanzie, perciò anche una crescita dei diritti sociali connessi alla condizione di lavoratore, a livello individuale, ma anche come tramite per i componenti della famiglia che dal lavoratore dipendevano: diritti di sostegno al reddito se disoccupati, di accesso alle cure mediche se ammalati, di un reddito sicuro in vecchiaia. Questa funzione insieme di procacciatore di reddito e di mediatore dei diritti sociali si prolungava (tramite la pensione di reversibilità) anche dopo la morte del maschio capofamiglia. Per le donne, in particolare per quelle sposate, il benessere reso possibile dalla stabilizzazione della occupazione maschile e dalla crescita dei salari reali significò viceversa una crescente professionalizzazione del lavoro di casalinga [Zanuso 1984][4]: come lavoro, da un lato, di manutenzione e trasformazione dei beni di consumo familiari che produceva e produce un vero e proprio valore aggiunto, dall'altro di cura dei membri della famiglia – dei

[4] Anche allora, per altro, diversi osservatori segnalavano che se si fosse tenuto conto delle occupate nell'economia informale, i tassi di attività e occupazione delle donne italiane non sarebbero stati molto più bassi di quelli delle donne inglesi o statunitensi.

bambini innanzitutto, ma anche degli adulti. In altri termini, il benessere degli anni Cinquanta e Sessanta per la grande maggioranza di famiglie che ne hanno goduto derivava da questa duplice fonte: un salario più sicuro e comportante una quantità maggiore di beni sociali; la disponibilità di un lavoro familiare non solo intenso, ma intelligente: capace di utilizzare i nuovi beni di consumo così come gli emergenti servizi sociali e di adattarsi duttilmente alle nuove esigenze sociali, dal tipo di dieta alle norme di igiene e pulizia, fino a incorporare i nuovi standard a livello sia sanitario che scolastico.

Da questo punto di vista si può dire che se in Italia vi è stato un periodo in cui è emerso come modello insieme normativo e preferito quello di una famiglia basata sul maschio capofamiglia percettore di reddito e tramite delle risorse sociali da un lato, sulla casalinga addetta al lavoro familiare dall'altro, esso ha riguardato appunto il breve arco di tempo tra la metà degli anni Cinquanta e la metà degli anni Settanta. E non è stato neppure allora accessibile a una quota consistente della popolazione: innanzitutto nel Mezzogiorno ove, come ha scritto Becchi Collidà [1979], non sempre vi era, e tuttora non vi è, almeno un lavoro per famiglia con le caratteristiche che abbiamo sopra delineato; e anche tra i ceti operai più poveri del centro-nord non sempre la relativa sicurezza del posto di lavoro si accompagnava a un reddito adeguato ai bisogni della famiglia, costringendo non solo il capofamiglia al doppio lavoro, ma anche la moglie a qualche forma di combinazione più o meno ufficiale tra lavoro remunerato e responsabilità familiari.

Gli anni Sessanta, d'altra parte, furono anche gli anni della crescita del settore terziario, pubblico e privato, e in cui iniziò a svilupparsi lo stato sociale italiano. Queste condizioni crearono le basi per nuove opportunità di lavoro per le donne: sia come impiegate, sia come insegnanti e lavoratrici nell'emergente settore dei servizi sociali.

Almeno fino alla metà degli anni Settanta la crescita dell'occupazione femminile fu vista da molti esperti solo come l'effetto del rientro nel mercato del lavoro delle donne dopo il periodo di cura dei figli. Dalla seconda metà degli anni Settanta, tuttavia, apparve evidente che il fenomeno della crescita dei tassi di attività femminile era in gran parte il risultato di un nuovo modello di partecipazione al mercato del lavoro adottato dalle coorti più giovani. Ciò derivava anche dal prolungamento del periodo di formazione e dal fatto che le coorti più giovani tendevano a non uscire dal mercato del lavoro in corrispondenza della nascita di un figlio, sostenute in questa scelta anche dalla più generosa legge sulla maternità approvata nel 1971 [Abburrà 1989; Carmignani e Pruna 1991]. Viceversa, apparve chiaro quanto difficile fosse, per una donna adulta che avesse per motivi familiari lasciato il mercato del lavoro ufficiale, rientrarvi e, quando non vi fosse mai entrata, entrarvi per la prima volta in età matura.

Negli anni Novanta i tassi sia di attività che di occupazione delle donne hanno continuato a crescere; e nelle coorti più giovani e tra le donne nubili sono simili a quelli maschili. Gli ultimi dati disponibili segnalano che nel periodo 1993-2001 il tasso di attività femminile, benché rimanga ampiamente al di sotto della media europea ed anche dell'obiettivo del 60% che tutti i paesi membri della UE dovrebbero raggiungere nel 2006, è cresciuto di più di 5 punti percentuali, passando dal 41,9% al 47,3% (mentre quello maschile è rimasto pressoché stabile e con qualche segnale di diminuzione, dal 73,8% al 73,6%). Inoltre quasi tutti i posti di lavoro aggiuntivi creati in questi anni sono stati femminili. Questo aumento dei tassi di attività femminile è largamente dovuto a due fenomeni: l'aumento della scolarità femminile (che nelle ultime coorti ha superato quella maschile) e il progressivo sviluppo di contratti di lavoro cosiddetti «atipici», incluso il lavoro a tempo parziale. Quest'ultimo, nello stesso periodo, è aumentato del 5,4%, anche in seguito alle diverse leggi e incentivi che negli ultimi anni ne hanno favorito la diffusione. Ricordo in particolare la legge n. 196/1997 e soprattutto la legge n. 61/2000 che costituisce la attuazione nel nostro paese della direttiva Ue sul lavoro part time (97/81 CE). Anche se il lavoro part time continua a rappresentare una quota minoritaria della occupazione femminile, esso tuttavia si configura come situazione fortemente femminilizzata (lavora part time il 16,6% delle occupate, di contro al 3,5% degli occupati). Ciò indica che da parte non solo dei *policy makers*, ma anche dei datori di lavoro e dei lavoratori la conciliazione continua ad essere un problema che riguarda esclusivamente le donne. Benché il part time non sia in linea di principio riservato alle donne, sono queste ad occupare in stragrande maggioranza le posizioni che lo prevedono e tutto l'aumento intervenuto in questi cinque anni è dovuto solo a loro. Non può quindi sorprendere che il genere (l'essere donne), lo status familiare (l'essere sposata, l'essere madre) riducano le *chances* occupazionali future delle lavoratrici part time rispetto ai lavoratori e alle lavoratrici full time, come segnala sia il già citato *Rapporto* Istat [2002a], sia il *Rapporto di monitoraggio sulle politiche occupazionali e del lavoro* del ministero del Lavoro e della previdenza sociale [2000]. Anche i rapporti di lavoro «atipici», che forniscono minori garanzie dal punto di vista del sistema di protezione, incluso quello che riguarda specificamente la maternità, per le donne si configurano molto meno che per gli uomini come una fase di transizione temporanea verso condizioni di lavoro più stabili e garantite. Come segnalano i dati di tipo longitudinale, infatti, le donne tendono a rimanere in questi contratti molto più a lungo degli uomini [Istat 2002a; 2002b; Schizzerotto 2002].

I dati delle *Indagini multiscopo* consentono di stimare anche la percentuale di madri lavoratrici con figli minori, che negli anni Novanta si aggira intorno al 40% [Istat 1994c]. Tale percentuale è più elevata tra le madri sole che tra le madri che vivono con un partner, segnalando come le prime siano non solo, più ancora delle seconde, le uniche fornitrici di lavoro e cura familiare, ma anche le uniche, o almeno principali, percettrici di reddito nella loro famiglia. Allo stesso tempo, la percentuale di occupate tra le madri di figli in età pre-scolare è più elevata della percentuale complessiva di occupazione tra le donne in età lavorativa: 43% circa di contro a 41%, a livello nazionale. Crescere figli e lavorare, così come avere una madre lavoratrice mentre si cresce, stanno diventando esperienze comuni anche nel nostro paese.

Ciononostante, la quota di donne che abbandona temporaneamente o provvisoriamente il lavoro per motivi familiari è costante da una coorte all'altra. In particolare, diminuisce, tra le coorti più giovani, la motivazione matrimonio, ma rimane forte quella relativa alla nascita di figli. I dati più recenti sulle Forze di Lavoro [Istat 2002b] indicano che nella coorte che ha attualmente 30-39 anni tra le nubili il tasso di attività è di poco inferiore a quello dei loro coetanei: 89,7%. Esso diminuisce di quasi 11 punti nel caso delle coniugate senza figli e di altri 23 tra le coniugate con figli, il cui tasso di attività scende al 56%. Con tassi di attività più bassi, le donne coniugate con figli hanno viceversa tassi di disoccupazione più alti non solo degli uomini, ma delle donne senza figli. Le responsabilità familiari perciò riducono sia la possibilità di rimanere sul mercato del lavoro sia quella di mantenere un lavoro, o di trovarne un altro quando lo si sia perso. L'abbandono del lavoro quando nascono i figli può essere intesa come una scelta provvisoria e reversibile. Dati di ricerca tuttavia indicano che in Italia più che altrove, per le donne più che per gli uomini e in particolare per le donne con responsabilità familiari, specie se a bassa istruzione, si tratta di una decisione rischiosa: tanto più a lungo si rimane fuori dal mercato del lavoro tanto più è difficile ritornarvi [Schizzerotto 2002].

L'effetto negativo della presenza di responsabilità familiari è più alto per le donne a bassa qualificazione e che vivono nel Mezzogiorno rispetto a quelle con titolo di studio medio-alto e che vivono nel centro-nord. Come segnalato anche da altre ricerche, l'istruzione per le donne appare ancora più importante che per gli uomini a fini occupazionali e come fattore di differenziazione sociale: incide infatti non solo sul tipo di lavoro cui si può aspirare, ma anche sulla possibilità stessa di rimanere nel mercato del lavoro, a parità di ogni altra condizione. Le donne con istruzione più alta che vivono nel centro-nord sono più in grado delle altre di rimanere nel mercato del lavoro lungo il ciclo di vita familiare; anche se, come segnalano i dati sui differenziali salariali, «pagano» questa maggiore capacità di durata con differenziali salariali rispetto agli uomini con pari qualifiche più elevati di quelli che si riscontrano nelle qualifiche più basse.

Le profonde trasformazioni del comportamento femminile hanno quindi accresciuto le differenze e le diseguaglianze non solo tra le donne, ma anche tra nuclei familiari diversi per classe sociale e per area di provenienza. L'area geografica di residenza della famiglia (con le relative diverse opportunità offerte dal mercato del lavoro locale e dal sistema di welfare locale) e il livello di istruzione sono le due variabili che giocano il ruolo più rilevante sia nel dar vita ad aspettative individuali diverse [Iard 1991], sia nel bilanciare l'effetto negativo che il matrimonio e la maternità hanno sull'occupazione femminile [Saraceno 1992; Schizzerotto, Bison e Zoppé 1995].

3. *Divisione del lavoro e uso del tempo*

La famiglia italiana è ancora caratterizzata da una forte divisione del lavoro familiare in base al genere. Gli studi su questo tema sono iniziati in Italia relativamente tardi, tanto che per avere i primi dati a livello nazionale bisogna attendere il 1983, ossia la prima *Indagine sulle strutture e i comportamenti familiari* dell'Istat [1985]. Nei decenni precedenti, sull'onda degli stimoli del movimento femminista, e soprattutto a partire dall'inizio degli anni Settanta, erano state condotte numerose ricerche a carattere locale (in Lombardia, in Trentino, nelle Marche, ecc.) nelle quali si prestava particolare attenzione al lavoro familiare e alla sua composizione interna. Dai risultati di tali indagini si ricavava un quadro fortemente caratterizzato dalla tradizionale divisione dei ruoli familiari. Le donne, ovviamente, sopportavano il maggior carico di lavoro domestico e di cura, e ciò a prescindere dalla loro posizione nel mercato del lavoro; benché le donne con un lavoro remunerato dedicassero in media al lavoro domestico meno tempo delle casalinghe. Questa riduzione, tuttavia, non era compensata da una maggiore partecipazione del marito. Le ricerche evidenziavano che l'unica area del lavoro familiare in cui gli uomini/

mariti/padri erano significativamente presenti era quella della cura e della custodia dei figli, nonostante tale partecipazione risultasse assai differenziata a seconda delle aree di cura in cui si può ripartire tale attività [v. ad esempio Saraceno 1980]. Ciò era considerato un indizio dell'emergere di un nuovo modello di paternità. Questo nuovo modello deve essere visto non solo in relazione alle trasformazioni della divisione del lavoro familiare in base al genere, ma anche in relazione alla trasformazione del rapporto padre/figlio/a. A metà degli anni Novanta una ricerca sulla instabilità coniugale dimostrava che i padri che avevano, almeno in parte, condiviso il lavoro di cura e allevamento dei figli erano anche quelli che dopo la separazione apparivano meno propensi a tagliare, o ad allentare, i legami e le relazioni con loro anche quando questi vivevano con la madre [Barbagli e Saraceno 1998].

I primi risultati nazionali, provenienti dai dati dall'indagine dell'Istat sulle *Strutture e i comportamenti familiari* del 1983, concordavano in gran parte con quelli delle ricerche locali. L'indagine stimò che il marito di una donna lavoratrice svolgeva in media alla settimana solo un'ora e mezza di lavoro domestico in più, rispetto al coniuge di una donna casalinga a tempo pieno. Confermò soprattutto che il lavoro familiare è specificamente una responsabilità delle donne sposate all'interno della famiglia: benché tutte le donne conviventi in una famiglia – figlie, nuore – collaborino più degli uomini, il grosso del lavoro familiare viene svolto dalla moglie/madre. La successiva *Indagine Multiscopo sulle famiglie 1987-91* non segnala alcuna trasformazione familiare veramente significativa in quest'area di comportamento; al contrario, conferma il permanere del tradizionale modello di divisione dei ruoli familiari. Anzi, sulla base dei dati della parte monografica della stessa *Indagine Multiscopo* dedicata all'uso del tempo, è stato stimato che aggiungendo le ore che una donna sposata lavora per il mercato a quelle in cui svolge lavoro domestico, essa lavora in media un mese all'anno più del proprio marito [Istat 1993b]. I dati più recenti, provenienti sia dalle Indagini Multiscopo che dalla Banca d'Italia segnalano come poco sia cambiato in questa squilibrata divisione del lavoro. In particolare, secondo gli ultimi dati disponibili della Indagine Multiscopo su questo argomento, relativi al 1997, le donne occupate e viventi in coppia lavorerebbero in media lo stesso numero di ore in più dei loro compagni rilevate nel 1988-89: 15 ore alla settimana. Più bassa, ma sempre consistente – 9 ore alla settimana – è la cifra indicata nella Indagine della Banca d'Italia [2002] sui bilanci delle famiglie del 2000.

Il matrimonio si dimostra, pertanto, il mezzo principale di allocazione delle responsabilità familiari e, benché in un diverso grado, di divisione delle attività nel mercato del lavoro extra-domestico. È vero, infatti, che uomini e donne sposati partecipano diversamente al mercato del lavoro e per un periodo di tempo differenziato (gli uomini hanno una giornata di lavoro retribuito più lunga delle donne e impiegano più tempo per raggiungere il posto di lavoro). Tuttavia, mentre la presenza della moglie lavoratrice aumenta considerevolmente la probabilità che il marito abbia una giornata lavorativa più corta, o almeno riduce la probabilità che svolga un secondo lavoro, al contrario il lavoro retribuito della moglie ha scarse probabilità di influenzare la collaborazione del coniuge alle attività familiari [Istat 1993b; Balbo, May e Micheli 1990; Sabbadini e Palomba 1994]. Sotto il profilo dell'indipendenza economica, per le donne il matrimonio rappresenta principalmente un costo e un rischio, se visto in relazione alle capacità di partecipazione al mercato del lavoro [De Singly 1987; Barbagli 1990].

La divisione del lavoro in base al genere influenza in modo non secondario anche il benessere dei figli. Infatti, in caso di separazione e di divorzio i figli sono in gran parte affidati alla madre. Pertanto, il loro benessere economico dipende sia dalla capacità della madre di guadagnare un reddito adeguato che dal modo in cui il padre provvede al pagamento dell'assegno di mantenimento. Il fatto che da alcune ricerche emerga una maggiore propensione delle donne che in precedenza erano casalinghe a tempo pieno a entrare nel mercato del lavoro dopo la separazione [Maggioni, Pocar e Ronfani 1988; Barbagli e Saraceno 1998] può essere considerato il segnale di due fenomeni distinti, anche se interdipendenti: in primo luogo, gli assegni di mantenimento per la moglie e per i figli sono troppo bassi per essere sufficienti; in secondo luogo, l'assenza del marito riduce l'ammontare di tempo che le donne devono dedicare al lavoro familiare e libera, pertanto, tempo femminile per il lavoro retribuito. Se si compara il tempo impiegato nel lavoro domestico dalle donne sposate e dalle madri sole a parità di numero di figli, si rileva infatti che vi è una riduzione del tempo speso nel lavoro familiare a favore delle madri sole [Sabbadini e Palomba 1994]. In altri termini, dentro il matrimonio, vi è una quota di lavoro domestico e di cura che le donne devono aggiungere e svolgere per il marito.

L'ammontare di lavoro domestico e di cura che una data famiglia deve fornire dipende non solo dalla numerosità del nucleo, dall'età e dal grado di autosufficienza dei suoi membri, ma anche e soprattutto dall'offerta di servizi sul territorio. Alla fine degli anni Settanta si sviluppò in Italia un ampio dibattito su come e in quale misura la presenza di servizi sociali alla persona, in particolare i servizi per la prima infanzia, ma anche i servizi di cura per disabili, portatori di handicap e non autosufficienti, portassero a una trasformazione «del» e «nel» lavoro familiare. Numerose indagini e studi evidenziarono come alcuni servizi alla persona, per quanto contribuissero a togliere alle famiglie una parte dei compiti del lavoro di cura e di assistenza, al tempo stesso attribuivano «nuovi» compiti, soprattutto sotto forma di lavoro di partecipazione, adattamento e integrazione [v. Bianchi 1981; Bianchi e Cacioppo 1980]. In altri termini, si segnalava che se le famiglie, e in particolare le mogli/madri, venivano alleviate di una parte del lavoro di cura e di assistenza, d'altra parte era loro richiesto di impiegare nuovo tempo al fine di adattarsi alle domande, ai tempi e ai modi di comportamento richiesti per poter avere accesso ai servizi. Parimenti, la diversa offerta di servizi sociali, i diversi criteri di accesso, la loro complessiva definizione sociale e culturale, costituivano, più o meno esplicitamente, lo strumento attraverso il quale ripartire le competenze e le responsabilità tra i compiti spettanti alla famiglia e quelli spettanti ai servizi pubblici, a quelli privati, agli esperti. Citiamo a titolo d'esempio la scarsa diffusione di strutture e servizi per l'accoglienza e l'assistenza di anziani non autosufficienti, che può essere interpretata come il segno di una de-responsabilizzazione pubblica nel settore, e nel contempo come l'indice di una totale attribuzione di responsabilità alle famiglie e alla rete parentale. Tra i criteri richiesti per l'accesso all'asilo nido (di cui parleremo più diffusamente nel capitolo 4), si prevede quale condizione di vantaggio la presenza della madre nel mercato del lavoro. Ciò segnala che la situazione ritenuta insieme normale e più adeguata per la crescita e lo sviluppo dei bambini sotto i tre anni è quella in cui vi sia la presenza della madre a tempo pieno. Al contrario, lo sviluppo e la diffusione su tutto il territorio nazionale di scuole per l'infanzia per i bambini da 3 a 6 anni segnalano come a livello sociale le esperienze di socializzazione extra-familiari siano considerate un fattore positivo per la crescita del bambino dopo i tre anni, a prescindere dalla condizione occupazionale della madre. L'attuale organizzazione delle scuole elementari, basata sul cosiddetto tempo lungo, piuttosto che sul tempo pieno e spesso non sostenuta da un servizio di mensa, contribuisce a rafforzare l'aspettativa che le madri siano disponibili per la cura dei propri figli per una larga quota del tempo quotidiano ben oltre l'infanzia.

4. *Politiche del lavoro e politiche nei confronti dei genitori lavoratori*

4.1. *Asimmetrie di genere e di posizione professionale*

In Italia le politiche sociali e le politiche del lavoro tradizionalmente si sono rivolte alla maternità e alla paternità adottando due ottiche divergenti, anche se per molti versi complementari. All'uomo, marito e padre, in quanto capofamiglia e principale procacciatore di reddito, è stato tradizionalmente riservato il diritto al lavoro, anche se spesso in un modo più simbolico che reale. Al contrario, alla donna, moglie e madre, almeno fino alla fine degli anni Cinquanta, veniva preclusa, spesso su base legale, la possibilità di accedere a un'occupazione extra-domestica, soprattutto quando si trattava di lavori e professioni altamente qualificati. Le specifiche politiche sociali rivolte alle madri lavoratrici – la prima legge che introduceva un congedo obbligatorio, ma non retribuito, per maternità fu approvata nel 1908 [Saraceno 1990a] – furono a lungo ambivalenti. Infatti, mentre da un lato si preoccupavano di offrire protezione alle madri lavoratrici, dall'altro contribuivano a rafforzare la funzione principale della donna in quanto moglie e madre, che doveva prima di tutto prendersi cura dei figli, del marito e di tutti i componenti deboli e non autosufficienti del nucleo familiare.

L'ambivalenza delle politiche sociali per le madri lavoratrici toccò il suo apice durante il regime fascista, quando la paternità e la maternità divennero il terreno esplicito per rispettivamente privilegiare o viceversa escludere dal lavoro, particolarmente nell'ambito del settore pubblico. Durante il regime, inoltre, venne sviluppata una vasta gamma di politiche sociali, quali i premi di natalità e gli assegni familiari, il cui scopo esplicito, oltre a quello di natura demografica, era quello di riconoscere il costo dei figli, ma solo ai padri. Esso veniva riconosciuto direttamente alla madre solo nel caso delle nubili, che potevano ricevere in proprio i premi di natalità e gli assegni familiari. In questo caso l'obiettivo demografico prevaleva sulla censura morale cui pure erano sottoposte le madri nubili. Al tempo stesso, il periodo di assenza per maternità e la corrispondente retribuzione rimasero un diritto limitato a ristrette categorie di lavoratrici. Escluse erano, in particolare e non a caso, le categorie che raccoglievano allora il maggior numero di lavoratrici: le donne occupate in agricoltura, le lavoratrici a domicilio, le domestiche [Saraceno 1991a].

L'Italia repubblicana eliminò progressivamente tutti quegli ostacoli di natura giuridica che limitavano l'accesso delle donne al lavoro e alle professioni, rendendo illegittima ogni discriminazione basata sul sesso, l'esclusione dal lavoro e il licenziamento a causa del matrimonio, della gravidanza e della maternità. Rispetto al periodo fascista, la priorità data ai padri nelle politiche per l'occupazione è scomparsa totalmente come principio giuridico; tuttavia essa può essere ancor oggi praticata in diverse occasioni, come nel caso della selezione dei lavoratori da mettere in cassa integrazione in occasione di crisi aziendale, o nell'attribuzione del punteggio ai disoccupati che si trovano nelle liste di attesa per i lavori pubblici. Nel primo caso, «i padri» (o «i capifamiglia») possono essere gli ultimi ad essere selezionati, specialmente nelle aziende più piccole; nel secondo caso essi possono ricevere per la loro condizione punti aggiuntivi e pertanto scavalcare nelle liste i non coniugati, i senza figli e le donne. Per quanto tale politica possa apparire sensibile ed attenta alle problematiche di sostentamento della famiglia, essa non tiene in debito conto il fatto che in molti casi la retribuzione della moglie/madre è tanto necessaria per la famiglia quanto quella del marito/padre, così come il fatto che esistono famiglie con donne «capofamiglia». Tali pratiche, nonché le ideologie ad esse sottese, contribuiscono a rendere ancora più fragile e precaria la posizione delle donne nel mercato del lavoro con conseguenti effetti anche sul benessere dei figli.

Parte delle priorità, o dei privilegi, accordati ai mariti/padri rispetto alle mogli/madri nel campo della previdenza scomparve solo nel corso degli anni Settanta. Fino alla riforma del sistema sanitario del 1978 e all'introduzione del servizio sanitario nazionale, soltanto i mariti/padri lavoratori titolari dell'assicurazione sanitaria potevano estenderla fino a includere le loro mogli e i loro figli. I contributi versati dalla donna lavoratrice non davano automaticamente diritto all'estensione dell'assicurazione al marito e ai figli, se non nel caso di assenza, incapacità o mancanza di lavoro del marito. Di conseguenza, la donna lavoratrice sposata al lavoratore autonomo, al libero professionista o a colui che non fosse in altro modo coperto dall'assicurazione sanitaria obbligatoria, non aveva il diritto di estendere al marito e ai figli le prestazioni della propria assicurazione, nonostante i contributi versati fossero del tutto uguali a quelli di un collega uomo.

Analogamente, soltanto la pensione del marito/padre deceduto poteva essere trasformata in pensione di reversibilità ai superstiti. Della pensione della donna lavoratrice deceduta potevano beneficiare solo i figli superstiti e solo in assenza di pensione paterna. In ogni caso la pensione della donna non poteva mai trasformarsi in pensione di reversibilità per il marito.

La diseguaglianza nella valutazione dei contributi femminili e maschili nell'assicurazione obbligatoria per la malattia fu abolita solo con l'introduzione del servizio sanitario nazionale, che copre in linea di principio tutti i cittadini. La disuguaglianza tra uomini e donne per la pensione ai superstiti è stata abolita attraverso una sentenza della Corte Costituzionale che ha accolto la denuncia di discriminazione in base al sesso, in contrasto quindi con il principio di uguaglianza costituzionalmente sancito.

Un'ulteriore asimmetria tra padri e madri nelle politiche legate all'occupazione, rimasta fino al 1971, riguardava l'obbligo dei datori di lavoro di istituire camere di allattamento e asili nido aziendali quando avessero alle proprie dipendenze più di 30 donne coniugate[5]. Tale obbligo, mentre dava un servizio e un sostegno solo alle donne (e alla loro prole) che lavoravano in aziende medie e grandi, ebbe quale contro effetto il disincentivare l'assunzione di manodopera femminile, particolarmente nelle medie e piccole aziende. Tale norma, inoltre rinforzava l'idea che i figli sono responsabilità della madre e non del padre: non vi erano padri lavoratori dal punto di vista dei bisogni di cura e allevamento dei propri figli, mentre tutte le donne erano

[5] La disciplina sull'obbligo dei datori di lavoro di istituire camere di allattamento nasce durante il fascismo con una legge del 1934 che obbligava i datori di lavoro che impiegassero più di 50 donne in età compresa tra i 15 e i 50 anni a provvedere a tale servizio. Con la legge n. 860 del 1950 (Tutela fisica ed economica delle lavoratrici madri) l'obbligo per i datori di lavoro di contribuire finanziariamente, o provvedere autonomamente all'organizzazione di camere di allattamento e di asili nido, continuò a sussistere, benché il numero di dipendenti (30 e non più 50) e le caratteristiche anagrafiche richieste dalla nuova legge (si contavano solo le donne coniugate) venissero lievemente mutate [Ballestrero 1979; 1996].

potenzialmente madri. Di conseguenza, i padri non potevano iscrivere i loro figli negli asili nido delle proprie aziende anche quando queste si presentavano meglio organizzate di quelle in cui lavoravano le mogli, o quando la moglie lavorava in un'azienda che ne era sprovvista. Lo stretto legame tra numero di occupate e contributo per il servizio-nido da parte dei datori di lavoro fu eliminato nel 1971 con la legge n. 1204 (sulle lavoratrici madri) che stabilì la chiusura delle camere di allattamento, e in collegamento con la legge n. 1044 (sugli asili nido). Questa, fortemente voluta dall'organizzazione femminile di sinistra, l'Unione donne italiane, e dai sindacati, fu approvata nello stesso anno, spostando la responsabilità per il finanziamento e l'organizzazione dei servizi per l'infanzia per i bambini sotto i tre anni dai datori di lavoro alla stato e agli enti locali.

Infine, una norma riguardante i dipendenti pubblici introdusse allo stesso tempo una discriminazione positiva tra questi e i dipendenti privati, a prescindere dal sesso, e, all'interno dei dipendenti pubblici, tra le donne e gli uomini. Nel 1956, infatti, fu concesso ai dipendenti pubblici di andare in pensione dopo una anzianità contributiva di soli 25 anni, indipendentemente dall'età[6]. Questo requisito era ulteriormente abbassato a 20 anni nel caso delle donne coniugate, oppure delle nubili con prole. Nel 1973 queste soglie vennero ulteriormente abbassate di 5 anni, scendendo rispettivamente a 20 anni per gli uomini e a 15 per le coniugate o per le nubili con prole. È da sottolineare, in questa discriminazione positiva a favore delle donne entro la più grande discriminazione tra settore pubblico e settore privato, che era il matrimonio più che la maternità ad essere sostenuto e incentivato. Forse perché è il matrimonio che immette nelle responsabilità di cura nei confronti non solo dei figli, ma del marito e della parentela allargata. La maternità era necessaria per accedere a questo privilegio solo in

[6] Nel settore privato la pensione di anzianità venne introdotta solo 13 anni dopo, e con requisiti contributivi ben più alti: 35 anni, uomini e donne (ma nel settore privato esisteva una età pensionistica diversa per i due sessi: 55 anni per le donne, 60 per gli uomini).

via subordinata, in assenza appunto di matrimonio. Le due riforme pensionistiche dell'autunno del 1992 e dell'agosto del 1995 hanno, da un lato, introdotto meccanismi tesi a parificare la pensione di anzianità del settore pubblico a quello privato, riducendo i privilegi di cui godevano i dipendenti pubblici; dall'altro lato, mentre hanno eliminato il privilegio del matrimonio, hanno esteso la concessione di contributi pensionistici figurativi a tutte le madri lavoratrici dipendenti: ciascun figlio dà oggi diritto a quattro mensilità di contributi figurativi, fino a un massimo di 12 mesi (ovvero fino ad un massimo di tre figli).

Con lo scopo dichiarato di offrire un riconoscimento al valore sociale del lavoro casalingo, nel 1996 e a decorrere dal 1997 la legge n. 565 ha istituito un fondo mutualistico per la pensione alle casalinghe, cui possono aderire, su base volontaria, coloro che «si dedicano esclusivamente al lavoro casalingo». La novità, rispetto alla pre-esistente pensione per le casalinghe basata esclusivamente su, minimi, contributi volontari, è il parziale finanziamento pubblico, che dovrebbe garantire l'ottenimento di una pensione pari al minimo pensionistico Inps se i contributi volontari sono pagati per un sufficiente numero di anni. Dato che i contributi a questo scopo non sono cumulabili con quelli di altri fondi pensionistici, di fatto una persona che abbia una storia lavorativa frammentata, come succede tipicamente più alle donne che agli uomini a causa degli impegni familiari, rischia di pagare contributi sia a questo fondo che a quelli legati alla posizione lavorativa senza riuscire a maturare in nessuno una anzianità sufficiente a garantire una pensione adeguata. Allo stesso tempo, l'esistenza di questa pensione può costituire una sorta di garanzia per la vecchiaia, ma anche un incentivo, per le donne che per le loro circostanze personali e familiari trovano più opportunità di lavoro nella economia informale che in quella formale. Per gli stessi soggetti – coloro che, almeno formalmente, si dedicano esclusivamente al lavoro casalingo – con legge n. 493/1999 è stata istituita una assicurazione, sempre su base volontaria, contro gli infortuni domestici.

4.2. *Dalle politiche di protezione della maternità alle politiche di conciliazione e per i genitori*

Con l'Italia repubblicana, il congedo di maternità retribuito venne gradualmente rafforzato ed esteso, fino a dare copertura assicurativa a tutte le categorie di lavoratrici che si trovano nel mercato del lavoro regolare, sia pure in forme e gradi diversi. In particolare l'indennità di maternità venne progressivamente estesa alle lavoratrici autonome (l. n. 546/1987), alle libere professioniste (l. n. 379/1990) e da ultimo alle collaboratrici coordinate e continuative. Per quanto riguarda le lavoratrici dipendenti, i passaggi legislativi importanti sono tre: la legge n. 1204 del 1971, la legge n. 53 del 2000 e il Testo Unico del 26 marzo 2001.

La legge n. 1204, estesa anche alle madri adottive, prevedeva due periodi di congedo, uno obbligatorio e uno facoltativo. Il congedo obbligatorio, a cui corrispondeva un'indennità dell'80% dell'ultima retribuzione (per i dipendenti pubblici e per quelli di grandi aziende tale indennità è pari al 100% della retribuzione), copriva due mesi prima della data presunta del parto e i tre mesi successivi. Nel caso di maternità a rischio e/o per motivi sanitari, il congedo poteva essere anticipato alle stesse condizioni economiche. Le madri adottive avevano diritto al congedo per i tre mesi successivi all'adozione [Ballestrero 1979].

Dopo i tre mesi di congedo obbligatorio la donna che tornava al lavoro aveva diritto a riposi giornalieri per la cura del neonato: sia in termini di interruzioni durante la giornata lavorativa (nel caso di allattamento al seno), sia nella forma di riduzione della durata della giornata lavorativa stessa. Aveva inoltre diritto ad un periodo di congedo facoltativo di ulteriori nove mesi, cioè fino al compimento di un anno di età del bambino. Coloro che ne usufruivano avevano diritto ad una corresponsione pari al 30% della retribuzione solo per i primi sei mesi. Durante tale periodo, il genitore assente aveva diritto sia al mantenimento del posto di lavoro che alla maturazione degli scatti di anzianità. Infine, il padre o la madre avevano diritto di usufruire di permessi non retribuiti in caso di malattia del bambino fino al compimento del terzo anno di età di quest'ultimo. A partire dal 1977 il congedo facoltativo era stato esteso anche ai padri, che potevano prenderlo in alternativa alla madre, purché fossero legalmente sposati, la madre fosse lavoratrice dipendente e rinunciasse a tale diritto.

Il fatto che il padre potesse usufruire del congedo facoltativo soltanto sulla base del «permesso» materno riduceva notevolmente la categoria dei padri che vi potevano ricorrere. In seguito ad un ricorso, la Corte Costituzionale per altro ha riconosciuto al padre il diritto al congedo obbligatorio, se, e solo se, la madre è assente, deceduta, o è provato che non è in grado di provvedere alla cura del figlio appena nato. Tale decisione, mentre sottolinea il bisogno del bambino di essere nutrito ed allevato dai genitori, e prima di tutto dalla madre, implicitamente ridefinisce la motivazione tradizionale del congedo obbligatorio, suggerendo che esso debba rispondere non solo ai bisogni legati alla salute della madre, ma anche ai bisogni del neonato. Il carattere relazionale delle responsabilità familiari, sia pure limitatamente alla sola infanzia, e il suo comportare bisogni e diritti di soggetti diversi, già parzialmente riconosciuto all'atto della introduzione del congedo facoltativo di paternità, veniva così definitivamente sanzionato aprendo la strada alle successive innovazioni.

Negli anni Novanta, anche sotto l'impulso delle direttive e raccomandazioni e del dibattito europeo, la questione dei congedi viene ripresa alla luce della riformulazione del dibattito sulle pari opportunità viste come riequilibrio complessivo dei rapporti di potere e della divisione del lavoro tra i sessi. In questa prospettiva, i congedi vengono visti sia come un elemento delle politiche complessive di conciliazione tra partecipazione al lavoro remunerato e responsabilità familiari, sia come elemento di riequilibrio della divisione del lavoro e delle responsabilità tra uomini e donne, in particolare tra padri e madri.

Fanno parte delle politiche della conciliazione sia le iniziative intese a facilitare il part time, ma anche la sua reversibilità, sia alcune modifiche introdotte nella normativa sull'orario di lavoro per ottemperare a direttive europee. Va in particolare segnalata la legge n. 25/1999 sul lavoro notturno. Essa è l'attuazione nella legislazione italiana della direttiva Ue sul lavoro notturno. Cancella il divieto pre-esistente per le donne; ma inserisce una norma amichevole nei confronti dei genitori, di ambo i sessi, di bambini piccoli. L'art. 25 della legge, infatti, stipula che sia i padri che le madri di bambini fino a tre anni di età possono rifiutare il lavoro notturno, con ciò riconoscendo che sia i padri che le madri sono responsabili nei confronti della cura di bambini piccoli.

Le due questioni – la conciliazione tra responsabilità familiari e responsabilità lavorativa e il riequilibrio delle responsabilità tra uomini e donne – sono al centro della legge n. 53/2000. Preceduta da molti anni di proposte e di campagne pubbliche (tra cui va ricordata la proposta di «legge di iniziativa popolare sui tempi» promossa dalle donne dell'allora Pci), anch'essa costituisce l'attuazione italiana di due direttive europee, la 96/94 Cee e la 92/85 Cee, oltre che della raccomandazione 92/24 Cee. Le principali innovazioni introdotte sono le seguenti:

a) flessibilità nella distribuzione temporale dei cinque mesi di congedo di maternità obbligatorio. In particolare, è possibile ridurre il periodo precedente al parto per allungare quello immediatamente successivo. Si riconosce così che il lavoro è cambiato e che molti lavori, se la madre lo desidera, possono essere espletati anche durante una gravidanza molto avanzata senza mettere a rischio il nascituro o la salute della donna, lasciando più tempo per stare con il bambino dopo.

b) Un chiaro diritto autonomo dei padri al congedo, indipendentemente dallo status lavorativo della madre e dal fatto che questa utilizzi il proprio diritto al congedo opzionale. L'utilizzo da parte dei padri di un periodo di congedo è inoltre incentivato allungando il periodo complessivamente disponibile per la coppia genitoriale (portato a 10 mesi) di un mese se il padre ne prende almeno tre. Allo stesso tempo si impedisce che le madri prendano tutti i dieci mesi (salvo che nel caso non abbiano un marito/compagno), lasciando per loro una soglia massima di 6 mesi di congedo opzionale, come in precedenza.

c) Una maggiore flessibilità nella fruizione del congedo opzionale: non solo perché può essere distribuito tra entrambi i genitori e fruito in forma di part time verticale (ad esempio solo alcuni giorni la settimana), ma perché il periodo di utilizzo è esteso fino all'ottavo compleanno del bambino. Si riconosce, cioè, che i problemi di cura e di presenza riguardano un periodo più lungo che il primo anno del bambino.

d) Eliminazione delle limitazioni alle assenze per malattia del bambino fino ai tre anni. Tra i tre e i cinque anni i genitori hanno diritto fino a cinque giorni di assenza pagata per malattia del bambino. Superati i cinque giorni, le assenze non vengono più pagate, ma sono coperte da contributi a fini pensionistici.

e) Introduzione di altri tipi di congedo per ragioni familiari, quali la morte o la grave malattia di un coniuge o di un componente della famiglia. Se il lavoratore ha la responsabilità di cura di un familiare gravemente non autosufficiente, anche non convivente, può prendere fino a tre giorni al mese di congedo, coperti dai contributi, e fino ad un anno di congedo non pagato con diritto al mantenimento del posto di lavoro.

f) Possibilità di congedi non pagati per motivi di studio al di fuori della partecipazione alle attività formative offerte dal datore di lavoro.

g) Incentivi economici per le imprese che attuano politiche di orari o di organizzazione del lavoro che favoriscono la conciliazione: orari flessibili, «banche delle ore», possibilità di passare temporaneamente al part time e così via. Il 50% minimo dei fondi destinati a questo scopo devono essere riservati alla piccole e medie imprese: quelle che hanno maggior problemi a far fronte ad assenze temporanee o ricorrenti, ma anche quelle in cui vi è una elevata concentrazione di forza lavoro femminile.

h) Responsabilità degli enti locali, in particolare comunali, per il coordinamento dei «tempi delle città»: dei servizi pubblici e privati, inclusi i trasporti, per facilitare la vita quotidiana dei lavoratori. Si parla di piani regolatori degli orari, alla cui definizione occorre arrivare con il metodo del coordinamento tra tutti gli attori rilevanti e la cui supervisione è affidata alle regioni.

Si tratta di una legge molto complessa, che presenta anche alcuni problemi organizzativi e amministrativi per le imprese, che dovranno essere affrontati di concerto con l'Inps [cfr. anche Gottardi 2001; Calafà 2001]. Anche per questo la sua approvazione è stata a lungo ostacolata dalle associazioni dei datori di lavoro. Tuttavia è molto importante soprattutto per due aspetti: in primo luogo introduce una maggiore flessibilità del tempo di lavoro legata non alle esigenze aziendali, ma a quelle dei lavoratori e lavoratrici; in secondo luogo incoraggia le donne a non lasciare il lavoro non appena il loro carico familiare aumenta, e neppure a prendere lunghi congedi tutti in una volta, allo stesso tempo favorendo un riequilibrio delle responsabilità tra genitori. Con ciò incoraggia indirettamente una visione della combinazione tra responsabilità familiari e responsabilità lavorative come aspetto normale della vita di chi lavora, e non come specificità negativa femminile.

Non sono disponibili dati sistematici sull'uso di questa legge, non solo perché è di introduzione recente e ancora non ben conosciuta, ma perché, per quanto possa sembrare assurdo, non esiste un sistema di archiviazione informatizzato ed omogeneo e neppure centralizzato. Per questo, anche per il passato, nei confronti internazionali mancano sistematicamente i dati italiani sull'uso dei congedi. Ciò a sua volta è un indizio della mancanza di sensibilità e attenzione politica su questi temi, oltre che per i problemi di monitoraggio delle politiche. Una ricerca campionaria sulla applicazione della legge n. 53/2000 era stata avviata dall'Osservatorio sui mutamenti familiari e le politiche locali di sostegno alle responsabilità familiari di Bologna, per conto del Dipartimento degli affari sociali, ma non era ancora conclusa nel momento in cui l'Osservatorio è stato chiuso per mancato rinnovo dell'accordo con il ministero delle Politiche sociali e del lavoro. Dati di tipo locale (ricerche per tesi di laurea, primi sondaggi di prova per la ricerca più ampia) segnalano che il numero di padri che ne fruisce è contenuto e per lo più riguarda periodi brevi. Sembra inoltre che l'utilizzo sia maggiore, non sorprendentemente, nel settore pubblico, anche perché in molti casi il primo mese è remunerato al 100%.

Il campo di applicazione della legge n. 53/2000 è pressoché solo quello del lavoro dipendente. Benché sia la legge n. 1024/1971 sia questa, sia il successivo Testo Unico sui congedi di maternità del marzo 2001 che ha ripreso e dato forma sistematica a tutte le innovazioni e allargamenti categoriali introdotti in questo campo dal 1971, abbiano norme che riguardano anche le lavoratrici autonome e le professioniste, e benché i mariti lavoratori dipendenti di lavoratrici autonome a differenza che in precedenza possano ora prendere il congedo genitoriale, le questioni della conciliazione e della flessibilizzazione degli orari di lavoro si pongono in modo diverso nel caso del lavoro autonomo e libero-professionale. Ciò vale, a maggior ragione verrebbe da dire, per i vari tipi di contratto di lavoro non standard che vedono una forte presenza di giovani uomini e donne in età riproduttiva. Questi rapporti di lavoro, infatti, o non includono alcuna misura di protezione della maternità e di sostegno alla conciliazione (nel caso ad esempio di chi ha partita Iva), o ne hanno, ancorché in misura ridotta, ma operano in un contesto in cui è difficile utilizzarli. Una giovane lavoratrice coordinata e continuativa, ad esempio, difficilmente potrà permettersi di prendere anche solo il periodo di congedo obbligatorio (e infatti non è obbligata), perché l'assegno di maternità cui pure ha diritto (258 euro circa per 5 mesi) è troppo basso. Ancora meno potrà permettersi di stare fuori dal mercato del lavoro per un periodo più lungo, non solo per motivi economici ma di propria collocazione professionale. Lo stesso vale per una donna con un contratto di lavoro interinale: anche se è coperta dalla legge n. 53/2000, è difficile che ritrovi una occupazione una volta che ritorna dal congedo. Nella misura in cui, come si è detto, i contratti di lavoro atipici riguardano più a lungo le donne che non gli uomini, ciò significa che una quota importante di giovani donne affronterà le proprie scelte riproduttive priva della protezione offerta dal sistema tradizionale dei congedi, anche nella nuova, più moderna riformulazione. Per lo stesso motivo, una quota di padri si troverà ad avere un diritto che non è accessibile alle loro mogli. Perciò anche le decisioni su chi è opportuno prenda il congedo avverranno in un contesto profondamente modificato nelle «ovvie» aspettative di genere.

Se il riconoscimento delle responsabilità legate alla presenza di figli molto piccoli ha ormai una accoglienza consolidata nella legislazione relativa ai rapporti di lavoro, non è così per altre forme di responsabilità familiari. Anche se la legge n. 53/2000, come abbiamo visto, prevede misure anche in questo senso. Inoltre, chi lascia il lavoro per prendersi cura di un invalido grave e perciò non matura una storia contributiva sufficiente ha diritto, sulla base della legge quadro sull'handicap, alla pensione sociale. Dato che è destinata ad aumentare la quota di disabili a causa dell'età, è destinata anche ad aumentare la quota di lavoratrici e lavoratori che per un periodo più o meno lungo della propria vita si troverà ad affrontare domande di cura provenienti dalla rete parentale. Esse non possono, ovviamente, venire soddisfatte esclusivamente né tramite il solo lavoro familiare, né tramite le politiche del lavoro. Tuttavia queste ultime dovranno essere più ricettive al fatto che i lavoratori nel corso della loro vita devono fare fronte a problemi di dipendenza diversi, non collocati in un'unica fase e rispetto solo alla presenza di bambini piccoli.

CAPITOLO TERZO

ECONOMIA DELLE FAMIGLIE: REDDITI, CONSUMI, TRASFERIMENTI E IMPOSTE

1. *Redditi e consumi delle famiglie*

1.1. *La distribuzione del reddito*

Secondo analisi effettuate a metà degli anni Novanta sulla distribuzione del reddito e dei consumi familiari [Rossi 1992; 1994a; 1994b; 1996] la situazione italiana avrebbe potuto essere sinteticamente descritta attraverso quattro elementi principali. In primo luogo, l'Italia si caratterizzava per un grado di disuguaglianza nella distribuzione dei redditi nettamente superiore a quello prevalente in molti altri paesi industrializzati (Svezia, Germania prima dell'unificazione, Canada, Olanda e Francia), viceversa minore di quello presente negli Stati Uniti, e di grado non dissimile a quello osservato nel Regno Unito. In secondo luogo, nel corso degli ultimi 15 anni il grado di dispersione dei redditi e dei consumi familiari era variato notevolmente. Tra la fine degli anni Settanta e l'inizio degli anni Ottanta, soprattutto per effetto della scala mobile che proteggeva i salari dall'inflazione, sembrava essersi affermata una tendenza verso una maggiore uguaglianza. L'ineguaglianza nella distribuzione dei redditi raggiunse il minimo storico nel 1982. Durante il quinquennio 1977-82, infatti, la quota del reddito appannaggio dei due decili più ricchi della popolazione diminuì di ben 5 punti, due dei quali andarono ai due decili più poveri della popolazione. Negli anni successivi all'abolizione della scala mobile la spinta egualitaria andò progressivamente rallentando e la dispersione nella distribuzione dei redditi tornò a crescere nuovamente. La disuguaglianza nella distribuzione dei redditi raggiunse il punto massimo nella seconda metà degli anni Ottanta. Negli anni successivi la tendenza si invertì nuovamente; ma questa volta più a vantaggio delle classi medie che non delle famiglie collocate all'estremità più bassa della scala sociale. Secondo un rapporto Cnel [Rossi 1996], nel periodo 1992-95, definito «un quadriennio difficile», vi è stato un aumento di disuguaglianza nei redditi al netto di imposta, particolarmente tra le famiglie che avevano solo redditi di lavoro autonomo, ma anche tra quelle dei lavoratori dipendenti.

In terzo luogo, il livello di disuguaglianza dei redditi e dei consumi e la loro evoluzione temporale dipendono da alcuni elementi specifici: dai bassi tassi di occupazione prevalenti nel nostro paese; dalla peculiare distribuzione dei redditi tra lavoro dipendente e lavoro autonomo; dal ruolo giocato dai redditi da capitale finanziario, e in particolare dal peso crescente, nei redditi familiari, degli interessi pagati sul debito pubblico (buoni del Tesoro), più che raddoppiati tra il 1981 e il 1992, passando dal 3,4% all'8,2% per poi ridursi negli anni successivi; nonché, infine, dalla natura solo moderatamente progressiva del prelievo fiscale e contributivo, di cui beneficiano soprattutto i redditi più alti.

In quarto luogo, alla dispersione dei redditi tra i vari gruppi sociali si aggiungono le differenze di reddito entro i gruppi stessi. Sotto questo profilo si segnala una notevole eterogeneità tra i redditi delle famiglie che, pur appartenendo alla stessa classe o ceto sociale, risiedono in aree geografiche diverse del paese, si trovano in differenti fasi del ciclo di vita, hanno un numero diverso di componenti e percettori di reddito. Così, ad esempio, la disuguaglianza tra i redditi è particolarmente ampia tra le famiglie che risiedono al centro-nord e quelle che risiedono nel Mezzogiorno. Ciò dipende da un lato dal grado maggiore di disuguaglianza retributiva tra i diversi settori nel Mezzogiorno, rispetto alle altre regioni[1], dall'altro dalla composizione del reddito familiare, e dal numero di percettori di reddito: nel Mezzogiorno, infatti, il reddito primario deriva in misura maggio-

[1] Nel Mezzogiorno la dispersione retributiva è più alta che nel resto del paese. E in 18 settori i livelli retributivi sono inferiori a quelli medi nazionali e per lo più sono i più bassi in assoluto. Cfr. Birindelli *et al.* [1996, 106-117].

re che nelle altre regioni dal solo reddito da lavoro dipendente, e la frequenza delle famiglie con un solo percettore di reddito è molto più alta che nel resto del paese.

Queste caratteristiche valgono sostanzialmente ancora all'inizio del terzo millennio.

1.2. *La formazione del reddito*

Le disuguaglianze distributive tra famiglie non dipendono solo dalla struttura dualistica dell'economia italiana, ma anche dalla condizione professionale del capofamiglia, o meglio con questa si intrecciano[2]. In particolare, restano sensibili le differenze tra lavoratori autonomi e lavoratori dipendenti, come mostra la tabella 3.1. Benché il reddito da lavoro dipendente costituisca in generale la quota maggiore del reddito primario delle famiglie (ovvero quello non proveniente da trasferimenti pubblici o privati), la sua rilevanza cresce linearmente fino al settimo decile, per poi iniziare a diminuire dimezzandosi tra il penultimo e l'ultimo. Viceversa la quota di reddito derivante da lavoro autonomo aumenta linearmente dal terzo all'ultimo decile di reddito familiare, con una notevole impennata passando dal penultimo all'ultimo. Ciò indica che, se anche tra i lavoratori autonomi si possono trovare individui e famiglie povere, essi sono sproporzionatamente presenti tra i più ricchi. Come mostra la tabella 3.2, in effetti le famiglie con lavoratore indipendente come persona di riferimento hanno un reddito medio più elevato di tutte le altre famiglie. La stessa tabella, inoltre, che mostra come è composto il reddito familiare disponibile per posizione professionale della persona di riferimento,

[2] Ricordiamo che a partire dal periodo immediatamente successivo alla fine della seconda guerra mondiale, la struttura occupazionale italiana è cambiata profondamente. Prima di tale data, il 40% circa dei capifamiglia erano occupati ancora nel settore agricolo, come coltivatori diretti o come braccianti agricoli, mentre nel 1951 tale valore era sceso al 29,7%, e nel 1981 al 6,1%. Queste trasformazioni apparirebbero ancora più grandi se si considerasse non solo l'occupazione dei capifamiglia ma anche quella degli altri componenti della famiglia.

TAB. 3.1. *Reddito familiare disponibile per decile di reddito familiare disponibile equivalente e tipologia di entrata. Anno 1999 (composizioni percentuali)*

Tipologia di entrata	Decili di reddito familiare equivalente										
	1	2	3	4	5	6	7	8	9	10	Tot.
Trasferimenti pubblici	49,4	42,0	33,1	30,6	28,0	24,0	23,3	22,4	16,9	12,7	22,5
Pensioni Ivs	35,6	32,1	26,4	26,7	25,2	22,0	22,1	21,4	16,4	12,2	20,2
Pensioni sociali	1,5	1,3	0,9	0,6	0,3	0,1	0,2	0,3	0,0	0,0	0,3
Disoccupazione	3,9	1,1	0,7	0,4	0,4	0,4	0,2	0,3	0,0	0,0	0,4
Assegni familiari	7,3	6,6	4,4	2,0	0,9	0,4	0,2	0,1	0,0	0,0	1,0
Altri trasferimenti pubblici	1,2	0,7	0,7	0,9	1,0	1,2	0,6	0,6	0,4	0,4	0,7
Traferimenti privati	3,4	0,7	1,0	0,7	0,4	0,5	0,5	0,3	0,4	1,1	0,7
Reddito primario	47,1	57,3	65,9	68,7	71,6	75,4	76,3	77,3	82,6	86,3	76,8
Reddito da lavoro dipendente	22,6	37,1	42,4	42,1	43,5	45,5	42,9	42,8	40,0	21,8	36,3
Reddito da lavoro autonomo	11,1	7,7	8,5	8,4	10,3	11,3	13,1	13,4	18,3	31,8	17,6
Reddito da capitale	13,4	12,5	15,0	18,1	17,8	18,6	20,2	21,1	24,3	32,6	22,9
Totale reddito disponibile	100,0	100,0	100,0	100,0	100,0	100,0	100,0	100,0	100,0	100,0	100,0
Importo medio annuo (migliaia di lire)	14.930	23.542	29.147	34.963	41.275	48.814	55.073	64.875	77.824	140.452	53.114

Nota: Per uguagliare i redditi di famiglie di diversa ampiezza è stata utilizzata la scala Ise (indicatore di situazione economica).

Fonte: Istat [2000], sulla base dei dati Banca d'Italia sui redditi delle famiglie.

TAB. 3.2. *Reddito familiare disponibile per posizione professionale della persona di riferimento e tipologia di entrata. Anno 1999 (composizioni percentuali)*

Tipologia di entrata	Posizione professionale della persona di riferimento									
	Lavoratore dipendente			Lavoratore indipendente			Non occupato			Totale
	Totale	Operaio	Dirigente	Totale	Professionista	Imprenditore	Totale	Pensionato	Disoccupato	
Trasferimenti pubblici	6,3	9,1	3,6	5,3	6,3	1,8	49,4	51,6	24,4	22,5
Pensioni Ivs	3,4	4,1	3,0	4,9	6,2	1,7	46,6	49,4	9,2	20,2
Pensioni sociali	0,1	0,1	0,1	0,0	0,0	0,0	0,7	0,7	0,3	0,3
Disoccupazione	0,4	0,9	0,0	0,0	0,0	0,0	0,5	0,1	8,8	0,4
Assegni familiari	2,0	3,7	0,1	0,1	0,0	0,1	0,5	0,3	4,5	1,0
Altri trasferimenti pubblici	0,4	0,4	0,5	0,2	0,1	0,0	1,1	1,1	1,5	0,7
Trasferimenti privati	0,6	0,3	0,2	1,1	2,5	0,0	0,7	0,3	4,1	0,7
Reddito primario	93,1	90,5	96,2	93,6	91,2	98,2	49,9	48,1	71,5	76,8
Reddito da lavoro dipendente	72,0	73,4	72,3	9,8	11,3	10,5	15,2	14,1	31,9	36,3
Reddito da lavoro autonomo	3,7	2,7	5,0	60,6	54,1	60,3	6,2	5,6	18,1	17,6
Reddito da capitale	17,4	14,4	18,8	23,2	25,8	27,4	28,4	28,3	21,6	22,9
Totale reddito disponibile	100,0	100,0	100,0	100,0	100,0	100,0	100,0	100,0	100,0	100,0
Importo medio annuo (migliaia di lire)	55.073	44.015	100.268	84.090	135.545	99.294	41.832	43.303	35.110	53.114

Fonte: Istat [2000], sulla base dei dati della Banca d'Italia sui redditi delle famiglie.

indica che mentre tra i lavoratori dipendenti il reddito da lavoro dipendente costituisce oltre il 70% del reddito totale, tra i lavoratori autonomi il reddito disponibile è meno dipendente da una unica fonte. Accanto al reddito da lavoro autonomo, c'è una quota significativa di reddito da lavoro dipendente e soprattutto da capitale. Ciò dipende anche dal fatto che le famiglie con persona di riferimento lavoratore autonomo sono più frequentemente famiglie pluri-percettore. Se, infatti, in Italia vi sono in media 1,8 percettori di reddito per famiglia (dati 2000), le famiglie pluri-percettore non sono distribuite in modo omogeneo né nella stratificazione sociale né per area geografica.

I trasferimenti pubblici (inclusi quelli indiretti, *via* detrazioni fiscali) costituiscono mediamente più di un quinto del reddito familiare; ma l'incidenza media è quasi del 50% per i redditi più bassi, mentre è inferiore al 13% in quelli più alti. Questi trasferimenti sono costituiti per il 90% da pensioni di invalidità, vecchiaia e superstiti e solo in minima parte da trasferimenti sia direttamente familiari (assegni familiari, detrazioni di imposta) sia rivolti a situazioni di più o meno temporanea difficoltà economica (indennità di disoccupazione, pensioni sociali, altri sussidi o indennità). L'analisi effettuata dai ricercatori Istat [2000] tuttavia conferma quanto già rilevato dagli studi Cnel coordinati da Rossi nella prima metà degli anni Novanta, ovvero l'impatto complessivamente redistributivo dei trasferimenti pubblici, unitamente a quello della progressività delle imposte; anche se complessivamente il numero delle famiglie collocate nel primo decile di reddito che ricevono trasferimenti di reddito è inferiore a quello degli altri decili, pur essendo le prime più povere. Ciò dipende dalle caratteristiche dei trasferimenti pubblici in Italia, che, come vedremo meglio più avanti, sono legati per lo più vuoi alla storia contributiva delle persone, vuoi alla loro posizione professionale, vuoi infine alla loro capacità (capienza) fiscale, mentre manca una misura universalistica sia di sostegno ai carichi familiari sia di sostegno al reddito in caso di povertà.

La tabella 3.3 mostra la diversa importanza di questi trasferimenti nelle varie fasi della vita familiare, a condizio-

TAB. 3.3. *Reddito familiare disponibile secondo le componenti del reddito e altri indicatori per tipologia familiare. Anno 1999 (valori percentuali)*

Tipologia familiare			Reddito primario e trasferimenti privati	Trasferim. pubblici			Detrazioni familiari Irpef	Reddito disponibile (in migliaia di lire)	Età media capofamiglia (anni)	N. medio percettori di reddito	N. medio di componenti	Famiglie
				Totale	di cui							
					pensioni Ivs	assegni fam.						
Persona di riferimento fino a 30 anni	Senza coniuge	Single	99,4	0,6	0,4	0,0	0,0	29.817	27	1,0	1,0	0,6
		Con figlio minore[a]	65,9	34,1	30,5	3,6	0,4	25.171	30	1,9	2,9	0,3
		Altro	79,7	20,3	18,1	0,0	0,0	54.468	26	2,4	2,8	0,7
	Con coniuge	Senza figli	97,5	2,5	1,2	0,3	0,6	54.670	27	1,8	2,0	1,7
		Con figlio minore	94,6	5,4	1,0	3,4	1,5	38.642	28	1,7	3,5	2,0
Persona di riferimento fra 31 e 60 anni	Senza coniuge	Senza figli	73,6	21,4	20,2	0,0	0,0	41.085	46	1,4	1,5	6,1
		Con figlio minore	75,2	23,8	17,8	2,9	1,3	35.208	43	1,6	3,2	1,5
		Con figli maggiorenni[b]	81,4	18,6	17,0	0,0	0,6	53.652	51	2,0	2,7	3,2
	Con coniuge	Senza figli	85,4	14,6	13,5	0,2	0,6	58.619	46	1,8	2,1	6,0
		Con figlio minore	93,7	6,3	2,9	2,5	1,7	58.716	42	1,7	4,1	27,9
		Con figli maggiorenni	84,7	15,3	13,8	0,2	1,1	73.112	53	2,3	3,7	13,4
Persona di riferimento con più di 60 anni	Senza coniuge	Senza figli	35,0	65,0	62,4	0,0	0,0	24.131	74	1,1	1,1	13,6
		Con figli maggiorenni	65,1	34,9	33,8	0,0	0,5	50.827	70	2,0	2,6	3,4
	Con coniuge	Senza figli	42,7	57,3	54,4	0,5	0,6	45.530	71	1,8	2,0	11,4
		Con figlio minore	83,1	16,9	14,7	0,9	0,7	119.750	64	2,3	4,8	0,2
		Con figli maggiorenni	66,1	33,9	32,6	0,3	0,7	73.115	67	2,5	3,5	7,9
Totale			77,5	22,5	20,2	1,0	1,0	53.114	54	1,8	2,9	100

[a] Con almeno un figlio minore.
[b] Con tutti i figli maggiorenni.

Fonte: Istat [2000, 368, tab. 7.9], elaborazione Istat su dati Banca d'Italia.

ni vigenti nel 1999 per quanto riguarda sia l'importo dei trasferimenti diretti che delle detrazioni fiscali. Nel complesso, stante l'assoluta prevalenza delle pensioni, appaiono più sostenute le famiglie anziane. Le famiglie giovani e con figli minori viceversa ricevono poco sostegno, nonostante tra di esse siano concentrate quelle che possono fruire sia dell'assegno al nucleo familiare che delle detrazioni per familiari a carico.

Infine, va segnalata la diversa rilevanza dei trasferimenti pubblici a livello territoriale. Da un lato i trasferimenti più «ricchi», che sono legati almeno formalmente alla storia contributiva delle persone, sono diretti per oltre il 50% al nord. Dall'altro le prestazioni più esplicitamente assistenziali, quindi formalmente più redistributive, ma meno generose, sono dirette per oltre il 50% al Mezzogiorno (ad esempio il 48% delle pensioni sociali è diretto a persone che abitano in quelle regioni). Nonostante l'importo mediamente più basso di tali trasferimenti (con valori medi di 10 milioni di lire annui nel 1999), essi tuttavia costituiscono in media oltre il 25% del reddito delle famiglie in queste regioni. Ciò è in parte dovuto alla quota mediamente più bassa dei redditi da lavoro, anche a motivo del più alto numero di persone – uomini e donne – che nel Mezzogiorno non hanno reddito proprio, ma sono a carico della famiglia. In particolare, secondo i dati della Indagine Multiscopo del 1997, mentre nelle regioni del nord la percentuale di uomini e di donne dai 15 anni in su che è mantenuta dai familiari oscilla rispettivamente tra l'8% e il 12% e il 21% e il 32%, nelle regioni del Mezzogiorno i valori si collocano rispettivamente tra il 19% e il 24% e il 44% e il 51%. Le regioni del centro sono in una situazione intermedia, ma più vicina a quella del nord. In altri termini, nel Mezzogiorno ad una ampiezza mediamente più elevata della famiglia fa riscontro un numero mediamente più basso di percettori di reddito, in particolare di reddito da lavoro.

Già a metà degli anni Novanta Rossi [1996] aveva segnalato come queste differenze territoriali, unitamente alla struttura dei trasferimenti, da un lato rendessero le famiglie, specie più povere, meridionali particolarmente vulnerabili ad ogni riforma dei trasferimenti pubblici in senso restrittivo; dall'altro mostrassero come nelle regioni del nord, e in particolare del nord-est i trasferimenti pubblici, specialmente sotto forma di pensioni di anzianità e vecchiaia, costituissero una forma di sostegno al reddito rilevante per le famiglie a reddito medio-alto.

1.3. *I modelli di consumo delle famiglie*

I dati sui consumi delle famiglie confermano le conclusioni a cui siamo giunte con l'analisi della distribuzione del reddito per aree geografiche e per condizione professionale del capofamiglia. Ancora sul finire degli anni Cinquanta, circa la metà del reddito medio delle famiglie veniva spesa per l'alimentazione: un indicatore dell'alto numero di famiglie italiane che vivevano ancora al livello di sussistenza. Alla fine degli anni Sessanta la percentuale di spesa destinata all'alimentazione sul complesso del bilancio familiare era passata al 39%, all'inizio degli anni Ottanta al 30% [D'Apice 1981], per poi scendere nel 1992 al 22,4% [Freguja 1994] e al 18,6 nel 2000. Pertanto, nel corso degli ultimi decenni, nonostante i miglioramenti verificatisi nella dieta alimentare italiana (come indicano l'aumento del consumo di carne, formaggio e cereali), una quota crescente del bilancio familiare ha potuto essere destinata ad altre forme di consumo e a un maggior numero di bisogni. Le condizioni abitative nel complesso sono migliorate e moderne comodità sono divenute più diffuse: già alla fine degli anni Sessanta la lavatrice, la radio, la televisione, il frigorifero e l'automobile erano divenuti di possesso comune; così come era divenuto normale avere l'acqua corrente, i servizi igienici e il bagno in casa.

La contrazione dell'incidenza della spesa alimentare nel corso del tempo è stata accompagnata dall'aumento della spesa per l'abitazione, fino a raggiungere nel 1992 il 16,5% del bilancio familiare[3]. L'alta incidenza di povertà tra colo-

[3] Il tema dell'abitazione verrà affrontato più approfonditamente nel capitolo successivo.

ro che vivono in una casa in affitto rispetto a coloro che vivono in casa di proprietà (il 70% delle famiglie), indirettamente, suggerisce che vi è una vulnerabilità specifica rispetto a questo tipo di consumo: se per acquistare una casa una famiglia può essere costretta a indebitarsi e a immobilizzare tutte le proprie risorse, non poter fare neppure questo espone ai rischi di un mercato scarsamente regolato (o con regole informali che contraddicono quelle formali), specie in assenza di una politica pubblica della casa [Garonna 1984; Tosi 1994].

Per altro, se nel costo dell'abitazione si considera non solo quello relativo all'acquisto, al mutuo o all'affitto, ma l'insieme delle spese connesse all'abitare – quindi anche le utenze, l'arredamento, la manutenzione – questa spesa è ulteriormente cresciuta e nel 1999 ha impegnato oltre il 34% della spesa media mensile delle famiglie [Istat 2001a, cap. 5]. Sono anche aumentate le spese per trasporti (nel 1999 circa il 16% della spesa totale), che includono l'acquisto di mezzi di trasporto e le relative assicurazioni e manutenzione, oltre che biglietti e abbonamenti per il trasporto pubblico. Un aumento c'è stato anche nelle spese per le attività di tempo libero anche se, insieme all'istruzione, costituiscono una quota contenuta delle spese medie complessive: rispettivamente il 5,1% e l'1,3%. Ovviamente, il ruolo della scuola pubblica è cruciale nel tenere bassa quest'ultima quota. Ma ci sono anche fattori meno positivi, quali l'ancora contenuto tasso di iscrizione agli studi universitari e l'ancora più contenuto tasso di partecipazione ad attività di formazione ricorrente o permanente. Gli aumenti recenti delle tasse universitarie, insieme alle proposte di modifiche della scuola dell'obbligo e superiore che aprono uno spazio per il mercato nella scuola stessa potrebbero fare aumentare questa quota nei prossimi anni. In aumento, e più elevata di quelle dedicate al tempo libero e cultura e all'istruzione, è la quota di spese dedicata alle comunicazioni, pressoché assorbita da prodotti e servizi di telefonia, fissa, ma anche in misura crescente mobile, per un valore del 6,7% della spesa complessiva nel 1999. La spesa per la salute ha dapprima conosciuto una sostanziosa diminuzione con la nascita del servizio sanitario nazionale nel 1978, passando da un'incidenza del 3,7% delle spese familiari nel 1975 all'1,3% nel 1980. Successivamente, l'introduzione di ticket a carico degli assistiti per talune prestazioni sanitarie e il progressivo aumento del ricorso alle strutture sanitarie private per ridurre inefficienza e/o lunghi tempi d'attesa nella strutture pubbliche hanno avuto l'effetto di aumentare l'incidenza di questa spesa sulla spesa complessiva delle famiglie. Nel 1992 essa era pari al 2,7% del totale delle spese familiari, nel 1999 era del 4,3%.

Nel complesso, è aumentata la quota di spesa per servizi: per l'abitazione e per la gestione della vita quotidiana (aiuti domestici, riparazioni, manutenzioni, mense, tavole calde), per i trasporti, per il tempo libero (viaggi, vacanze, ristoranti), per la sanità, per assicurazioni, servizi finanziari e consulenze varie [Istat 2001a]. La terziarizzazione del mercato del lavoro trova così una corrispondenza nella «terziarizzazione» dei consumi delle famiglie, che si sono diversificati e in parte esternalizzati dal punto di vista sia della produzione (le famiglie auto-producono meno i beni che consumano) che del consumo (molti consumi familiari e di singoli componenti della famiglia avvengono fuori dalle pareti domestiche).

Le differenze e disuguaglianze regionali sia in termini di spesa mensile che di composizione della stessa sono rimaste consistenti, ma si sono attenuate. Nel 1995 la spesa familiare media del sud era circa due terzi di quella del nord; nel 1999 era salita ad oltre tre quarti: il 76,8%. Che questa differenza non dipenda solo da un più basso costo della vita nelle regioni meridionali è indicato dal fatto che in esse la quota destinata alla alimentazione – pur quasi identica in termini assoluti (788 mila lire al mese nel 1999) – è più alta. Nel 1999 è stata del 22%, rispetto al 18,7% del centro, al 16,7% del nord-est, al 17,6% del nord-ovest. Nel 2000 le differenze erano aumentate: 23% di spesa per l'alimentazione nel Mezzogiorno, 15,5% nel nord-est, 17% nel nord-ovest. In compenso, nel Mezzogiorno è più alta l'incidenza anche delle spese per l'istruzione, stante il numero mediamente più elevato di figli per famiglia; nel 1999 questa spesa incideva per l'1,6% nelle famiglie del Mezzogiorno, l'1,1% nelle regioni settentrionali. Anche se all'aumentare del numero dei figli l'aumento della spesa è meno che proporzionale, segnalando non tanto che si fanno economie di scala (impossibili in questo campo), quanto che tra chi ha più figli vi è una più elevata concentrazione di situazioni di difficoltà economiche, come vedremo meglio nel prossimo paragrafo. Perciò vi sono meno risorse da dedicare unitariamente alla formazione di ciascun figlio.

Sul livello, ma anche sulla distribuzione del consumo nei diversi settori incidono molti fattori: il livello di reddito, naturalmente, ma anche la composizione della famiglia dal punto di vista numerico e per età, come si può evincere dalla tabella 3.4. Gli anziani, ad esempio, in parte perché hanno necessità meno diversificate dei giovani, ma in parte perché tra loro hanno una elevata concentrazione di persone a basso reddito, come vedremo nel prossimo paragrafo, destinano in media una quota più ampia di reddito ai cosiddetti consumi incomprimibili: abitazione, alimentazione, spese sanitarie; viceversa i giovani che vivono da soli o in coppia, ma senza figli, dedicano quote più elevate al tempo libero, ai trasporti, alla cultura. La presenza di figli fa lievitare le spese. Ma se sono tre o più, anche perché si trovano prevalentemente nel Mezzogiorno, si assiste ad una lieve contrazione, a indicare come si tratti di famiglie in cui si può far fatica a fronteggiare i propri bisogni. Questi dati sembrerebbero confermare uno studio effettuato su dati del 1992 da Freguja [1994], da cui emergeva che le famiglie di anziani e quelle con più di due figli, oltre che quelle monogenitore con figli minori, hanno una disponibilità di spesa inferiore alla media e sono maggiormente esposte al rischio di povertà.

Nelle famiglie con figli in cui la madre è occupata la spesa per servizi domestici (collaboratrici familiari e baby sitter) è più alta della media. L'occupazione femminile fa anche aumentare (del doppio, rispetto alla condizione di casalinga) la spesa per servizi di assistenza alla persona nel caso di presenza in famiglia di disabili o di anziani fragili [Istat 2001a]. Quest'ultima appare la spesa mediamente più

TAB. 3.4. *Spesa media mensile familiare totale e incidenza della spesa per servizi per capitoli di spesa, condizione della persona di riferimento e tipologia familiare. Anno 1999 (migliaia di lire e incidenza percentuale)*

	Capitoli spesa							
	Alimentari		Abitazione		Sanità		Trasporti	
	Spesa totale	% per servizi	Spesa totale	% per servizi	Spesa totale	% per servizi	Spesa totale	%per servizi
Condizione persona riferimento								
Imprenditori/liberi prof.	895	–	2.152	31,2	176	52,4	1.169	32,1
Lavoratori in proprio	864	–	1.464	27,5	154	50,4	827	31,1
Dirigenti e impiegati	866	–	1.722	28,1	184	51,4	846	34,5
Operai e assimilati	827	–	1.197	24,9	168	51,5	743	32,5
Ritirati dal lavoro	715	–	1.276	30,3	180	40,4	432	34,5
Altri in condizione non professionale	646	–	1.109	29,8	137	39,1	349	34,6
Tipologia familiare								
Persona sola								
- con meno di 35 anni	495	–	1.066	24,0	80	51,2	680	26,7
- con 35-64 anni	510	–	1.151	31,2	108	45,5	412	36,6
- con 65 anni e più	440	–	931	30,4	130	30,4	79	43,7
Coppia senza figli con p.r.								
- con meno di 35 anni	606	–	1.608	20,2	149	62,5	1.013	27,3
- con 35-64 anni	762	–	1.547	29,1	191	49,8	741	29,9
- con 65 anni e più	704	–	1.241	30,2	177	34,9	278	37,6
Coppia con figli								
1 figlio	874	–	1.551	27,8	191	50,0	810	32,7
2 figli	990	–	1.564	28,5	202	50,4	901	34,2
3 e più figli	1.099	–	1.420	28,7	187	50,3	819	34,4
Monogenitore	755	–	1.330	31,8	148	40,1	607	36,6
Altre tipologie	893	–	1.595	27,5	207	46,6	703	33,8
Spesa media mensile	773	–	1.382	28,7	172	45,7	619	33,5

(*segue*)

(*segue*) TAB. 3.4. *Spesa media mensile familiare totale e incidenza della spesa per servizi per capitoli di spesa, condizione della persona di riferimento e tipologia familiare. Anno 1999 (migliaia di lire e incidenza percentuale)*

	Capitoli spesa									
	Comunicazione		Istruzione		Tempo libero		Altre spese		Spesa totale	
	Spesa totale	% per servizi	Spesa totale	% per servizi	Spesa totale	% per servizi	Spesa totale	% per servizi	Spesa totale	%per servizi
Condizione persona riferimento										
Imprenditori/liberi prof.	147	91,1	113	74,0	326	25,4	1.466	52,3	6.444	34,2
Lavoratori in proprio	103	90,3	74	68,9	227	26,5	955	51,6	4.658	30,8
Dirigenti e impiegati	111	92,0	104	68,4	309	27,2	1.116	48,7	5.258	31,8
Operai e assimilati	93	90,1	52	57,6	220	25,1	778	43,9	4.078	27,9
Ritirati dal lavoro	71	93,8	23	75,5	157	26,9	521	50,3	3.375	29,5
Altri in condizione non professionale	71	95,9	28	80,6	130	27,3	471	43,2	2.924	28,5
Tipologia familiare										
Persona sola										
- con meno di 35 anni	92	90,4	25	64,0	219	27,5	743	57,0	3.400	31,2
- con 35-64 anni	75	95,4	11	77,4	185	28,4	644	53,8	3.096	33,5
- con 65 anni e più	46	98,4	–	–	78	32,3	229	49,9	1.933	28,0
Coppia senza figli con p.r.										
- con meno di 35 anni	96	86,0	30	94,3	292	28,6	1.038	50,6	4.832	29,3
- con 35-64 anni	90	92,6	8	85,1	221	24,0	858	52,1	4.418	30,7
- con 65 anni e più	60	96,0	–	–1	123	26,7	414	50,3	2.997	28,0
Coppia con figli										
1 figlio	102	90,6	71	74,6	247	24,5	926	48,3	4.772	30,3
2 figli	111	92,1	112	66,2	278	27,1	1.008	45,4	5.166	30,3
3 e più figli	116	88,5	159	58,9	254	25,1	959	41,2	5.013	28,7
Monogenitore	95	93,4	59	71,6	207	29,3	743	50,6	3.944	32,2
Altre tipologie	98	91,4	50	72,9	223	25,6	829	49,3	4.598	29,7
Spesa media mensile	88	92,3	52	69,1	207	26,6	749	48,5	4.043	30,2

Fonte: Istat [2001a, tab. 5.3] e *Indagine sui consumi delle famiglie*.

p. 4

pre più in crisi

rati in Italia. Dopo, il 35% resta single

la chi vive in li (14,7%) o %) e da chi e nella fami- (7,3%). La 8,5%) convi- sone. Gli uo- più da soli 25,8% delle le donne vi- monogenito- o il 9% degli regioni me- parati/divor- ziati hanno una più elevata propensione a tornare a vivere con i genitori, nelle regioni centrali a costituire nuclei monogenitore, nelle regioni settentrionali a sperimentare nuove unioni.

Il 50,8% delle persone che hanno avuto un divorzio o una separazione ha un titolo di studio superiore all'obbligo (almeno il diploma di scuola superiore), le donne più degli uomini, mentre il 65,3% è occupato. L'indipendenza economica rappresenta una condizione che può in alcuni casi agevolare la decisione di separarsi dal partner, e questo è vero soprattutto per le donne: risulta occupato il 58,7% delle donne con una separazione o un divorzio alle spalle, contro il 35,2% delle coniugate; le casalinghe rappresentano il 19,9% delle separate/divorziate e il 44% delle coniugate.

La separazione o il divorzio sono più frequenti tra quanti hanno una posizione professionale medio-alta (impiegati o dirigenti): infatti il 15,9% delle persone occupate con un'esperienza di scioglimento del matrimonio è dirigente, imprenditore o libero professionista e il 40,8% impiegato o quadro.

Complessivamente chi ha avuto l'esperienza di una separazione o un divorzio è più coinvolto nelle attività sociali di vario tipo rispetto al resto della popolazione, si informa di più di politica, legge di più.

cai: Troppe rapine

«Altrimenti saremmo costretti a non considerarci più cittadini di una Repubblica fondata anziché sul lavoro, sulla delinquenza». L'occasione del j'accuse è l'assemblea nazionale ordinaria della Fit, che si è tenuta a Roma. Tra i tanti temi affrontati dal presidente, quello più a cuore degli associati proprio il «dilagare dei reati ai danni delle tabaccherie». Nel periodo preso in esame sono stati 1.195 i furti e le rapine compiuti al Nord, 817 al Centro, 1.023 al Sud e 333 nelle isole.

del- / re in / tà. / teva / pie- / onte / del- / tica, / par- / cani, / ifen- / ergli / l vi- / eney / a si- / ndo- / per- / fesa / fon- / a di / nto / cato / esso / soli / riu- / nno / gre- / vell, / eor- / riu- / dere / ovrà / a le / tor- / cati / esso / nito / dici, / im- / ush / ma / con- / ap- / ada- / om- / riati

Ma lo scandalo delle torture, specie se verranno pubblicate le immagini inedite che sono state mostrate al presidente ieri rende assai più complicata l'approvazione al Congresso sei 25 miliardi di dollari in stanziamenti supplementari chiesti da Bush. Oggi il generale americano Antonio Taguba - autore del rapporto interno di 53 pagine sulle torture - verrà ascoltato dalla commssioone difesa del senato.

La prima conseguenza delle foto scandalo è un atto di buona volontà fin troppo obbligato: la riduzione di almeno la metà dei detenuti nel carcere dell'orrore, Abu Ghraib: entro 45 giorni 1.500-2.000 dei 3.800 prigionieri iracheni verranno liberati o trasferiti. Dal 19 maggio, in una udienza pubblica a Baghdad, il sergente Jeremy Sivits, 24 anni, sarà il primo di sette militari incriminati, a comparire davanti alla corte marziale per essere giudicato sugli abusi ai detenuti. Parallelamente si annuncia un'inchiesta «completa, seria ed esauriente» in tutte le strutture detentive del Paese.

Intanto è nei guai anche il premier inglese Tony Blair: ieri ha detto che lui e il suo governo non sapevano nulla delle torture.

Paolo Bellucci

Ostaggi, i

Antonella Agliana:

Sabotatori in azio

NOSTRO SERVIZIO

BAGHDAD - La resistenza irachena alza il tiro e, pur di danneggiare gli sforzi della coalizione per la ricostruzione dell'Iraq, in 48 ore ha colpito un importante oleodotto nel Sud del Paese - costringendo le autorità di Baghdad ad interrompere ieri mattina le esportazioni di petrolio - e una centrale elettrica nella zona meridionale della capitale. L'impianto, che assicura il rifornimento di energia elettrica ai quartieri di Amiriya e Yarmuk, nel Sud-Ovest della capitale è stato centrato «da un colpo di mortaio» che ha provocato un grande incendio. L'oleodotto fatto saltare in aria da sabotatori, invece, è quello situato sull'isola di Faw, snodo nevralgico nel Sud del Paese che rifornisce di greggio i principali terminali iracheni e attraverso il quale transita la quasi totalità del milione e 800 mila barili giornalieri prodotti attualmente in Iraq. Il sabotaggio all'oleodotto - i cui impianti hanno bruciato a lungo prima che l'incendio fosse messo sotto controllo - è avvenuto sabato

amiliari preparano

«Vogliamo chiedere ai rapitori se i r

ne: esplode l'oleodotto di Bassora

corso, anche se la notizia è stata difusa solo ieri. Sono comunque proseuite anche le violenze in tutto il Paee: in un agguato avvenuto nella città i Kirkuk, nel Nord, uomini armati anno ucciso stamani due ingegneri, n sudafricano e un neozelandese imiegati della «Compagnia irachena i ricostruzione» e l'autista iracheo. L'altra notte, invece, 35 persone, robabilmente miliziani sciiti fedeli l leader radicale Moqtada Sadr, sono state uccise dalle forze Usa durante un'incursione contro il loro quartier generale a Sadr City, sobborgo di Baghdad. Lo ha riferito il generale Mark Kimmitt il quale ha precisato che l'ufficio di Sadr è stato distrutto prima dell'alba di ieri. Secondo residenti nella zona, l'ufficio è stato raso al suolo a colpi di cannone, sparati quando ancora era buio. Moqtada Sadr, ricercato «vivo o morto» dalla coalizione, è asserragliato nella città santa di Najaf, 160 km a Sud di Baghdad. Nel centro di Mossul, nel Nord del Paese, una bambina di quattro anni è morta e quattro uomini sono rimasti feriti quando sconosciuti hanno attaccato una pattuglia americana. In un video trasmesso da Al Jazira, un gruppo sinora sconosciuto «Le brigate dei martiri di El Taf», ha minacciato di rapire e uccidere tutti i lavoratori di società straniere presenti a Bassora. Ieri è stato anche reso noto che un soldato Usa è rimasto ucciso e un secondo ferito lo scorso 8 maggio a Baghdad.

Jill Carroll

Gazzetta di Parma ... Marte

Matrimoni sem

Due milioni e mezzo di divorziati o sep

ROMA - Sono circa 2 milioni e mezzo, di cui il 52,5% donne, gli italiani che hanno sperimentato lo scioglimento del matrimonio o che comunque vivono una condizione di separato. Si tratta di separati legalmente (31,7%), divorziati (30%), separati di fatto (26,3%) e coniugati in seconde nozze dopo il divorzio ((11,9%); un segmento che rappresenta il 5,2% dell'intera popolazione di 15 anni e più. Le cifre, riferite alla media 2001-2002, sono contenute nell'indagine Istat «Aspetti della vita quotidiana».

La maggior parte dei separati e divorziati ha tra 35 e 44 anni (31,3%) e tra 45 e 54 anni (27,8%); l'età media è di 47,2 anni. Le donne sono tendenzialmente più giovani: in media hanno 45,9 anni, 2,8 anni in meno degli uomini.

L'esperienza della separazione e del divorzio è più diffusa nel Centro-Nord. Infatti nel Nord-Ovest è separato o divorziato il 6,7% dell'intera popolazione di 15 anni e più, nel Nord-Est il 5,5% e al Centro il 6,2%, mentre nel Mezzogiorno soltanto il 3,4% appartiene a questa categoria. Complessivamente, i tre quarti degli individui con un'esperienza di divorzio o separazione alle spalle vivono nelle regioni del Centro-Nord.

Il 35% delle persone separate o divorziate vive da single, il 25% invece insieme ai figli; una quota più bassa è rappresentata coppia con fi senza figli (9, ritorna a vive glia di origin parte restante ve con altre pe mini vivono (45,5% contro donne), mentr vono di più da re (39,8% con uomini). Nell ridionali i s

L'allarme dei tabac

ROMA - In circa due anni - dal febbraio 2002 all'aprile 2004 - i tabaccai italiani hanno subito 3.368 tra furti e rapine. In dieci anni, 13 di loro hanno perso la vita, l'ultimo - Maurizio Notargiacomo - nemmeno un mese fa, a Roma. Adesso dicono basta. «Diciamo chiaramente ai rappresentanti del governo e del Parlamento - ha tuonato Giovanni Risso, presidente della Fit, la Federazione italiana tabaccai - che non chiediamo, ma pretendiamo leggi diverse, applicate seriamente da magistrati richiamati alla coscienza del loro ruolo». Altrimenti?

consistente tra quelle riguardanti gli aiuti domestici. In particolare, nel 1999 la spesa media mensile (sul totale delle famiglie che se ne avvalgono) per colf e babysitter è stata di 351.000 lire. Nel caso di assistenza agli anziani è stata di 641.000 lire.

Una recente, complessa, analisi sul costo dei figli in Italia [Drudi e Filippucci 2002] – misurato dall'incremento di spesa che una famiglia deve sostenere per mantenere un figlio senza intaccare il proprio tenore di vita – segnala che «la seconda metà degli anni Ottanta ha visto una progressiva riduzione del costo dei figli, mentre i sacrifici chiesti agli italiani per ridurre l'incidenza del debito pubblico dall'inizio degli anni Novanta ha portato ad un drastico peggioramento relativo delle famiglie con figli» (p. 220). Per altro, applicando lo stesso tipo di analisi all'incidenza che ha la presenza di un anziano sul tenore di vita del nucleo in cui vive (se non vive per conto proprio o con il proprio coniuge), gli autori indicano come molto spesso la famiglia funzioni da ammortizzatore sociale: assicurando il mantenimento di anziani economicamente non autosufficienti e supplendo quindi alla mancanza di una pensione minima di importo adeguato. Accanto ai bisogni di cura, quindi, la famiglia allargata spesso deve fare fronte anche ai bisogni di reddito degli anziani. E ciò succede più spesso nelle famiglie a reddito basso o modesto.

1.4. *La povertà delle famiglie*

L'incidenza della povertà economica tra le famiglie italiane è cresciuta costantemente nel corso degli anni Ottanta, passando dall'8,3% nel 1980 al 14,4% nel 1989[4]. Dopo

[4] I dati qui riportati sono tratti dalle indagini svolte dalla Commissione di indagine sull'esclusione sociale dal 1993 al 2001 in collaborazione con l'Istat e, per le stime della povertà, sulla base delle Indagini annuali sui consumi effettuate dall'Istat stesso. Per le stime si utilizza una definizione relativa, ovvero si definisce povera una famiglia di due persone che abbia un consumo pari o inferiore al consumo medio *pro capite*. Per le famiglie di diversa ampiezza si utilizza una scala di equivalenza, detta

la forte diminuzione del fenomeno nel 1990, allorché l'incidenza della povertà scese all'11,7% di tutte le famiglie, i valori si sono stabilizzati attorno al 10% a metà degli anni Novanta (cfr. tab. 3.5). I cambiamenti nella indagine sui consumi apportati dall'Istat nel 1997 [cfr. anche Istat 2000, 427-454] non consentono un confronto diretto dei livelli, ma solo con le caratteristiche socio-demografiche delle povertà negli anni successivi (cfr. tab. 3.6).

Proprio l'analisi di queste caratteristiche mostra la persistenza, se non l'accentuazione, di una distribuzione territoriale della povertà che la vede concentrata nel Mezzogiorno, dove all'inizio del terzo millennio vive oltre il 60% della popolazione italiana povera. Allo stesso tempo è mutata la composizione per età e il tipo di famiglia di chi sperimenta la povertà. È infatti diminuita nel tempo la povertà tra le persone che vivono sole, in particolare tra gli anziani, che negli anni Ottanta costituivano la quota maggioritaria di chi si trovava in povertà; benché gli anziani soli o in coppia continuino ad essere sovra-rappresentati nella popolazione povera. Viceversa è aumentata l'incidenza delle famiglie numerose, in particolare di quelle con due o tre figli, ancora più se minori. Alla fine degli anni Novanta e all'inizio del Duemila sono proprio le famiglie con due o più minori a costituire il gruppo più vulnerabile alla povertà.

linea Carbonaro dalla persona che la ha elaborata per la Commissione nel 1983. Tale scala di equivalenza è diversa sia da quella utilizzata attualmente da Eurostat per stimare la povertà nei paesi dell'Unione Europea, sia da quella utilizzata, dal 1997, dall'Indicatore di situazione economica (Ise) per valutare la ricchezza (non solo il reddito) delle famiglie ai fini di alcuni trasferimenti (ad esempio l'assegno di maternità, o l'assegno per il terzo figlio) o della definizione di alcune tariffe (ad esempio le tasse universitarie). Questa difformità delle scale di equivalenza, oltre che l'utilizzo del consumo anziché del reddito (stante l'assenza in Italia di una grande indagine sul reddito, se si eccettua quella della Banca d'Italia sui bilanci delle famiglie, che tuttavia ha un campione limitato, che non consente molte disaggregazioni), spiega la difformità delle stime a seconda della fonte. Per una riflessione critica su questi temi si veda Commissione di indagine sull'esclusione sociale [2002]. Dal 1997 la Commissione ha accostato, alla misura di povertà relativa, anche una misura di povertà assoluta, fondata cioè sulla capacità, o incapacità, di consumare un determinato paniere di beni identificati come essenziali.

TAB. 3.5. *Incidenza della povertà per numero di componenti familiari e per area geografica*[a], *Italia 1980-1996*

N. dei componenti	Nord						Centro				Sud/Isole				Italia			
	Nord-ovest		Nord-est															
	1980	1989	1980	1989	1994[b]	1996[b]	1980	1989	1994	1996	1980	1989	1994	1996	1980	1989	1994	1996
1	11,0	9,8	13,2	14,3	5,1	5,1	5,5	9,8	7,0	4,2	16,1	27,0	16,8	19,7	11,9	15,6	8,7	9,0
2	5,0	8,6	5,7	9,9	5,1	4,3	5,7	12,3	8,9	6,4	17,6	30,4	20,0	21,9	8,9	16,0	10,2	9,8
3	1,5	6,1	0,9	3,7	2,3	2,4	2,5	5,4	4,2	4,9	8,5	21,1	16,6	18,3	3,4	9,9	6,7	7,4
4	2,4	6,8	1,9	3,6	3,3	2,7	3,7	7,7	5,1	5,1	12,9	21,3	17,8	19,7	6,0	12,2	9,1	9,6
5 o più	5,8	10,6	4,7	10,9	9,5	6,7	5,2	15,2	10,2	10,4	23,0	31,0	32,7	33,1	13,8	22,5	21,6	21,1
Totale	*4,7*	*8,1*	*4,5*	*8,2*	*4,4*	*3,9*	*4,5*	*9,3*	*6,8*	*5,7*	*16,0*	*26,0*	*20,6*	*22,3*	*8,3*	*14,4*	*10,2*	*10,3*

[a] Stima sulla base dei dati annuali dell'Istat, *Indagine dei consumi delle famiglie*. La linea della povertà è definita per una famiglia di due componenti pari al valore medio del consumo pro capite mensile per ciascun anno. È stata usata una scala di equivalenza per compensare le differenze nel numero di componenti familiari.

[b] Per gli anni 1994 e 1996 i dati si riferiscono all'intera area geografica del nord.

Fonte: Commissione di indagine sulla povertà e sull'emarginazione [1996a; 1996b]; Istat [1997b].

TAB. 3.6. *Povertà relativa per ripartizione geografica. Anni 1997-2000 (migliaia di unità e valori percentuali)*

	Nord					Centro				
	1997	1998	1999	2000	2001	1997	1998	1999	2000	2001
Migliaia di unità										
Famiglie povere	609	588	518	596	534	251	314	370	413	363
Famiglie residenti	10.204	10.300	10.384	10.507	10.634	4.158	4.195	4.220	4.252	4.304
Persone povere	1.458	1.441	1.266	1.504	1.339	716	870	1.022	1.158	1.057
Persone residenti	25.274	25.327	25.376	25.466	25.593	10.925	10.950	10.970	10.999	11.061
Composizione percentuale										
Famiglie povere	23,7	23,0	19,9	22,0	20,1	9,7	12,3	14,2	15,3	13,6
Famiglie residenti	47,6	47,6	47,7	47,8	47,9	19,4	19,4	19,4	19,4	19,4
Persone povere	19,6	19,4	16,9	18,9	17,1	9,6	11,7	13,6	14,6	13,5
Persone residenti	44,3	44,3	44,4	44,5	44,6	19,2	19,2	19,2	19,2	19,3
Incidenza della povertà (%)										
Famiglie	6,0	5,7	5,0	5,7	5,0	6,0	7,5	8,8	9,7	8,4
Persone	5,8	5,7	5,0	5,9	5,2	6,6	7,9	9,3	10,5	9,6
Intensità della povertà (%)										
Famiglie	18,6	18,9	19,2	19,2	17,5	18,5	19,1	19,5	20,4	17,8

(*segue*)

(*segue*) TAB. 3.6. *Povertà relativa per ripartizione geografica. Anni 1997-2000 (migliaia di unità e valori percentuali)*

	Mezzogiorno					Italia				
	1997	1998	1999	2000	2001	1997	1998	1999	2000	2001
Migliaia di unità										
Famiglie povere	1.715	1.655	1.712	1.698	1.766	2.575	2.557	2.600	2.707	2.663
Famiglie residenti	7.097	7.149	7.167	7.208	7.254	21.459	21.644	21.771	21.967	22.192
Persone povere	5.253	5.107	5.220	5.287	5.432	7.427	7.418	7.508	7.948	7.828
Persone residenti	20.832	20.834	20.799	20.764	20.764	57.031	57.111	57.145	57.229	57.400
Composizione percentuale										
Famiglie povere	66,6	64,7	65,8	62,7	66,3	100,0	100,0	100,0	100,0	100,0
Famiglie residenti	33,1	33,0	32,9	32,8	32,7	100,0	100,0	100,0	100,0	1000
Persone povere	70,7	68,8	69,5	66,5	69,4	100,0	100,0	100,0	100,0	100,0
Persone residenti	36,5	36,5	36,4	36,3	36,1	100,0	100,0	100,0	100,0	100,0
Incidenza della povertà (%)										
Famiglie	24,2	23,1	23,9	23,6	24,3	12,0	11,8	11,9	12,3	12,0
Persone	25,2	24,5	25,1	25,5	26,2	13,0	13,0	13,1	13,9	13,6
Intensità della povertà (%)										
Famiglie	22,9	24,2	24,7	24,2	22,9	21,5	22,4	22,9	22,5	21,1

Fonte: Commissione di indagine sull'esclusione sociale [2002] e Istat [2002c].

Laddove, infatti, nel quinquennio 1997-2001 l'incidenza sia della povertà relativa che di quella assoluta è rimasta relativamente stabile rispettivamente attorno al 12% e al 4,5%, nel caso delle famiglie con minori, quindi dei minori, essa mostra una tendenza crescente, come si può vedere dalla tabella 3.6. Tra le famiglie con figli minori, infatti, la diffusione della povertà è passata dal 14% nel 1997 al 15,1% nel 2000 (14,8% nel 2001). Nel 2000 è stato stimato in un milione e 704 mila il numero di minori poveri, pari al 16,9% di tutti i minori: una quota più alta di quella rilevata per gli individui adulti fino ai 64 anni e simile a quella riscontrata tra gli anziani con 65 anni o più (16,7%) – anche se il fenomeno non sembra attrarre altrettanta attenzione nel dibattito corrente. Sono le famiglie con 2 e, soprattutto, 3 figli minori quelle in maggiore difficoltà: nel 2000 era povero il 16,4% delle prime e il 25,5% delle seconde. Esse sono concentrate nelle regioni meridionali e nelle Isole, dove è povero il 27,4% di tutti i minori, a fronte del 7,4% nel nord e l'11,3% nel centro.

Il fenomeno dell'aumento della povertà tra le famiglie con minori negli ultimi anni non è un fenomeno solo italiano. È stato segnalato già da qualche anno da diversi rapporti internazionali e ripreso da studi recenti [ad es. Vleminckx e Smeeding 2001]. Esso tuttavia nel nostro paese presenta almeno due caratteristiche specifiche. La prima riguarda il fatto che, nonostante in Italia vi sia un numero relativamente ridotto di famiglie con minori prive di almeno un occupato, questo non protegge le famiglie con minori dalla povertà. In altri termini, mentre nella maggior parte degli altri paesi sviluppati la povertà delle famiglie con minori e dei minori è legata alla disoccupazione di entrambi i genitori e più ancora alla disoccupazione dell'unico genitore presente (per lo più la madre), in Italia né l'occupazione di almeno un genitore, né la maggiore stabilità dei matrimoni, né il fatto che è molto ridotta la quota di bambini che nasce fuori da un matrimonio – tutte condizioni che sembrerebbero configurare una condizione di minore vulnerabilità nei confronti con gli altri paesi – protegge efficacemente i bambini e i minori dal rischio di povertà. Un rapporto elevato

TAB. 3.7. *Diffusione della povertà tra le famiglie con figli per tipologia familiare, presenza e condizione professionale del coniuge. Anno 2000 (valori percentuali)*

Tipologia familiare	Coniuge assente	Coniuge che lavora	Coniuge in altra condizione	Italia
Coppia con un figlio minore	–	5,8	15,7	10,0
Coppia con due figli minori	–	8,3	23,0	15,9
Coppia con tre o più figli minori	–	8,4	35,3	26,0
Monogenitore con solo figli minori	11,4	–	–	11,4
Monogenitore con solo figli maggiori	12,7	–	–	12,7
Coppia con solo figli maggiori	–	5,0	13,6	11,1
Altre tipologie familiari con minori	24,1	8,7	25,5	19,4
Altre tipologie familiari senza minori	16,3	4,3	20,1	15,7
Totale famiglie	10,9	5,7	17,3	12,3

Fonte: Istat, *Indagine sui consumi delle famiglie* [2000] e Commissione di indagine sull'esclusione sociale [2002].

tra popolazione e occupati, che fa sì che ogni occupato abbia un numero medio di persone a carico più elevato che negli altri paesi, e un riconoscimento insignificante del costo dei figli possono costituire parte della spiegazione di questa prima caratteristica [cfr. anche Immervall, Sutherland e de Vos 2001]. La seconda caratteristica riguarda il fatto che, insieme all'Inghilterra, l'Italia è il paese che presenta il più alto tasso di povertà minorile [Bradbury e Jäntti 1999].

Come è ovvio, il rischio di povertà per i minori è massimo quando nessuno degli adulti con cui vivono è occupato e quando a non essere occupata è la persona di riferimento (colui o colei che si indica comunemente come capofamiglia). Quindi è la mancanza di occupazione dei padri a costituire innanzitutto un elemento di grande vulnerabilità per i figli, in termini di mancanza di risorse economiche ma più in generale di collocazione nel sistema delle risorse e delle forme di riconoscimento e valorizzazione. Tuttavia, come mostra la tabella 3.7, il rischio di povertà rimane elevato anche quando un solo genitore è occupato. Viceversa diminuisce sensibilmente quando entrambi i genitori lavorano: si riduce ad un terzo nel caso delle famiglie con uno e due figli, ad un quarto nel caso delle famiglie con tre o più figli. In altri termini, è lo squilibrio tra numero di lavoratori remunerati (o di percettori di reddito) e numero di consumatori familiari a provocare la povertà in queste famiglie. Il sostegno alla occupazione delle madri appare quindi uno strumento fondamentale di contrasto alla povertà, sia nelle famiglie in cui sono presenti entrambi i genitori che in quelle in cui è presente la sola madre [Commissione di indagine sull'esclusione sociale 2002].

La rilevanza della occupazione della madre come strumento di protezione dalla povertà è anche testimoniato indirettamente dal fatto che in Italia, a differenza che nella maggior parte dei paesi europei (esclusi i paesi scandinavi) e degli Stati Uniti, le famiglie monogenitore con figli minori non sembrano presentare una incidenza della povertà superiore alla media, al contrario. Questo dato è infatti spiegabile con le caratteristiche sociali delle famiglie monogenitore nel nostro paese. Come negli altri, si tratta per lo più di famiglie in cui l'unico genitore presente è la madre. Tuttavia, a differenza che nella maggioranza degli altri paesi si tratta per la stragrande maggioranza dei casi vuoi di vedove, vuoi di separate e divorziate. Come abbiamo visto, infatti, le nascite fuori dal matrimonio in Italia costituiscono un fenomeno molto contenuto. Ciò vale ancora di più per le nascite fuori dal matrimonio da madri adolescenti – un fenomeno particolarmente consistente in Inghilterra e negli Stati Uniti. Ciò significa che molto spesso queste famiglie possono contare sul sostegno più o meno adeguato del genitore assente. In secondo luogo, fino a pochissimo tempo fa l'instabilità coniugale ha riguardato in prevalenza le coppie di ceto medio-alto e in cui entrambi i coniugi lavorano. Solo negli ultimissimi anni le cose hanno iniziato a cambiare in alcune regioni del centro-nord, dove l'instabilità coniugale è andata, per così dire, democratizzandosi, coinvolgendo cioè in misura crescente i ceti più modesti. Queste caratteristiche della instabilità coniugale fanno sì che nella maggior parte dei casi le donne uscendo da un matrimonio sperimentino sì per lo più una riduzione delle proprie risorse economiche, non potendo più contare su quelle del marito. Ma, avendo un lavoro proprio e spesso qualificato, meno facilmente sono esposte alla povertà per sé e per i propri figli. Naturalmente per una quota di donne separate e i loro figli viceversa l'esperienza della povertà è un dato più o meno temporaneo. Esse tuttavia non appaiono, o meglio non appaiono ancora, nelle statistiche, anche se sono frequentemente le principali clienti dei servizi di assistenza sociale, in quanto sono riconosciute una categoria particolarmente vulnerabile. Questa quota aumenterà man mano che il processo di «democratizzazione» della instabilità coniugale si diffonderà e in particolare coinvolgerà un numero crescente di casalinghe e di lavoratrici «atipiche» e a basso reddito.

Le famiglie con figli minori hanno non solo una probabilità più elevata rispetto a tutte le altre di essere povere, ma di rimanerlo a lungo. È un dato preoccupante che emerge dalla analisi dinamica della povertà effettuata dalla Commissione di indagine sull'esclusione sociale sulla base dei dati del Panel Europeo delle Famiglie e relativa al quadriennio 1993-96. La povertà, quindi, colpisce la vita dei minori due volte: peggiorandone le condizioni durante l'infanzia e l'adolescenza e riducendone le opportunità nel corso della vita da adulti.

2. *Il trattamento fiscale delle famiglie*

2.1. *Dall'Unità al fascismo*

La famiglia divenne unità impositiva per la prima volta nel 1868, quando venne attribuita ai comuni la facoltà di istituire un tributo, che venne chiamato «tassa di famiglia», regolamentato dalle province. Si trattava di un'imposta sul reddito totale familiare, o piuttosto sullo standard di vita, valutato sulla base di una serie di indicatori. La famiglia divenne l'unità impositiva della nuova imposta in due modi. In primo luogo, il tributo veniva calcolato sulla base del benessere economico della famiglia formalmente costituita; in secondo luogo, il livello di reddito al di sotto del quale si era esentati dal pagamento dell'imposta veniva determinato sulla base della numerosità del nucleo familiare.

Nel 1923 venne istituita un'imposta nazionale, la «tassa complementare sul reddito». Tale tributo, basato su una dichiarazione personale, si aggiungeva alle tasse già esistenti sui diversi tipi di reddito.

Dopo una serie di aggiustamenti successivi tutto il sistema di tassazione fu riorganizzato con il Testo Unico 14 settembre 1931, n. 1175. Due erano i tributi previsti: «l'imposta complementare» e «l'imposta di famiglia», che da un punto di vista fiscale trattavano la famiglia in modo differente. Con l'imposta complementare l'unità di imposizione era l'individuo per la somma dei redditi propri e di coloro di cui «avesse la libera disponibilità»; pertanto venivano cumulati i redditi della moglie a quelli del marito. Era prevista una deduzione dal reddito per le persone a carico, inclusi i genitori e i suoceri e le altre persone legate da vincoli di parentela, ma esclusa la moglie. L'imposta di famiglia definiva soggetto passivo di imposta la famiglia intesa come unione di persone legate da vincoli di parentela o di affinità, che convivevano nella stessa casa o appartenevano a una medesima unità economica.

La politica di espansione demografica sostenuta dal regime fascista venne attuata anche attraverso provvedimenti fiscali con i quali si cercò di incoraggiare la fecondità e scoraggiare il celibato. A partire dal 1928 vennero introdotte agevolazioni fiscali per le famiglie dei dipendenti pubblici con almeno sette figli, che godevano di una detrazione dal reddito pari a 100.000 lire ai fini del calcolo dell'imposta complementare. La stessa detrazione valeva per i redditi accertati ai fini dell'imposta sulla ricchezza mobile, delle imposte sui terreni e sui fabbricati, dell'imposta sui redditi agrari e delle altre imposte dirette statali e comunali. Le altre famiglie, per poter beneficiare della stessa detrazione, dovevano avere a carico almeno dieci figli. Nel gennaio del 1927 fu introdotta l'imposta sul celibato, il cui importo era correlato al reddito e all'età dei cittadini celibi (35 lire per i celibi con età inferiore ai 35 anni, 50 lire per coloro tra 36 e 50 anni e 25 lire per i contribuenti compresi tra 51 e 65 anni). Questa tassa fu gradualmente abolita prima dal regime e successivamente dalla Repubblica: nel 1944 fu abolita l'imposta sui celibi limitatamente alla quota fissa, mentre la abolizione totale avvenne nel 1946 [Franco e Sartor 1990].

2.2. *Le riforme dall'immediato dopoguerra agli anni Novanta*

Nell'immediato dopoguerra l'intero sistema fiscale fu soggetto a successivi interventi e revisioni. Il primo tentativo di sistematizzazione delle norme tributarie tuttavia si ebbe solo nel 1951 con la legge conosciuta sotto il nome di «legge Vanoni». Essa, pur lasciando immutate le vecchie imposte esistenti, tentò di omogeneizzarne le forme di regolazione. Divenne soggetto all'imposta complementare il reddito annuale superiore alle 240.000 lire; le deduzioni per i carichi familiari non erano più dipendenti dal reddito, ma erano stabilite in forma fissa (50.000 lire per ogni familiare a carico) e la deduzione fu estesa anche al coniuge. Le agevolazioni fiscali per le famiglie numerose furono mantenute.

Il cambiamento radicale nel sistema di tassazione si ebbe con la legge di riforma del 1971 (n. 825 del 9 ottobre e i successivi decreti emanati nel 1973) che accorpava le tasse esistenti sulle persone fisiche, inclusa quella di famiglia e quella complementare, così come quelle sulla ricchezza mobile, creando l'imposta sul reddito delle persone fisiche (Irpef). Il soggetto individuato come unità impositiva era il capofamiglia. Pertanto alla persona fisica venivano imputati, oltre ai suoi redditi, i redditi della moglie (non legalmente separata), quelli dei figli minori conviventi con il contribuente e quelli di altre persone di cui il contribuente avesse la libera disponibilità. La norma del cumulo dei redditi era senza valore solo per le famiglie con un reddito familiare non superiore ai 4 milioni di lire, per le quali vigeva la tassazione separata dei coniugi.

L'obiettivo di questa soluzione mista era duplice: da un lato garantire un trattamento fiscale particolarmente vantaggioso per i redditi minori, dall'altro applicare una scala di progressività per i nuclei familiari con reddito più elevato. La riforma incontrò, tuttavia, numerosi ricorsi presso la Corte Costituzionale e presentò notevoli difetti. Innanzitutto, il cumulo dei redditi dei coniugi ai fini dell'imposizione fiscale contrastava con il regime patrimoniale della famiglia che, prima della riforma del diritto di famiglia, prevedeva soltanto la separazione dei beni; in secondo luogo, dato che l'imposizione fiscale era progressiva, essa si presentava in effetti come una forma di «tassa sul matrimonio», come venne a essere chiamata nel linguaggio popolare. In particolare, il cumulo dei redditi aveva l'effetto di rendere il secondo reddito, o un reddito addizionale, particolarmente costoso, con l'effetto ovvio di scoraggiare il lavoro di quelle donne-mogli che, sulla base delle loro qualificazioni professionali e collocazione sociale, avrebbero potuto avere solo lavori a bassa remunerazione. Perciò di fatto incoraggiava non tanto il ruolo di casalinga, quanto il lavoro nero per le donne sposate con scarse qualificazioni professionali.

La riforma del sistema tributario introdusse anche detrazioni di imposta, anziché deduzioni dal reddito, in misura fissa per ciascun familiare a carico. Al fine di poter compensare il maggior carico tributario in presenza del cumulo dei redditi, le detrazioni per il coniuge furono fissate in misura più elevata che per i figli.

Un tentativo di risolvere alcuni dei difetti della riforma fu operato nel 1975, senza che tuttavia venissero superate le obiezioni di tipo costituzionale. A seguito della riforma del diritto di famiglia dello stesso anno, che abolì la figura legale del capofamiglia, nel luglio del 1976 la Corte Costituzionale (sentenza n. 179 del 15 luglio) dichiarò incostituzionali molte norme sulle imposte dirette: perché non trattavano allo stesso modo uomini e donne (il marito era il soggetto passivo per i redditi della moglie che a lui venivano imputati); perché discriminavano a sfavore del matrimonio e a favore della convivenza; infine, perché violavano il principio della capacità contributiva, in base al quale la progressività dell'imposta deve essere attribuita a ciascuna persona fisica in relazione alla sua capacità contributiva [Gallo 1977; Filippi 1989].

Dopo la decisione della Corte Costituzionale, il parlamento approvò una nuova legge (n. 114, 1977) che introduceva il principio della tassazione separata dei redditi dei coniugi. Anche la tassazione del reddito dei minori conobbe cambiamenti simili. La nuova legge prevedeva due distinte situazioni: i figli potevano essere soggetti autonomi di imposta per tutti i redditi di cui rimanevano a disposizione (redditi da lavoro dipendente e da lavoro autonomo); il loro reddito poteva essere attribuito ai genitori se questi (uno o entrambi) avevano controllo legale sulla proprietà dei minori.

Secondo il parere di molti esperti, il nuovo sistema risultava neutrale rispetto al matrimonio. Determinava tuttavia un trattamento più svantaggioso, a parità di reddito totale, per le famiglie mono-percettore di reddito, rispetto a quelle pluri-percettore di reddito [Visco 1981]. Su tale questione fu chiamata a pronunciarsi, ancora una volta, la Corte Costituzionale, che con una sentenza del 1983 dichiarò la costituzionalità del regime a tassazione separata. Allo stesso tempo attribuiva al parlamento la responsabilità di ricercare una più equa forma di tassazione dei redditi familiari. La Corte Costituzionale suggeriva, accanto alla possibilità di ricorrere a un sistema di *splitting* del reddito, anche quella di riorganizzare il complesso sistema delle detrazioni d'imposta e degli oneri deducibili, mantenendo il sistema di tassazione separata. La necessità di un trattamento fiscale che assicurasse un'imposizione più equa, dal punto di vista delle dipendenze familiari, di quella semplicemente individuale venne ribadita da un'altra sentenza della Corte Costituzionale nel 1985. Il parlamento affrontò la questione nel 1990, delegando il governo ad adottare entro il 31 dicembre del 1992 uno o più decreti concernenti la revisione del trattamento tributario dei redditi della famiglia e prevedendo l'adozione del «quoziente familiare». A questo scopo fu istituita una commissione per lo studio della questione. Essa giunse alla conclusione che sarebbe stato più conveniente e più equo adottare un sistema di detrazioni, piuttosto che il «quoziente familiare» [Gambale 1994]. In ogni caso, la delega al governo non ha ancora trovato alcuna concreta attuazione. Nell'agosto del 1995 una ulteriore sentenza della Corte Costituzionale, pur respingendo la decisione unilaterale di una coppia di utilizzare lo *splitting* del reddito a scopi fiscali, ancora una volta invitò il governo a trovare una soluzione al problema. La sentenza, tra l'altro, ribadiva la necessità di trovare delle forme di sgravi fiscali più generose per le famiglie mono-percettore di reddito. Mentre gli ultimi governi sembrano inclini ad accettare quest'ultima soluzione, alcuni commentatori, inclusa chi scrive, ritengono che essa sottovaluti sostanzialmente il costo addizionale che, a parità di reddito complessivo, devono sopportare le famiglie in cui entrambi i coniugi sono percettori di redditi da lavoro. Essi sottolineano che la questione veramente importante in termini di equità fiscale è il numero dei componenti/consumatori della famiglia e non quello dei percettori di reddito[5].

La struttura dell'Irpef fu radicalmente modificata prima nel 1983 e poi nel 1986, quando il numero di scaglioni venne ridotto da 32 a 9, l'aliquota minima fu aumentata, il numero e il tipo di detrazioni concesse furono modificate. Il numero delle aliquote fu ulteriormente ridotto nel 1989 e di nuovo nel 1998 (dlg 446 del 15 dicembre 1997), scendendo a 5.

Nel 1993 è stata introdotta una imposta locale sui fabbricati (Ici), che è divenuta di fatto il nucleo più sostanzioso delle imposte, e delle risorse, a livello comunale. Successivamente, inoltre, all'Irpef sono state aggiunte addizionali a favore sia della regione che del comune di residenza. Viceversa è stata eliminata la cosiddetta «tassa sulla salute», cioè una quota di imposta devoluta a integrare il finanziamento del sistema sanitario nazionale.

2.3. *L'attuale sistema tributario: un riconoscimento solo marginale della famiglia*

Nel nostro ordinamento l'unità impositiva è sempre l'individuo. In principio non esistono soglie minime di reddito

[5] Vale, per altro, la pena di osservare che nel linguaggio comune e nel dibattito si fa per lo più confusione tra unicità del reddito e unicità del percettore (per cui una famiglia con un solo percettore viene appunto definita monoreddito). Ciò contribuisce ulteriormente a nascondere sia la questione di quanti siano coloro che concorrono alla formazione del reddito familiare, sia quella di quanti siano coloro che di questo devono vivere.

esenti da imposta. Il meccanismo delle deduzioni previste per i vari tipi di reddito, tuttavia, individua diversi livelli di reddito esente. La legge finanziaria per il 2003, che ha in parte ridisegnato anche le aliquote, ha fissato tale livello a 7.500 euro per i lavoratori dipendenti, a 7.000 euro per i pensionati, a 4.000 euro per i lavoratori autonomi e a 3.500 euro per gli altri contribuenti. La deduzione è decrescente man mano che aumenta il reddito e si azzera ad importi di reddito tra i 26.000 e i 33.000 euro, a seconda del tipo di contribuente. Secondo alcuni osservatori [ad esempio Baldini e Bosi 2002a e 2002b; Matteuzzi 2002] il risparmio di imposta per le famiglie derivante da questo ridisegno delle aliquote e delle deduzioni è concentrato soprattutto tra le famiglie che hanno redditi equivalente concentrati tra il terzo e il settimo decile di reddito, mentre quelle più povere non avrebbero alcun beneficio sia perché l'aliquota iniziale è aumentata dal 18 al 23%, sia soprattutto perché non esiste un meccanismo di rimborso del credito dell'imposta.

Accanto alle detrazioni di imposta a seconda del tipo di reddito prodotto, sono previste detrazioni per carichi familiari. Una persona è considerata a carico se il suo reddito non supera i 2.840 euro annui. Fino al 1998 esistevano tre tipi distinti di detrazione per i familiari a carico: quella per il coniuge; quella per i figli – legittimi, adottivi, affiliati o affidati – valevole per i figli minorenni o rispettivamente fino a 21 e 26 anni se studenti della scuola media superiore o in apprendistato o invece studenti universitari, e senza limiti di età per i figli totalmente inabili al lavoro; quella per altri familiari a carico valevole per i figli maggiorenni a carico non nella situazione precedente e per ogni altro familiare a carico (*ex* art. 433 del codice civile). La detrazione più alta riguardava, e tuttora riguarda, il coniuge. Essa intende compensare gli effetti sfavorevoli, per le famiglie monopercettore, della individualizzazione del sistema di imposta. Quella più bassa riguardava gli altri familiari. Inoltre la detrazione per il coniuge a carico era più alta quanto più basso era il reddito del contribuente. Ciò non valeva per le altre due detrazioni. Nel 1996, ad esempio, la detrazione fiscale per il coniuge a carico era pari a 817.552 lire nel caso dei contribuenti appartenenti agli scaglioni di reddito più alti, di lire 1.057.552 per quelli dei redditi più bassi. Le detrazioni per i figli invece nello stesso anno erano di lire 94.437 per ciascun figlio per ciascun genitore, o di lire 188.874 nel caso fosse un solo genitore ad averne la responsabilità di mantenimento. Le detrazioni per i figli a carico, infatti, spettano in eguale misura a entrambi i genitori, o in misura doppia ad uno solo dei genitori quando l'altro/a risulti fiscalmente a carico del primo, o nel caso questo sia vedovo/a e risposato/a successivamente, oppure nel caso esso/essa sia legalmente separato/a o divorziato/a e sia l'unico genitore a provvedere al mantenimento. Questo significa che i vedovi e le vedove hanno sempre diritto ad una detrazione doppia; lo stesso vale per le madri nubili nel caso non convivano ufficialmente con il padre dei figli; mentre i genitori soli (in prevalenza madri sole) in conseguenza di separazione o divorzio non sono quasi mai titolari della detrazione doppia. Se l'altro genitore è tenuto a pagare un assegno per i figli, infatti, non possono beneficiarne, a prescindere dall'importo dell'assegno e dal suo pagamento effettivo. Al tempo stesso, l'altro coniuge anche se non provvede, o se provvede solo in misura ridotta, al mantenimento del figlio può in ogni caso avvantaggiarsi delle detrazioni d'imposta previste per i figli a carico.

Un semplice calcolo mostra come il «carico» derivante dalla presenza di figli fosse, fino al 1998, riconosciuto in misura molto più ridotta (e assolutamente risibile) rispetto a quello derivante dall'avere un coniuge non percettore di reddito: nonostante sia più facile che il coniuge non percettore, nella stragrande maggioranza una moglie, tramite il proprio lavoro familiare più che un costo sia una risorsa per il contribuente e la famiglia[6].

[6] Ovviamente non intendo sostenere che questa risorsa andrebbe tassata, ma sottolineare come il sistema di detrazioni per familiari a carico sembri più mirare a riequilibrare la situazione tra le coppie bi- e monopercettore che non tra famiglie di diversa ampiezza e soprattutto con diverso numero di figli. Drudi e Filippucci [2002] hanno stimato che nel 1998 una famiglia con un bambino (0-6 anni) per mantenere lo stesso tenore di vita di una famiglia senza figli con una spesa media mensile

La detrazione per «altri familiari a carico», inclusi quindi i figli maggiorenni non ancora economicamente autonomi e non più studenti (o studenti fuori corso), sempre nel 1996 era di lire 130.592 all'anno complessive (eventualmente ripartibili tra i contribuenti che ne condividevano le responsabilità di mantenimento) per ciascuna persona a carico.

Le detrazioni fiscali non sono indicizzate né al costo della vita né al Pil, ma vengono modificate in base a decisioni prese *una tantum*. Nella tabella 3.8 è indicato l'andamento del valore delle detrazioni per carichi di famiglia dalla riforma dell'Irpef all'inizio degli anni Novanta, calcolate sulla base del valore della lira per il 1992. Come si può notare dalla tabella, il valore delle detrazioni per figli a carico rispetto a quelle per il coniuge è costantemente diminuito. Inoltre, a partire dalla metà degli anni Ottanta anche il valore reale delle detrazioni per figli a carico è progressivamente diminuito. Come vedremo nel prossimo paragrafo, tale diminuzione è avvenuta parallelamente alla perdita di valore registrata nel corso del tempo dagli assegni familiari. In altri termini, si è registrata da parte dello stato una costante diminuzione del sostegno al costo dei figli, attraverso una riduzione del peso reale sia delle forme di sostegno diretto (come nel caso degli assegni familiari) che di quelle indirette (come nel caso delle detrazioni fiscali). Questa tendenza ha iniziato ad essere invertita solo a partire dal 1994, dapprima con l'aumento degli assegni, successivamente con l'aumento delle detrazioni fiscali.

Nel 1998 (dlg 446 del 15 dicembre 1997, art. 47), in previsione di una riforma più complessiva del sistema delle aliquote e delle detrazioni fiscali, sono state introdotte due importanti modifiche nelle detrazioni per carichi di famiglia. In primo luogo sono state sostanziosamente aumentate le detrazioni per i figli a carico, riducendo la distanza con

pari a 3.900.000 lire (la spesa media delle famiglie in quell'anno) avrebbe dovuto sostenere una spesa aggiuntiva di 1.638.000 lire, mentre tredici anni prima, nel 1985, tale spesa aggiuntiva sarebbe stata di «sole» 1.260.000, a lire 1998. Nel caso non di un bambino, ma di un ragazzo (7-14 anni) la spesa aggiuntiva avrebbe dovuto essere rispettivamente di 1.950.000 nel 1998 e 1.500.000 nel 1985.

TAB. 3.8. *Leggi fiscali e detrazioni per carichi di famiglia, 1977-1991 (a valori costanti in migliaia di lire, 1992)*

Anno	Legge	Coniuge	1 figlio	2 figli	3 figli	4 figli	5 figli	6 figli	7 figli	8 figli	Figlio in più
1977	114	319,96	31,10	66,66	102,21	142,20	222,20	311,08	444,40	666,60	319,96
1980	146	304,42	33,82	67,64	101,47	135,29	202,94	304,42	405,89	642,66	304,42
1981	645	507,36									
1982	683		50,73	360,00	152,21	202,94	287,50	405,89	524,27	777,96	321,33
1983	530	426,00									
1986	121	501,51	66,86	133,73	200,60	267,47	334,34	401,21	468,08	534,95	66,86
1989	154	656,93									
1990	154	646,04	72,00	120,00	168,00	216,00	264,00	312,00	360,00	408,00	72,00

quella per il coniuge. In secondo luogo è stata eliminata la distinzione tra «figli» e «altri familiari», anche in considerazione del fatto che la Corte di Cassazione più volte in proprie sentenze aveva ribadito l'obbligatorietà dei genitori di provvedere al mantenimento dei figli ben oltre la maggiore età e ben oltre il termine degli studi, se essi non hanno ancora raggiunta l'autonomia economica, o la hanno perduta. Il riconoscimento del costo dei figli si accompagna così, di fatto, ad un rafforzamento dell'atteggiamento di sussidiarietà da parte dello stato nei confronti della famiglia, anche nel caso di persone adulte. Per quell'anno e quello successivo la detrazione per il coniuge a carico è rimasta sostanzialmente la stessa e con lo stesso meccanismo decrescente al crescere del reddito del contribuente. Viceversa la nuova detrazione unificata per i figli e gli altri familiari è stata portata a 408.000 lire complessive, ulteriormente elevate a 588.000 lire nel 2001. Infine, con la finanziaria per il 2002, la detrazione per i figli è stata portata ad un milione di lire annue complessive se il reddito del genitore-contribuente non supera i 70 milioni annui nel caso di un figlio solo, 80 milioni nel caso di due, 90 nel caso di tre. Negli altri casi rimane quella prevista per il 2001.

Come è stato osservato da diversi commentatori, e in primo luogo dalla Commissione di indagine sull'esclusione sociale allora in carica (2002), il ricorso alle detrazioni fiscali per riconoscere il costo dei figli e per fini redistributivi presenta molte contro-indicazioni nel nostro sistema fiscale, per due diversi motivi. In primo luogo, in assenza di un sistema di imposta negativa, che «restituisca» cioè a chi non può beneficiare, in tutto o in parte, delle detrazioni produce iniquità proprio nei confronti delle famiglie a reddito più modesto. Secondo le stime presentate dalla Commissione sulla base della situazione precedente alla legge finanziaria per il 2002, i soggetti incapienti sono stimabili attorno al 13-14% della popolazione e in circa il 20% dei contribuenti che presentano un imponibile positivo ai fini Irpef. Secondo queste stime le detrazioni incapienti potrebbero ammontare a circa 7.500 miliardi di lire, per oltre la metà riferibili alle detrazioni da lavoro e per circa 2.000 miliardi di lire a detrazioni per carichi familiari. Questa cifra è probabilmente aumentata con la maggiorazione della detrazione per i figli introdotta nel 2002 per i contribuenti a reddito medio e basso, perché più elevata è la detrazione di cui una quota di «aventi diritto» non potranno appunto fruire stante l'incapienza del loro reddito. Ad esempio l'Isae [2001] ha stimato che il 75% di tutti i contribuenti a basso reddito non avrebbero potuto beneficiare delle detrazioni basate sulla prova dei mezzi introdotte con la legge finanziaria del 2002. Di più, e questo è il secondo motivo della inadeguatezza del ricorso allo strumento fiscale, in un sistema, quale quello italiano, basato sulla imposizione individuale, l'introduzione di un criterio di reddito per aumentare la detrazione rischia di produrre effetti perversi: due genitori ciascuno con reddito fino a 70 milioni potranno fruire complessivamente della detrazione maggiorata, mentre un genitore unico percettore di un reddito poco superiore a 70 milioni non potrà.

3. *I trasferimenti monetari alle famiglie*

3.1. *Le origini e lo sviluppo degli assegni familiari nel nostro ordinamento*

Come abbiamo già anticipato, in Italia non esiste alcuna forma generalizzata di sostegno economico diretto alle famiglie per il costo dei figli, a differenza di quanto avviene in quasi tutti gli altri paesi europei (con l'eccezione di Spagna, Portogallo e Grecia). L'unica prestazione a sostegno delle famiglie è oggi «l'assegno per il nucleo familiare» (che prima del 1988 veniva chiamato «assegno familiare») che presenta due limiti di applicabilità dati dalla sua stessa natura: 1) i destinatari della prestazione sono solo i lavoratori dipendenti e coloro che ricevono prestazioni sociali relative al lavoro dipendente, ovvero i disoccupati che percepiscono l'indennità di disoccupazione e i pensionati; 2) dal 1988 l'erogazione della prestazione è agganciata al reddito del nucleo familiare di appartenenza del beneficiario e varia in relazione al numero dei suoi componenti e alla tipologia familiare (nuclei con minori, monogenitore, orfanili). Pertanto, l'attuale assegno per il nucleo familiare ha perso quasi completamente la connotazione previdenziale che originariamente possedeva e può oggi più correttamente essere definito come una misura di tipo assistenziale, destinata a particolari categorie di famiglie povere.

La storia degli assegni familiari in Italia risale al 1934, quando questo istituto fu introdotto per la prima volta nel nostro ordinamento giuridico sulla base di un accordo sindacale fra la Confederazione degli industriali e quella degli operai dell'industria. Come per altri paesi europei, in particolare la Francia e la Spagna, lo scopo principale dell'introduzione di questo tipo di prestazione monetaria fu quello di alleviare la povertà in cui si trovavano in quegli anni soprattutto le famiglie numerose. In Italia, in particolare, la ragione contingente va ricercata nell'accordo sindacale sopra citato che prevedeva la riduzione dell'orario di lavoro da 48 a 40 ore settimanali, con conseguente diminuzione dei salari, allo scopo di ridurre il problema della disoccupazione. L'introduzione di un assegno integrativo in base al numero dei figli a carico fu decisa per compensare le famiglie degli operai a cui si applicava la riduzione oraria e la conseguente riduzione salariale [Inps 1948; Hoffner 1940; Franco e Sartor 1990].

All'inizio l'istituto venne finanziato con contributi ripartiti tra datori di lavoro e lavoratori e posti sotto la diretta gestione dell'Inps insieme alle prestazioni pensionistiche, per disoccupazione, malattia, tubercolosi e maternità. Nel 1937, il regime fascista (con Regio Decreto n. 1632), nell'ambito delle direttive di politica demografica volte a incoraggiare la fecondità, decise di estendere la prestazione al settore del commercio, del credito, dell'assicurazione e agli operai dell'agricoltura, nonché agli impiegati con un reddito inferiore alle 2.000 lire mensili. Per la prima volta, l'ammontare dell'assegno venne fissato in misura più che proporzionale al crescere del numero dei figli [Franco e Sartor 1990].

Il 1940 costituisce un anno di importanti cambiamenti, sul piano sia organizzativo che del finanziamento dell'istituto. Questi cambiamenti lasceranno la loro impronta fino a oggi: 1) venne istituita nell'ambito dell'Inps la «Cassa unica per gli assegni familiari» (Cuaf), con contabilità e gestione separata; 2) il finanziamento da allora in poi è avvenuto con contributi calcolati sul monte salari e posti a carico dei soli datori di lavoro; 3) la prestazione viene prevista anche per il coniuge e i genitori a carico, nonché per altri familiari sprovvisti di reddito [*ibidem*].

Nel periodo immediatamente successivo alla caduta del regime, ma anche nei decenni che seguirono, l'Italia repubblicana evitò di attribuire agli assegni familiari valori e finalità di ordine demografico, tanto che già nel 1944 l'importo unitario dell'assegno erogato per i figli tornò a essere indipendente dal loro numero e ordine di nascita.

Il diritto agli assegni familiari per i familiari a carico spettava a tutti i lavoratori dipendenti (indipendentemente dal reddito). La legge definiva familiari a carico: *a*) i figli sotto i 14 anni (per gli operai) e sotto i 18 (per gli impiegati), senza limiti di età per i figli inabili al lavoro; *b*) il coniuge senza reddito o con reddito entro una certa soglia; *c*) i genitori e i suoceri (gli ascendenti) con un reddito insufficiente.

Nel settore del pubblico impiego una misura sostanzialmente analoga a quella degli assegni familiari fu introdotta a partire dal 1945 (dl n. 722), sotto forma di aggiunte al salario, conosciute con il nome di «quote di aggiunta di famiglia». Tuttavia, il sistema operante nel settore privato e quello per i dipendenti pubblici continueranno per molti anni a essere amministrati separatamente[7]. Sempre nel 1945 fu la volta dell'introduzione di un massimale di contribuzione con il quale si esentavano dal pagamento del contributo le fasce retributive al di sopra di una certa soglia. L'introduzione del massimale contributivo, che rimase in vigore fino al 1974, completò la metamorfosi di quelli che erano stati

[7] Gli assegni familiari per i lavoratori dipendenti del settore privato sono stati amministrati, come abbiamo detto, dalla «Cassa unica assegni familiari», mentre gli assegni familiari dei dipendenti del settore pubblico sono stati erogati dalle varie Pubbliche Amministrazioni. Fino ad oggi non è stato possibile raccogliere per ogni singola Pubblica Amministrazione dati per numero, tipo di familiare a carico (figlio, coniuge e altri) e per tipo di prestazione.

gli obiettivi originari degli assegni familiari: da misura di lotta contro la povertà a strategia pro-natalista, a misura di redistribuzione orizzontale tra le famiglie senza figli verso le famiglie con figli. Gli individui e le famiglie più ricchi, infatti, erano chiamati a ridistribuire per una quota più bassa del proprio reddito che non le famiglie con redditi più modesti [*ibidem*, 82]. Cherubini, esprimendo un giudizio conclusivo sull'evoluzione degli assegni familiari nell'ambito della storia previdenziale del nostro paese, notava che «anche questo settore [gli assegni familiari] risente per l'intero periodo del suo vizio d'origine. Impostato come politica di aiuto alle famiglie numerose in tempi di crisi occupazionale, l'attribuirgli anche fini demografici era portarlo a contraddirsi» [Cherubini 1977, 316].

Nel corso degli anni Cinquanta e Sessanta inizia il processo di estensione degli assegni familiari a categorie diverse dai lavoratori dipendenti attivi: nel 1964 verranno estesi ai lavoratori disoccupati che avevano diritto al corrispondente sussidio e ai pensionati; nel 1967 ai coltivatori diretti e ai lavoratori agricoli, con lo scopo di fornire sostegno al settore agricolo. La nuova prestazione per il settore agricolo fu posta infatti a totale carico dello stato. Nel 1974, infine, gli assegni familiari si sostituirono alle precedenti quote di maggiorazione delle pensioni erogate dal Fondo pensioni lavoratori dipendenti dell'Inps.

L'analisi di lungo periodo dell'evoluzione della spesa sociale per assegni familiari mostra come tale voce di spesa abbia costituito fino alla metà degli anni Settanta una quota consistente delle prestazioni sociali complessive e una percentuale non irrilevante sul Pil. Come osserva Franco [1993, 147], viceversa, nel trentennio successivo e fino al 1996 gli assegni familiari, quando posti in relazione all'evoluzione della spesa pubblica, rappresentano l'unico esempio di rilevante riduzione di un programma di spesa. La figura 3.1 mostra che a partire dalla metà degli anni Settanta tutti gli indicatori di spesa, in relazione sia all'incidenza degli assegni familiari sulla spesa sociale, sia al valore reale dell'assegno che alla quota percentuale sul Pil, iniziano un processo di costante diminuzione.

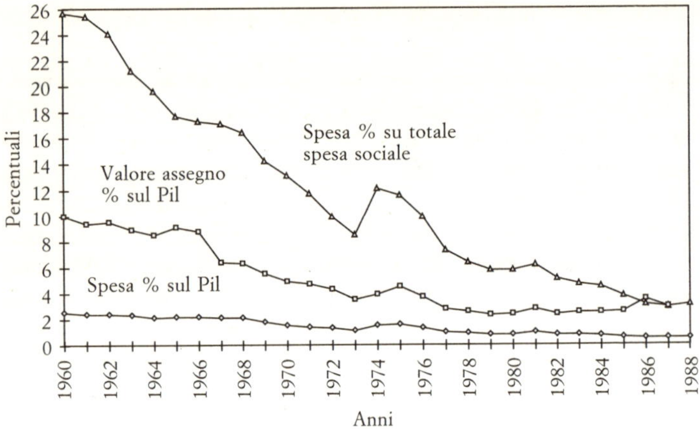

FIG. 3.1. Indicatori di spesa per gli assegni familiari, 1960-1987.

Fonte: Franco e Sartor [1990]; Franco [1993]; Istat [1983a; 1983b].

Parallelamente anche la percentuale dei beneficiari di assegni familiari sul totale della popolazione, che era cresciuta gradualmente e costantemente fino al 1974 (in quell'anno il numero degli aventi diritto all'assegno corrispondeva a circa il 40% della popolazione), mostra, a partire da quella data, una inversione di tendenza anche se il numero di famiglie beneficiarie rimane abbastanza stabile fino al 1983 (v. tab. 3.9).

A partire dalla metà degli anni Settanta, quindi, due processi caratterizzano l'evoluzione degli assegni familiari: da un lato il numero dei beneficiari degli assegni, terminata la fase di espansione, diminuisce costantemente; dall'altro l'inflazione inizia a erodere il valore reale del trasferimento monetario. Per molti versi si può dire che gli anni Settanta segnano una svolta per gli assegni familiari sia in termini di perdita di importanza sulla spesa sociale complessiva, sia in termini di riduzione di copertura sul totale della popolazione.

Allo stesso tempo, dato che il finanziamento degli assegni familiari avveniva, e continua ad avvenire quasi totalmente ancora oggi, con contributi pagati dai datori di lavoro e calcolati sul monte salari e dato che dal 1974, come

TAB. 3.9. *Incidenza del numero di assegni familiari sulla popolazione, Italia 1960-1987*

Anno	% della popolazione totale	% della popolazione di età < 18
1960	24	50
1970	31	67
1975	37	83
1980	35	87
1987	17	50

Fonte: Franco [1993] (i dati sono stimati).

abbiamo ricordato, non esiste più alcun massimale retributivo, il fondo della Cassa degli assegni familiari è cresciuto considerevolmente. La quota dei fondi degli assegni familiari eccedenti è stata ricorrentemente e sistematicamente usata nel corso degli anni per coprire i deficit di altri settori sotto la gestione Inps.

3.2. *La riforma degli anni Ottanta: l'attuale disciplina degli assegni al nucleo familiare*

Per cercare di compensare la perdita di valore che l'istituto aveva subito nel corso del tempo, nel 1983 agli assegni ordinari furono aggiunte maggiorazioni (assegni familiari integrativi), sia per coloro che avevano diritto agli assegni familiari, sia per coloro che avevano diritto alle quote di aggiunta di famiglia, di importo variabile in relazione al numero dei figli minori a carico e all'ammontare del reddito complessivo del nucleo. Venne anche introdotto un criterio di reddito. Questi cambiamenti furono solo i primi di una lunga serie che porteranno ad una trasformazione profonda dell'istituto, con una progressiva restrizione del numero degli aventi diritto, fino a giungere all'attuale «assegno per il nucleo familiare» (Anf).

Nell'attuale disciplina, che risale al 1988 (l. n. 153), l'assegno per il nucleo familiare (Anf) è una prestazione monetaria destinata alle famiglie nelle quali è già presente una capacità di reddito, in quanto è richiesta la presenza di requisiti previdenziali (lavoratori dipendenti in attività; disoccupati indennizzati, lavoratori cassaintegrati, lavoratori in mobilità e pensionati da lavoro dipendente). Oltre ai requisiti previdenziali è necessaria la prova dei mezzi. È infatti necessario che il reddito familiare complessivo derivi per almeno il 70% da lavoro dipendente e non superi determinate soglie (che vengono rivalutate di anno in anno), a seconda della ampiezza e della tipologia familiare. Allo scopo di identificare il nucleo familiare, sono considerati attualmente componenti della famiglia i seguenti soggetti, anche se non conviventi con il richiedente o non a carico del richiedente: lo stesso richiedente; il coniuge non legalmente ed effettivamente separato; i figli di età inferiore ai 18 anni; e i figli maggiorenni se totalmente inabili al lavoro. Vengono esclusi quindi i figli maggiorenni, anche se conviventi e comunque a carico del richiedente (studenti, disoccupati o in cerca di prima occupazione, ecc.). Fanno invece parte del nucleo familiare ai fini della determinazione dell'assegno anche i fratelli, le sorelle e i nipoti del richiedente minori di età o maggiorenni inabili, a condizione che siano orfani di entrambi i genitori, non abbiano diritto alla pensione ai superstiti e siano a carico del richiedente. Infine, nella definizione di nucleo familiare e del diritto alla prestazione monetaria vengono tenute presenti le spese più elevate che devono sopportare alcune tipologie di famiglie, quali quelle composte da un genitore solo (vedovo/a, separato/a, divorziato/a, nubile/celibe) con figli minori, o quelle in cui è presente un disabile. In questi casi i limiti di reddito che definiscono l'accesso all'assegno e al suo importo sono superiori a quelli definiti per le famiglie di pari ampiezza.

Con l'attuale disciplina dunque l'assegno per il nucleo familiare viene erogato in base ad un'impostazione ancora meno universalistica di prima (allorché lo ricevevano tutti i lavoratori dipendenti), risultando più fortemente connotato da una logica influenzata da valutazioni di carattere «assistenziale». Non a caso, nel panorama del welfare italiano, tale istituto continua ancora oggi (nonostante le novità degli ultimi tre anni) a rappresentare dal punto di vista quantitativo il cardine dei programmi di spesa per l'assistenza alle famiglie a basso reddito in Italia, nonché lo strumento principale di lotta alla povertà in un paese che non ha ancora introdotto un reddito minimo di ultima istanza.

Dal 1999 l'Anf, di importo ridotto, spetta non più solo ai lavoratori dipendenti, disoccupati o pensionati da lavoro dipendente, ma anche ai lavoratori parasubordinati (cosiddetti co.co.co), iscritti alla gestione separata dei lavoratori autonomi. I coltivatori diretti, mezzadri e coloni, pensionati delle gestioni speciali per i lavoratori autonomi continuano a ricevere assegni familiari secondo il vecchio regime per importi mensili irrisori, pari a 19.760 lire per il coniuge, i figli, i fratelli e le sorelle e 2.340 lire per gli ascendenti (genitori, nonni, ecc.).

Il mancato adeguamento dell'assegno al costo della vita fino alla metà degli anni '90, e il fatto che le soglie di reddito che vi davano diritto erano sì indicizzate, ma non ai salari, hanno fatto sì che nel tempo si riducesse sia il valore dell'assegno in termini reali che la platea dei beneficiari. Di fatto ne sono rimaste escluse e ne sono escluse tutte le famiglie, pur di lavoratori dipendenti, non solo a reddito alto, ma anche medio. Nel 1994 di fatto oltre la metà dei beneficiari era costituita da pensionati con il minimo della pensione [vedi anche Commissione di indagine sulla povertà e sull'emarginazione 1995b].

Come si può osservare dalla figura 3.2, nonostante gli aumenti apportati al valore dell'assegno a partire dalla riforma del 1988, la differenza tra il totale dei contributi versati e le prestazioni erogate è andata ampliandosi nel corso del tempo, dato che il numero dei beneficiari è stato progressivamente ridotto, mentre i contribuenti sono aumentati al crescere del monte salari sui quali viene calcolato il contributo. Nel 1994 solo 5.000 miliardi erano stati erogati per l'assegno al nucleo familiare, mentre 16.000 erano stati i miliardi incassati per contributi accertati.

Di fatto, le eccedenze sono state utilizzate per ripianare i deficit in altri settori della previdenza, in particolare nel settore pensionistico. Questo spostamento della finalità del contributo da un sostegno ai carichi di famiglia alla vecchiaia è stato istituzionalizzato con la riforma pensionistica del

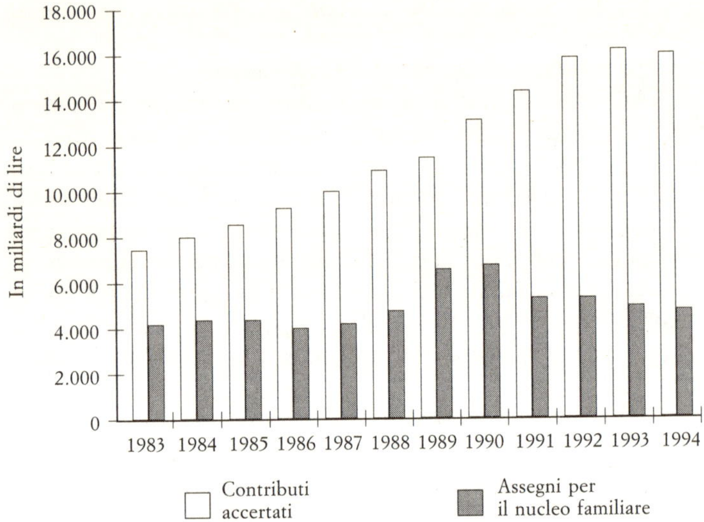

FIG 3.2. Trattamenti di famiglia. Contributi accertati e assegni per il nucleo familiare, 1983-1994.

Fonte: Commissione di indagine sulla povertà e sull'emarginazione [1995b].

1995, allorché una quota, appunto, del contributo Cuaf venne assorbita nei contributi a fini pensionistici. Questa mossa, per altro, se ha consentito di assorbire i costi della riforma pensionistica, è parsa per lo meno fuori tempo visto che a partire dal 1995 sono state introdotte con le finanziarie degli anni successivi importanti modifiche (maggiorazioni per i nuclei con figli minori e per quelli monogenitore) che erano destinate a dare un impulso significativo alla spesa per l'assegno al nucleo negli anni successivi.

A partire dal 1994, ma in modo particolare a partire dalla legge finanziaria per il 1995, la presenza dei figli minori e non soltanto la numerosità della famiglia è tornata ad essere una condizione che dà diritto a maggiorazioni. Nel 1995 l'assegno per il nucleo familiare viene ulteriormente aumentato di 84.000 lire per ogni figlio ad esclusione dei primi due.

La legge finanziaria per il 1996 ha inteso riordinare la materia riconfermando gli aumenti per i nuclei familiari con figli minorenni già previsti per il 1994 e il 1995 e una nuova maggiorazione del 25% per i nuclei familiari monogenitore. La spesa totale per i trattamenti di famiglia ha continuato a crescere negli anni successivi, passando da 6.500 a 9.500 miliardi di lire nel quadriennio 1996-2000. Risulta più consistente la quota destinata alle famiglie nel sud, non solo perché mediamente più povere di quelle del centro e del nord ma anche perché più numerose, in particolare con più figli. Di conseguenza, l'incidenza dell'assegno al nucleo familiare sul reddito complessivo delle famiglie è in queste famiglie più elevato che nelle altre regioni: tra il 2 e il 3%, a fronte di una media dell'1% per l'Italia nel suo complesso e dello 0,4-0,7% delle famiglie nel centro-nord [Istat 2000, 366]. Ciononostante, data la sua platea ristretta e la esclusione di coloro che sono privi di reddito da lavoro dipendente, l'Anf non è riuscito che in minima parte a scalfire la povertà delle famiglie con minori in quelle regioni.

L'importo dell'assegno varia in relazione inversa al reddito familiare e in relazione diretta al numero dei componenti il nucleo. Nel 2001 l'assegno poteva variare da un minimo di 12,91 euro – nel caso di nucleo composto da tre persone, genitori e un figlio minore con reddito non superiore a 38.538,70 euro – a 965,26 euro, nel caso di nucleo composto da 7 persone con un solo genitore, almeno un figlio minore, almeno un componente inabile e un reddito non superiore a 22.269,16 euro. Una famiglia composta da due genitori e da due figli di cui almeno uno minore, ed un reddito non superiore 19.556,69 euro, riceve un assegno mensile per il nucleo pari a 111, 55 euro. La stessa famiglia nella quale vi sia anche un componente inabile riceve invece un assegno pari a 270,11 euro (importi previsti nel 2001).

Con la trasformazione dell'assegno familiare in assegno per il nucleo familiare non è più il numero e la situazione di «carico familiare» a determinare la titolarità dell'assegno, poiché ne può usufruire anche una famiglia unipersonale (se composta da pensionato da lavoro dipendente o da disabile), ma l'ammontare del reddito, il numero dei componenti del nucleo familiare, la presenza di minori e le particolari caratteristiche tipologiche del nucleo.

La disciplina dell'assegno per il nucleo che emerge dalla riforma del 1988 e dalle successive modifiche, a partire dalla finanziaria del 1995 è una misura sociale ibrida: in via di principio si ispira ad un istituto di natura previdenziale, con finanziamento basato su contributi – e pertanto limitato solo ai lavoratori con requisiti previdenziali; ma in pratica si riferisce anche ad un principio di natura assistenziale, basandosi su valutazioni di tipo selettivo (la verifica dei mezzi economici) ed essendo finanziata anche, in gran parte, con quote a carico dello stato. L'attuale assegno per il nucleo si presenta pertanto come una prestazione sociale inadeguata sia a sostenere il costo dei figli, dato che non è in grado di coprire tutte le famiglie con figli, sia a sostenere il reddito di tutte le famiglie povere, dato che non può essere erogata a chi non si trova nel mercato del lavoro o a chi è un lavoratore autonomo a basso reddito. L'esclusione dei lavoratori autonomi dall'assegno per il nucleo familiare è da attribuire non solo al fatto che essi non contribuiscono, ma al fatto che in Italia è molto difficile accertare il reddito di queste categorie di lavoratori e che vi è un'ampia presunzione di evasione fiscale. Qualsiasi prestazione sociale che si basi sulla valutazione delle condizioni economiche dei beneficiari incontra nel nostro paese un limite nell'alto tasso di evasione fiscale presunta e stimata, specie tra i lavoratori autonomi ma più in generale nel settore della economia informale.

Va, infine, osservato che in tutti questi anni molte sono state le critiche rivolte a questo istituto non solo per il suo carattere ibrido, ma anche per alcune storture ed effetti perversi impliciti nel suo meccanismo di calcolo e funzionamento. Ad esempio, la scala di equivalenza implicita adottata per eguagliare famiglie di diversa ampiezza appare per lo meno erratica nei criteri che la sottendono; l'ampiezza degli scaglioni di reddito appiattisce ogni differenza entro uno stesso scaglione, mentre rende estremamente costoso ogni incremento di reddito attorno alla soglia; infine, il riferimento al reddito familiare di fatto costituisce un forte disincentivo alla occupazione regolare delle madri nelle famiglie a basso reddito – ovvero scoraggia proprio quel comportamento che, nel paragrafo sulla povertà, abbiamo segnalato costituisce il maggior elemento di protezione dalla povertà delle famiglie con minori e delle donne [ad esempio Toso 1997; Addis 2000]. Negli ultimi anni a queste critiche se ne sono aggiunte alcune di tipo più tecnico, che riguardano il fatto che il riferimento è ancora al reddito, anziché alla ricchezza, come invece richiederebbe l'indicatore di situazione economica (Ise) entrato in vigore nel 1999 ed utilizzato in tutte le politiche di trasferimenti di nuova generazione, ma anche per definire l'importo delle tasse universitarie, e che neppure la scala di equivalenza è stata equiparata a quella dell'Ise[8]. Viene anche segnalato che la non inclusione dell'assegno nel reddito imponibile di fatto introduce sperequazioni tra famiglie di uguale composizione ed uguale reddito primario, ma con o senza assegni al nucleo familiare a causa della diversità della fonte di reddito primario [Toso 2000].

3.3. *L'assegno per i nuclei con almeno tre figli minori (A3F) e l'assegno di maternità (AM)*

Nel 1999, in un clima caratterizzato da una maggiore attenzione sia per il fenomeno della povertà tra i minori che per quello della de-natalità, sono stati introdotti nel nostro ordinamento due nuovi istituti. Essi si aggiungono a quelli esistenti, complicandone il ridisegno complessivo. Si tratta

[8] Ovviamente anche l'Ise, se rappresenta meglio le risorse di una famiglia, presenta gli stessi problemi di potenziale disincentivo ad aumentare il reddito familiare o ad aggiungere un secondo percettore di reddito, specie nelle famiglie a reddito basso, presente ogni volta che si ricorre alla prova dei mezzi per determinare l'accesso ad un beneficio o il suo importo. Nel caso dell'Ise un parziale correttivo alla disincentivazione di un secondo percettore è rappresentato dal fatto che nel caso delle famiglie con figli minori se entrambi i genitori sono occupati un coefficiente aggiuntivo di fatto innalza le soglie di reddito a parità di numerosità della famiglia.

dell'assegno per nuclei familiari con almeno tre figli minori (A3F) e dell'assegno di maternità (AM). Tali istituti si differenziano dall'Anf in quanto hanno una natura strettamente assistenziale: se ne ha diritto solamente se non si superano determinate soglie di Ise.

L'assegno di maternità – 500.000 lire mensili (258 euro) per i cinque mesi successivi alla nascita del figlio – è destinato alle neo-madri che non beneficiano di alcuna indennità di maternità previdenziale, quindi di fatto alle casalinghe (o alle lavoratrici in nero), il cui reddito familiare non superi i 50 milioni di lire (25.823 euro) di reddito Ise per una famiglia di tre persone (e valori equivalenti per famiglie di diversa ampiezza). Pubblicizzato come riconoscimento della maternità come diritto di cittadinanza e insieme come valore sociale, dato il suo carattere non universalistico di fatto si configura come un, modesto, incentivo alla natalità delle famiglie mono-percettore a reddito medio-basso, tramite un sostegno alle prime spese legate all'arrivo di un figlio [cfr. anche Saraceno 2001]. Dapprima limitato alle sole cittadine italiane residenti e legato esclusivamente alla nascita, successivamente è stato esteso a tutte le neo-madri legalmente residenti ed anche ai casi di affidamento preadottivo o di adozione senza affidamento preliminare.

L'assegno ai nuclei con almeno tre figli minori (A3F) si configura più direttamente come una misura contro la povertà sia perché si tratta di una misura continuativa che perché fa riferimento a soglie di Ise più basse (fino a 36 milioni di lire – 18.592 euro – per famiglie con due genitori e tre figli minori). Esso inoltre è stato specificamente pensato per quelle famiglie con minori in cui, come abbiamo visto nel paragrafo 1.4 di questo capitolo, più alta è l'incidenza della povertà: le famiglie con tre figli. È cumulabile, per i lavoratori dipendenti, con l'assegno al nucleo familiare, dato che, come si è detto, questo non rientra nel reddito imponibile. L'assegno intero è pari a 200.000 lire (103 euro) e viene pagato per 13 mensilità per tutto il periodo in cui durano le condizioni che vi danno diritto. Il suo importo effettivo varia in dipendenza della distanza tra il reddito della famiglia e la soglia oltre la quale non vi si ha più diritto, integrando la differenza tra il reddito e la soglia massima. Con la finanziaria per il 2001 è stato in parte ritoccato il meccanismo delle soglie, con l'effetto di alzare quella che dà diritto all'assegno intero: da 30,8 milioni di lire (15.907 euro) a 33,4 milioni di lire (17.249 euro). Ciò ha migliorato la situazione di coloro che in precedenza avevano un reddito superiore ai 30,8 milioni, ma non ha toccato chi viceversa lo aveva pari o inferiore a quella cifra, di fatto i più poveri.

La richiesta per entrambi gli assegni, e la presentazione della relativa documentazione, va fatta ai comuni, che provvedono ad inviarla all'Inps che ha la responsabilità amministrativa della loro erogazione.

Una ricerca sui primi due anni di applicazione di entrambe queste misure effettuata per conto dell'Osservatorio nazionale sulle famiglie e le politiche locali di sostegno alle responsabilità familiari [Lelleri e Marzano 2002][9] fornisce interessanti dati sulle caratteristiche dei beneficiari di questi due assegni e la loro distribuzione territoriale. Innanzitutto, non sorprendentemente, stante l'interazione tra incidenza di basso reddito, basso tasso di occupazione femminile e di più elevata fecondità nel Mezzogiorno, le e i beneficiari degli assegni sono fortemente concentrati in queste regioni: ciò vale per il 70,5% degli assegni di maternità e per l'84,3% degli A3F nel 2000. Più precisamente, ha beneficiato rispettivamente dell'AM e dell'A3F il 16,8% e il 28,3% di tutte le famiglie nel Mezzogiorno, a fronte rispettivamente del 2,6% e 2,1% nelle regioni del nord e del 5,4% e 3,7% nelle regioni del centro. Il fatto che nelle regioni del centro e del nord siano più le beneficiarie degli AM che degli A3F si spiega appunto con il fatto che in

[9] L'osservatorio è nato nel 2000 tramite una convenzione stipulata tra il Dipartimento per gli affari sociali, Presidenza del Consiglio dei ministri, e il Comune di Bologna, Settore coordinamento servizi sociali, ed ha operato fino al 31.12.2001. Gran parte del lavoro di ricerca e documentazione svolto è raccolto nei due volumi a sua cura: Osservatorio nazionale sulle famiglie e le politiche locali di sostegno alle responsabilità familiari 2002, voll. I e II.

queste regioni non solo è più bassa la percentuale delle famiglie con 3 figli (e tutti minori), ma complessivamente le famiglie, anche quelle mono-percettore, hanno un reddito più alto. È quindi più facile rientrare nella soglia dell'AM che in quella dell'A3F. Ciò è confermato dal fatto che, sempre nel 2000, nel Mezzogiorno ha beneficiato dell'A3F la grande maggioranza – 64,2% – delle famiglie con almeno tre figli minori. Ciò è stato vero solo per il 16,2% delle stesse famiglie al nord e il 23,7% al centro.

Questi dati segnalerebbero la forte efficacia redistributiva e capacità di *targeting* di questi due assegni, in particolare dell'A3F: i beneficiari sono concentrati tra le famiglie numerose che vivono nel Mezzogiorno. Questa efficacia, in termini di individuazione dei soggetti designati, tuttavia non sembra corrispondere ad una analoga efficacia in termini di contrasto alla povertà. Dopo una riduzione di un punto percentuale dell'incidenza della povertà in questo tipo di famiglie nel 1999, l'anno di prima applicazione dell'A3F, essa è risalita l'anno successivo. La soglia molto bassa di reddito oltre al quale non si ha diritto a nessuna integrazione, unitamente all'importo contenuto della stessa, spiegano con buona approssimazione questo fallimento. In altri termini, la misura può ridurre l'intensità della povertà, ovvero la sua gravità. Ma per ridurre il numero delle famiglie numerose povere, e dei minori poveri, non è sufficiente [cfr. anche Commissione di indagine sull'esclusione sociale 2002]. A ciò si aggiunga che non tocca la questione della povertà delle famiglie con due figli minori, che pure abbiamo visto essere superiore alla media.

Chi scrive è dell'avviso che assegni universalistici e generosi per i figli, indipendenti dal reddito, avrebbero una efficacia preventiva della povertà e minori rischi di circoli viziosi e di effetti perversi dell'attuale sistema, che oltretutto è farraginoso, costoso dal punto di vista amministrativo, ed anche produttore di inequità.

3.4. *Uno sguardo di insieme sui trasferimenti alle famiglie alle soglie del 2000*

Non vi è dubbio che nella seconda metà degli anni Novanta, in un periodo di contenimento complessivo della spesa pubblica, sia stato fatto un notevole sforzo finanziario per dirigere risorse alle famiglie con figli, sia tramite trasferimenti diretti che tramite trasferimenti indiretti (detrazioni fiscali). Una analisi effettuata dalla Commissione di indagine sull'esclusione sociale [2002], sulla base sia delle statistiche ufficiali che di stime, ha fornito il quadro di tale sforzo presentato nella tabella 3.10 in cui è presente anche la sperimentazione del Reddito Minimo di Inserimento (Rmi). Esso tuttavia non riguarda direttamente il sostegno alle famiglie e soprattutto, a differenza delle detrazioni fiscali, degli assegni al nucleo familiare, degli assegni di maternità e di quelli per il terzo figlio, non è andato a regime.

TAB. 3.10. *Spesa e fonti di finanziamento delle principali politiche familiari (miliardi di lire)*

	Anno 1996 colonna 1	Anno 2000 colonna 2	Variazione colonna 3 = 2 – 1
Uscite	13.700	23.500	9.800
Assegno per il nucleo familiare	6.500	9.500	3.000
di cui a nuclei di pensionati		2.000	
Detrazioni Irpef per carichi familiari	7.200	13.000	5.800
di cui per il coniuge		6.500	
Assegno per nuclei con almeno 3 minori	0	600	600
Assegno di maternità	0	220	220
Reddito minimo di inserimento	0	180	180
Entrate	13.700	23.500	9.800
Contributi sociali per assegni familiari	7.000	8.000	1.000
Imposte (a carico del bilancio dello stato)	6.700	15.500	8.800
In % del Pil	0,7	1,1	0,4

Fonte: Commissione di indagine sull'esclusione sociale [2002, 82].

Emerge chiaro che l'aumento della spesa non è dovuto tanto alle nuove misure, quanto all'arricchimento di quelle tradizionali: detrazioni fiscali per carichi familiari e assegno al nucleo familiare. Dopo le correzioni introdotte con la finanziaria per il 2002 nel sistema delle detrazioni tale sforzo apparirebbe ulteriormente incrementato e le sue caratteristiche ulteriormente accentuate. Come abbiamo visto, entrambe le misure su cui si è concentrato lo sforzo finanziario maggiore peccano in diverso modo sia dal punto di vista dell'universalismo che dal punto di vista della efficacia redistributiva a favore delle famiglie più povere. In altri termini, continua a mancare nel nostro paese sia una misura orizzontale veramente universalistica di sostegno al costo dei figli (perché le famiglie a basso reddito non possono fruire del tutto o in parte delle detrazioni per familiari a carico), sia una misura di integrazione al reddito di tutte le famiglie povere, a partire da quelle con figli (perché l'assegno al nucleo familiare riguarda solo le famiglie di lavoratori dipendenti e parasubordinati e l'assegno per il terzo figlio ha sia un importo che una platea troppo ridotta).

4. *Altre prestazioni monetarie previdenziali e assistenziali*

Oltre alle detrazioni fiscali, all'assegno per il nucleo familiare e all'AM e A3F, il nostro sistema di welfare state si occupa dei carichi di famiglia con un'altra prestazione previdenziale: la pensione ai superstiti (che si distingue in pensione di reversibilità e pensione indiretta). Essa spetta ai familiari superstiti del pensionato o del lavoratore per un ammontare pari al 60% della pensione che sarebbe spettata al deceduto, e può essere erogata ai figli e al coniuge in proporzione ai contributi versati dal contribuente, purché risultino almeno 5 anni di contribuzione. La pensione di reversibilità spetta anche ai genitori del deceduto nel caso in cui siano assenti altri familiari. Qualora la pensione di reversibilità sia al di sotto di una soglia minima e i beneficiari abbiano i requisiti di reddito, tale prestazione può essere integrata fino a raggiungere il valore della pensione minima.

La pensione ai superstiti nasce allo scopo di assicurare il sostegno economico ai familiari dipendenti dal lavoratore e/o pensionato, ovvero da colui che procaccia il reddito, anche dopo la sua morte. Fino alla metà degli anni Settanta la pensione ai superstiti non poteva essere concessa al coniuge titolare di una propria pensione; inoltre, nel caso di superstiti la prestazione era concessa ai figli e al marito di donna coperta previdenzialmente solo se il marito era privo di reddito o disoccupato. Nel 1977 una sentenza della Corte Costituzionale dichiarò questa norma incostituzionale poiché violava il principio della parità di trattamento tra i sessi. A partire da questa sentenza il trattamento al coniuge superstite venne concesso indipendentemente dal reddito del beneficiario e i figli poterono beneficiare della pensione di reversibilità della madre a prescindere dal reddito guadagnato dal padre. In altri termini, la pensione ai superstiti veniva a essere concepita come una forma di salario differito, e non più come una forma di copertura assicurativa avente carattere assistenziale e basata sul principio che il lavoratore maschio, e solo lui, ha un ruolo di procacciatore di reddito non solo per sé ma anche per la propria famiglia, che va garantito anche dopo la sua morte. Con la riforma pensionistica del 1995, comunque, il pendolo sembra andare, ancora una volta, nella direzione di attribuire alla pensione ai superstiti una caratteristica di tipo assistenziale, anche se meno definita in termini di genere e viceversa più nettamente legata al reddito del beneficiario. Per beneficiarne, infatti, occorre non superare una determinata soglia di reddito. Coloro che al momento della riforma erano già titolari di una pensione ai superstiti, anche se oltrepassano la soglia di reddito prevista potranno continuare a beneficiarne, senza però ottenere alcun aumento o indicizzazione. È comprensibile come per le coppie di anziani o quasi anziani, e in particolare per le donne, un tale cambiamento di politica sociale possa costituire un trauma, scompigliando e modificando gli esiti di strategie di lunga durata e non più modificabili[10].

[10] Nelle parole di un signore ultra-novantenne: «se avessi saputo che mia moglie non avrebbe potuto avere la mia pensione dopo la mia morte, mi sarei organizzato diversamente: avrei fatto una assicurazione sulla vita a suo favore. Ma ora, che cosa posso fare?».

Va infine segnalato che le responsabilità e le dipendenze familiari nel sistema previdenziale italiano, così come più in generale nel nostro sistema di welfare state, sono tenute presenti non tanto attraverso misure sociali redistributive e di sostegno alle famiglie, ma soprattutto come strumenti per il razionamento delle risorse. Pertanto, mentre il costo del mantenimento di una famiglia è raramente tenuto in considerazione ai fini fiscali, il nucleo familiare e il reddito familiare sono spesso usati quali criteri per razionare alcune prestazioni previdenziali e assistenziali. Nel caso della pensione di vecchiaia, ad esempio, il lavoratore in età pensionabile che abbia un'anzianità contributiva minima e che sulla base dei contributi versati non raggiunga la pensione minima di vecchiaia ha diritto, se al di sotto di una determinata soglia di reddito, a un'integrazione fino appunto al minimo. Dal 1992 il riferimento reddituale è il reddito della coppia e non più quello del singolo, ovviamente se questi vive in coppia. Conseguentemente, un pensionato sposato non può ricevere l'integrazione al minimo se la somma del reddito del coniuge è superiore a 5 volte il valore della pensione stessa. Tale mutamento, che di fatto ha colpito molto più le donne degli uomini, dato che sono più facilmente le prime a non avere maturato contributi sufficienti, deriva da una ridefinizione in chiave parzialmente assistenziale dell'integrazione al minimo, che pertanto conduce all'applicazione del principio del reddito familiare, come avviene nel nostro paese per tutte le misure economiche di assistenza sociale[11]. Il persistere di una prevalente definizio-

[11] Ricordiamo che in maggioranza le pensioni integrate al minimo lo sono per una quota oscillante attorno al 60-70% dell'importo totale. È questo forte peso dell'integrazione che ha indotto molti osservatori a definirla largamente assistenziale. Va segnalato che, nonostante l'introduzione dell'Ise nel 1999 mirasse ad omogeneizzare i criteri di definizione del reddito e i sistemi di equivalenza tra famiglie di ampiezza diversa, ciò non è avvenuto. Non solo perché la norma che introduce l'Ise esclude esplicitamente le misure di tipo previdenziale (quindi le integrazioni al minimo Inps, gli assegni al nucleo familiare, pensioni sociali, pensioni di invalidità civile), ma perché gli enti locali hanno continuato ad usare spesso i propri criteri per definire soglie di reddito per l'accesso ai servizi o per la quota di contribuzione agli stessi. Inoltre lo stesso governo

ne previdenziale dell'integrazione al minimo (per altro avvalorata anche da alcune sentenze della Corte Costituzionale) tuttavia è evidente quando si paragoni questa prestazione con la pensione sociale a cui hanno diritto tutti coloro che hanno 65 anni o più e che non ricevono alcun'altra pensione, né possiedono alcun reddito. L'ammontare della pensione sociale è poco più di due terzi della pensione minima; l'acccsso alla pensione sociale è legato alle condizioni economiche della coppia, ma per avervi diritto è necessario che il reddito totale della coppia non superi il doppio dell'ammontare della pensione sociale stessa.

Con la legge finanziaria per il 2002 tutte le pensioni – di qualsiasi tipo, invalidità, vecchiaia o sociale – inferiori al milione di lire mensile per le persone ultrasettantenni con un reddito proprio annuo sotto i 6.836,27 euro (13 milioni e 237 mila lire) e non superiore agli 11.503,14 euro (22 milioni e 273 mila lire) se cumulato con quello del coniuge, sono state portate a 525,89 euro (appunto un milione di vecchie lire) mensili. Di fatto ciò prefigura una sorta di garanzia di reddito minimo omogeneo per gli anziani ultrasettantenni, basato su un test dei mezzi familiari. Questo minimo si aggiunge ai due già esistenti per gli anziani – la pensione integrata al minimo e la pensione sociale – ma anche li integra in un modo complesso e controverso che non è qui il caso di analizzare in dettaglio.

Per altro, gli anziani e gli invalidi sono le uniche due categorie di persone per le quali esiste una misura di garanzia di un reddito minimo in caso di bisogno: appunto la pensione sociale per i primi e l'assegno di invalidità civile per gli handicappati fisici e mentali privi di reddito. Gli invalidi totali hanno inoltre diritto a un'indennità di accompagnamento pari a 750.000 lire al mese nel 1995, indipendentemente dal reddito e dall'età.

e parlamento se ne sono talvolta dimenticati, allorché hanno introdotto nuove misure legate alla prova dei mezzi: dai buoni per i libri scolastici all'integrazione per l'affitto. Ciò, oltre a non giovare alla trasparenza e a produrre disparità tra un luogo e l'altro e tra una misura e l'altra, rende oneroso ai cittadini far valere i propri diritti.

Va segnalato che l'introduzione dell'indennità di accompagnamento, insieme alla disposizione di legge che dall'inizio degli anni Settanta ha condotto alla progressiva integrazione dei bambini portatori di handicap nella scuola pubblica (scuole elementari e medie), ha giocato un ruolo di grande rilievo nel sostenere i loro genitori, incoraggiandoli ad assistere i figli a casa come alternativa all'istituzionalizzazione. Negli anni Settanta e Ottanta il numero di bambini/ragazzi portatori di handicap che vivono in istituto è costantemente diminuito, nonostante questa categoria di ragazzi, insieme ai ragazzi più grandi, costituisca quella a più alto rischio di istituzionalizzazione. Se nel 1981 il numero di bambini/ragazzi disabili che viveva in istituto era di circa 8.804, nel 1993 tale numero era sceso a 4.902, la metà dei quali viveva nelle regioni meridionali dove il ricorso all'istituto appariva la forma prevalente adottata per richiedere e ricevere sostegno, per bambini/ragazzi sia handicappati che non. È un tema che riprenderemo nel prossimo capitolo [Sgritta 1988; Saraceno 1990b].

Escludendo le misure appena menzionate, in Italia non esiste una misura nazionale che preveda una qualche forma di reddito minimo a sostegno del reddito delle famiglie e degli individui che ne siano sprovvisti. Le misure volte al sostegno del reddito degli adulti, delle famiglie povere o dei bambini/ragazzi soli, non sono stabilite attraverso una legge nazionale, nonostante l'esplicito riferimento contenuto nella nostra Costituzione (art. 38) riguardo al dovere di fornire l'assistenza ai poveri. Soltanto alcune regioni hanno previsto misure di reddito minimo vitale, frequentemente destinate solo ad alcune categorie di persone ben definite – in genere gli anziani e gli handicappati, più raramente i bambini e le madri sole con figli minori. Anche nelle regioni dove esiste una legge-quadro sull'assistenza sociale, che prevede l'istituzione di forme di sostegno economico, la sua applicazione risulta ampiamente discrezionale, date la non obbligatorietà e la libera iniziativa lasciata ad ogni comune nel decidere o meno di destinare fondi speciali a questo fine. Anche qualora speciali fondi vengano destinati all'assistenza economica, inoltre, questi possono essere largamente insufficienti e pertanto escludere una larga parte di coloro che ne hanno bisogno sulla base dei vincoli di bilancio. Esiste quindi un amplissimo raggio di variazione e discrezionalità, in termini sia di beneficiari, sia di importi, sia di durata massima dell'eventuale sussidio, come ha segnalato anche uno studio effettuato per conto della Commissione di indagine sulla povertà e sull'emarginazione [Kazepov 1996].

In particolare, nel nostro paese non solo i singoli adulti, ma le famiglie con figli minori povere sono singolarmente non protette se i genitori non sono nel mercato del lavoro ufficiale e non sono lavoratori dipendenti: non hanno diritto all'assegno per il nucleo previsto per i lavoratori dipendenti, né possono beneficiare di uno schema generale di sostegno al reddito. Perfino in regioni quali il Piemonte e in città quali Torino, dove il minimo vitale esiste dall'inizio degli anni Ottanta, con una specifica attenzione data ai nuclei con figli e a quelli monogenitore, la prestazione di assistenza economica non crea alcun diritto e i richiedenti che pensano di essere esclusi ingiustamente da tale beneficio non possono in alcun modo far ricorso contro il comune, come avviene nei paesi in cui esiste una regolamentazione nazionale in questo campo.

La legge finanziaria del 1998 ha introdotto in via sperimentale, per un biennio, una misura integrata di sostegno al reddito di ultima istanza, definita reddito minimo di inserimento (Rmi), in 39 comuni italiani, la maggior parte dei quali collocati nel Mezzogiorno[12]. Lo scopo della sperimentazione, che si è avviata concretamente nell'autunno 1998, era di verificare le condizioni di fattibilità finanziaria e organizzativa di un istituto in varia forma presente in tutti i paesi europei, con l'eccezione della Grecia, anche per dare finalmente attuazione ad una raccomandazione della Comunità europea del 1992, che impegnava gli stati membri a fornire ai propri cittadini una «garanzia ultima di risorse». Successivamente, con la legge finanziaria del 2001 tale sperimentazione fu prolungata per altri due anni ed estesa

[12] Per una sintesi dei risultati di questa sperimentazione cfr. Commissione di indagine sull'esclusione sociale [2002, 47-78].

ad altri duecento comuni circa, collegati ai primi da patti territoriali. Nel frattempo, la legge quadro sul sistema integrato dei servizi e degli interventi sociali giunse faticosamente alla approvazione alla fine del 2000 (l. n. 328/2000). Essa mira a dare un quadro unitario alle politiche sociali e assistenziali e a garantire livelli essenziali uniformi su tutto il territorio nazionale anche in quei settori che sono di competenza dei governi locali. All'art. 23 stipula che, sulla base dei risultati della sperimentazione, venga formulata una legge per istituire il Rmi su tutto il territorio nazionale appunto come misura di sostegno per gli individui e le famiglie che si trovano in povertà. Non è il caso qui di ripercorrere questa vicenda. Basti segnalare che a fine 2002 e a legge finanziaria per il 2003 approvata, non vi è stata né estensione, né rifinanziamento, della sperimentazione, che quindi si va gradualmente esaurendo man mano che i comuni coinvolti finiranno i fondi assegnati. Ancora meno è stata avviata una discussione sui risultati della sperimentazione stessa (nonostante sia stata oggetto di valutazione da parte di un istituto indipendente) e sulla messa a regime di questo istituto. Al contrario, il ministro delle Politiche sociali e del lavoro ha esplicitamente dichiarato la sua contrarietà ad un simile sviluppo; nel Patto per l'Italia siglato dal governo con due delle maggiori centrali sindacali (Cisl e Uil) nella primavera 2002 e ancora nel *Libro bianco sul welfare* presentato nel febbraio 2003 si dice esplicitamente che non vi sarà alcuna misura nazionale ma solo misure lasciate alle regioni e finanziate da queste. Esse potranno attingere anche alla quota del Fondo sociale nazionale loro spettante. che tuttavia non viene incrementato a questo scopo. In altri termini, sembra che la situazione rimarrà più o meno quella attuale: di grande frammentazione, disomogeneità e discrezionalità. Soprattutto, mentre la sperimentazione del Rmi, con tutti i suoi limiti ed errori, aveva concentrato l'attenzione ancorché in modo non esclusivo sulle famiglie con figli, anche in termini di attività di inserimento (quindi sul contrasto all'evasione scolastica, sul recupero formativo e così via), il lessico adottato dall'attuale governo e dal Patto per l'Italia sembra piuttosto riferirsi a condizioni di marginalità estrema («quelle figure più problematiche dell'emarginazione sociale che necessitano di una rete di sostegni per non finire totalmente e irreversibilmente esclusi» – le ha definite in un suo intervento il ministro Maroni). Le famiglie «normali» povere e i minori che in queste vivono non sembrano avere ancora acquisito lo status di «poveri meritevoli».

CAPITOLO QUARTO

FAMIGLIE E SERVIZI SOCIALI

1. *Un settore ancora a bassa legittimazione?*

I servizi sociali, come strumento delle politiche sociali e come ambito di intervento pubblico, nel nostro paese si sono sviluppati relativamente tardi e in modo residuale rispetto alle misure di redistribuzione monetaria. A esclusione della scuola e della sanità, inoltre, il loro statuto è rimasto a lungo incerto dal punto di vista della collocazione istituzionale. Storicamente originati nel terreno dell'assistenza, pur nei mutamenti intervenuti nel tempo e nelle differenze tra l'uno e l'altro tipo di servizio, oltre che tra l'uno e l'altro contesto locale, essi hanno sofferto di un duplice problema di legittimazione: rispetto alla questione dei destinatari e rispetto a quella degli enti titolati a fornirli.

Per quanto riguarda i destinatari, la gran parte dei servizi sociali è nata storicamente per far fronte ai problemi insieme di assistenza e controllo degli individui e delle famiglie in stato di bisogno: di cura e addestramento per i figli di madri lavoratrici povere, di ricovero per i malati poveri e così via. Ciò non significa che le famiglie «non bisognose» non ricorressero a servizi; al contrario, è noto come, lungi dall'essere totalmente autosufficienti sul piano della gestione pratica, le famiglie più abbienti utilizzassero in passato, e utilizzino tuttora, una varietà di servizi a pagamento: nel settore del lavoro domestico, ma anche della cura della persona, della cura ed educazione dei figli, del tempo libero e così via. I due tipi di domanda e di offerta di servizi tuttavia sono rimasti più a lungo separati di quanto non sia avvenuto per la scuola (che, per altro, a livello di obbligo, è stata unificata solo nel 1963) e per la sanità, in cui il ricorso all'ospedale, inizialmente riservato ai poveri, già negli anni tra le due guerre ha iniziato a perdere questa caratteristica.

Allo stesso tempo, il fatto che i servizi organizzati su base collettiva e gratuiti fossero rivolti ai poveri ha incoraggiato a interpretare la domanda, e l'uso, di servizi sociali non di mercato come un indicatore di incapacità della famiglia a fare fronte alle proprie responsabilità e bisogni. Ciò di fatto ha lasciato a lungo una quota di famiglie che non erano abbastanza povere, o disperate, o disponibili a lasciarsi stigmatizzare per accedere ai servizi assistenziali, ma non abbastanza agiate per pagarsi servizi privati, priva di sostegni. Sono queste famiglie, e in particolare le donne in esse, ad aver portato il peso del mito della «autosufficienza» familiare.

Alla questione dei destinatari dei servizi sociali di tipo collettivo e gratuito, comunque extra-mercato, si aggiunge quella di chi è titolato a fornirli. Ricordiamo che con l'unificazione dell'Italia l'assistenza venne lasciata alle associazioni religiose – le opere pie – e alle società di mutuo soccorso [Cherubini 1977; Paci 1989]. Solo con la legge Crispi del 1890 lo stato entrò direttamente nel campo della assistenza, dandole un assetto legislativo unitario e istituendo in ogni comune una congregazione di carità cui venivano devoluti i beni destinati ai poveri e che avevano il compito di amministrare le istituzioni pubbliche di beneficenza. Questa legge tuttavia, mentre non istituiva un vero e proprio diritto di soccorso per i poveri, anche con l'interessato avallo da parte delle forze cattoliche che intendevano così difendere «l'influenza morale e l'utilità elemosiniera della Chiesa» [Cherubini 1977], lasciava il settore non solo della beneficenza, ma dei servizi sociali pubblici assistenziali ancora nelle mani delle associazioni private, per lo più religiose. La resistenza che queste, e più in generale la Chiesa cattolica italiana, opposero a lungo ad ogni allargamento della presenza dello stato centrale e locale in questo settore ha diversi motivi. Alcuni sono certamente di tipo economico e patrimoniale. Ma è altrettanto importante l'ambizione a rimanere l'istituzione, e l'ambito culturale e sociale di riferimento principale, se non esclusivo, in un settore come quello dei servizi alla persona in cui non si provvede solo ai bisogni materiali, ma si concorre a fornire modelli di identità, di valore, di moralità, oltre che forme di appartenenza.

A differenza dello stato che a lungo ha ritenuto che i servizi sociali non di mercato dovessero riguardare esclusivamente i poveri, le Chiese, e in Italia in particolare la Chiesa cattolica, erano consapevoli che proprio per la loro contiguità con la famiglia, con i bisogni, ma anche le relazioni e i comportamenti familiari, essi riguardavano in linea di principio tutti. In effetti la Chiesa, a differenza dello stato, aveva sviluppato sistemi paralleli di servizi da offrire a ceti diversi: dalle scuole materne alle scuole elementari e superiori, agli ospedali e così via. Da questo punto di vista era più attrezzata dello stato a intervenire con propri servizi in settori e rispetto a ceti diversi. Da questo duplice interesse – di tipo patrimoniale, ma anche di controllo valoriale ed educativo – nascono i conflitti e le ambivalenze di parte cattolica relativamente allo sviluppo di un settore pubblico nel campo dei servizi alla persona.

Negli anni successivi alla legge Crispi, e in particolare durante il fascismo, nel campo dell'assistenza avvenne un processo analogo a quello che ha caratterizzato il settore previdenziale: un moltiplicarsi di organismi categoriali e parapubblici, le cosiddette Ipab (Enaoli, Onmi, Enpi, ecc., oltre agli Eca – enti comunali di assistenza che avevano sostituito le congregazioni di carità), che si sommano a quelli privati o vi si intrecciano, con propri patrimoni, criteri, tipi di beneficiari. La questione delle Ipab è rimasta a lungo irrisolta. Con il dpr n. 616 del 1977 il personale e il patrimonio delle Ipab avrebbero dovuto essere trasferiti agli enti locali, salvo che per quelle che svolgevano in modo precipuo attività inerenti alla sfera educativo-religiosa. Si calcola che solo 1.300 Ipab su 5.500 siano state trasferite ai comuni, sulla base di quella eccezione. Una sentenza della Corte Costituzionale del 1991 ha definitivamente bloccato tale trasferimento, dichiarandone illegittimo il principio. Anche se in realtà molte Ipab superstiti, tra cui oltre 2.000 che operano nel campo dei minori, degli handicappati, degli anziani, di fatto funzionano grazie a convenzioni e rette pagate dagli enti pubblici locali. Con l'approvazione della legge quadro sul sistema integrato dei servizi e degli interventi sociali (l. n. 328/2000), che all'art. 30 abroga esplicitamente la legge Crispi, tale situazione dovrebbe trovare una sistemazione definitiva. L'art. 10 della legge, infatti delega il governo a definire la nuova disciplina delle Ipab. Secondo lo schema preparato dal governo dell'Ulivo, le Ipab sono riconosciute parte del sistema integrato di servizi e interventi sociali e nel caso intendano svolgere attività di erogazione di servizi assistenziali sono tenute a trasformarsi in aziende pubbliche di servizi.

La trasformazione dei bisogni, quindi della domanda, ha dovuto fare i conti fino alla fine del secolo con questa incertezza e ambiguità istituzionale, con esiti niente affatto univoci. Così, l'aumento delle madri lavoratrici e il mutare delle loro caratteristiche sociali, unitamente a una nuova attenzione per i bisogni educativi e i diritti soggettivi dei bambini, hanno modificato largamente lo statuto sia istituzionale che culturale della scuola materna e, in misura molto minore, quello del nido. L'emergere della terza e quarta età come fenomeni sociali ha motivato lo sviluppo di servizi per gli anziani che ne favoriscano l'autonomia e la vita di relazione; molto meno ha sollecitato lo sviluppo di servizi che affrontino la mancanza di autonomia, e in ogni caso l'intervento pubblico in questo settore rimane singolarmente ancorato a una visione strettamente assistenziale, di servizi per i poveri. Viceversa, l'emergere di problemi non necessariamente legati alla povertà, come la tossicodipendenza, ha sollecitato l'organizzazione di servizi di sostegno agli individui e alle famiglie di tipo innovativo, sia dal punto di vista gestionale sia dal punto di vista della definizione istituzionale. L'emergere di nuovi bisogni, in effetti, non ha sollecitato solo la ridefinizione di vecchi servizi e lo sviluppo di nuovi. Ha anche incoraggiato lo sviluppo di nuove forme istituzionali di offerta di servizi, sia nel settore privato *tout court*, sia nel tradizionale settore non profit, sia nella cooperazione sociale, spesso anche per diretta iniziativa degli enti pubblici. Il pluralismo nell'offerta di servizi sociali anche nel settore extra-mercato rimane così una caratteristica permanente del nostro sistema. Ma rimane anche una persistente incertezza relativa allo statuto istituzionale dei diversi enti che operano in questo campo e dei loro rapporti, in termini finanziari ma anche di attribuzione di responsabilità; e rimane una sistematica carenza di regolamentazione sia in termini procedurali che di standard.

La già citata legge n. 328/2000, che dopo un lunghissimo iter parlamentare introduce finalmente nel nostro ordinamento quella legge quadro la cui necessità era stata evocata già all'atto dell'istituzione delle regioni, dovrebbe in linea di principio modificare questa situazione, sia per quanto riguarda la definizione delle competenze, dalla legge chiaramente articolate lungo il continuum stato-regioni-province-comuni, che per quanto riguarda la definizione di livelli essenziali comuni in tutto il territorio nazionale. In particolare allo stato è affidata la definizione dei principi e obiettivi generali attraverso la definizione dei livelli essenziali dei servizi e la predisposizione del Piano nazionale dei servizi e degli interventi sociali, a cadenza biennale. Le regioni hanno il ruolo principale di tradurre tali principi in norme e criteri concreti per il territorio di loro competenza. In particolare le regioni hanno due competenze di cruciale importanza. La prima riguarda la predisposizione di piani regionali (art. 18, comma 6) che vanno coordinati con i piani sanitari, pure di loro competenza, nonché con le politiche dell'istruzione, della formazione professionale e del lavoro. È sulla base di questi piani regionali che le province e soprattutto i comuni, singoli o associati, potranno predisporre i piani di zona che costituiscono lo strumento concreto di attuazione delle politiche. La seconda competenza regionale riguarda la regolamentazione dei rapporti tra enti locali e terzo settore, con particolare riguardo ai sistemi di affidamento dei servizi alla persona. Al terzo settore, infatti, da questa legge viene riconosciuto formalmente il ruolo di partner istituzionale del sistema di welfare, a livello locale e nazionale. In analogia a quanto avviene per la sanità, viene istituito un Fondo sociale, da ripartire tra le regioni, nel quale confluiscono tutti i finanziamenti delle diverse leggi e iniziative nel settore. In prima applicazione, con la finanziaria per il 2001 e per il 2002 tali fondi sono tuttavia rimasti «dedicati» ai settori per i quali erano stati costituiti. Con la legge finanziaria del 2003 invece, in ottemperanza alle nuove competenze affidate alle Regioni dalla riforma del Titolo V della Costituzione, il Fondo sociale diviene un fondo indistinto, che quindi regioni e comuni posso ripartire tra le varie voci secondo le proprie priorità.

È comunque importante rilevare che con questa legge le famiglie, e più specificamente l'esistenza di responsabilità familiari, divengono il punto di riferimento centrale delle politiche sociali a livello locale. All'art. 16, infatti, al comma 1 si dice che

> Il sistema integrato di interventi e servizi sociali riconosce e sostiene il ruolo peculiare delle famiglie nella formazione e nella cura della persona, nella promozione del benessere e nel perseguimento della coesione sociale, sostiene e valorizza i molteplici compiti che le famiglie svolgono sia nei momenti critici e di disagio, sia nello sviluppo della vita quotidiana; sostiene il mutuo aiuto e l'associazionismo delle famiglie nella formazione di proposte e di progetti per l'offerta di servizi e nella valutazione dei medesimi...

Al comma 2 si specifica che

> I livelli essenziali delle prestazioni sociali erogabili nel territorio nazionale ... tengono conto dell'esigenza di favorire le relazioni, la corresponsabilità e la solidarietà tra le generazioni, di sostenere le responsabilità genitoriali, di promuovere le pari opportunità e la condivisione di responsabilità tra uomini e donne, di riconoscere l'autonomia di ciascun componente la famiglia.

Al comma 3 si stipula che

> nell'ambito del sistema integrato di interventi e servizi sociali hanno priorità: *a*) l'erogazione di assegni di cura e altri interventi a sostegno della maternità e paternità responsabile, ulteriori rispetto agli assegni e interventi di cui agli articoli 65 e 66 della legge 23 dicembre 1998, n. 488 [gli AM e A3F], alla legge 6 dicembre 1971, n. 1044 e alla legge 28 agosto 1997, n. 285, da realizzare in collaborazione con i servizi sanitari e con i servi socio-educativi della prima infanzia; *b*) politiche di conciliazione tra il tempo di lavoro e il tempo di cura ...; *c*) «servizi formativi ed informativi tra il tempo di lavoro e il tempo di cura, anche attraverso la promozione del mutuo aiuto tra le famiglie»; *d*) prestazioni di aiuto e sostegno domiciliare, anche con benefici di carattere economico, in partico-

lare per le famiglie che assumono compiti di accoglienza [verso persone non autosufficienti] ...; *e*) servizi di sollievo [per i medesimi casi] ...; *f*) servizi per l'affido familiare...

Per la prima volta, quindi, il benessere delle famiglie e dei suoi componenti e le responsabilità che derivano dall'assumere responsabilità familiari vengono formulati come obiettivi espliciti e legittimi delle politiche sociali, in uno sforzo, anche linguistico, di tenere insieme riferimento alla famiglia e riconoscimento di diritti individuali, e di non offrire modelli scontati o univoci né di famiglia (da cui il mancato riferimento ad una definizione esclusivamente legale di famiglia, l'insistenza sulle pari opportunità, sul valore della autonomia individuale e della libertà di scelta anche nell'assunzione di responsabilità familiari)[1] né di servizi.

Si tratta di una legge molto complessa e per certi versi farraginosa, che rimanda, per essere pienamente attuata, ad una serie di adempimenti successivi (ben 28) solo parte dei quali è stata attuata, anche a motivo del cambio di governo intervenuto mentre il processo era in corso. Inoltre, la riforma del Titolo V della Costituzione, che ha introdotto un principio federalistico nel nostro ordinamento, ha ulteriormente modificato, a favore delle regioni, il quadro istituzionale e dei poteri in cui questa riforma deve realizzarsi, con inevitabili rallentamenti e ri-negoziazioni. Per questo, al momento in cui scriviamo, essa non ha ancora pienamente dispiegato i suoi effetti e la situazione dei servizi appare ancora fortemente segnata dalla situazione normativa e istituzionale precedente. La nuova configurazione del Fondo sociale, inoltre, introdotta con la legge finanziaria per il 2003, scompiglia ulteriormente le carte, specie in un contesto di riduzione dei trasferimenti alle regioni e più in generale agli enti locali. È quindi da aspettarsi una fase di risistemazione e ri-equilibrio dell'intero settore delle politi-

[1] Proprio questo, per altro, è spiaciuto e spiace ad alcuni commentatori e in parte alla nuova maggioranza governativa, che avrebbero preferito una definizione più univoca e ristretta di famiglia e una maggiore enfasi su questa, anziché sugli individui che la compongono. Per una netta articolazione di questa posizione si veda Donati [2002].

che sociali, ed anche una probabile ulteriore diversificazione della situazione a livello territoriale.

L'atto più importante di attuazione della legge è stato l'approvazione del *Primo piano nazionale degli interventi e dei servizi sociali*, per il periodo 2001-2003, che ha individuato i seguenti obiettivi prioritari cui avrebbero dovuto adeguarsi i piani regionali e di zona: *a*) rafforzare e sostenere le responsabilità familiari; *b*) rafforzare i diritti dei minori; *c*) potenziare gli interventi di contrasto alla povertà; *d*) sostenere con servizi domiciliari il diritto delle persone non autosufficienti a rimanere nel proprio ambiente.

Il sostegno alle responsabilità familiari, in particolare, nel Piano nazionale viene articolato in tre sotto-obiettivi specifici, il primo dei quali riguarda la promozione e l'incoraggiamento alle decisioni di procreazione e di assunzione di responsabilità di cura verso familiari non autosufficienti; il secondo riguarda più specificamente il sostegno alle responsabilità genitoriali, tramite il riconoscimento economico del costo dei figli e la facilitazione della conciliazione tra lavoro remunerato e responsabilità di cura; il terzo riguarda le pari opportunità e la condivisione di responsabilità tra uomini e donne, con particolare attenzione per il fenomeno dell'abbandono del lavoro da parte di donne con responsabilità familiari. Un quarto sotto-obiettivo, riguardante il sostegno alle famiglie con anziani non autosufficienti, si pone a cavallo tra l'obiettivo generale del sostegno alle responsabilità familiari e quello del sostegno ai diritti individuali degli anziani a scegliere dove abitare e della riduzione dei fenomeni di istituzionalizzazione.

La legge n. 328/2000 in alcuni aspetti era stata anticipata sia da altre misure legislative sia da piani sociali relativi ad alcuni settori specifici e che vengono richiamati dal nuovo Piano complessivo. Si tratta in particolare della legge n. 285/1997, sull'infanzia e l'adolescenza, che aveva fornito risorse per incentivare, sotto la forma di co-finanziamento con gli enti locali, servizi di tipo innovativo per i bambini e gli adolescenti (dai micro-nidi ai centri di ascolto per gli adolescenti, ai centri di incontro per i genitori e così via), oltre che per avviare una forma di minimo vitale almeno per i minori. Rifinanziata due volte, questa legge ha prodotto risultati interessanti di cui parleremo nel prossimo paragrafo. Con la finanziaria del 2003 tuttavia ha perso la legittimità che le derivava da un finanziamento ad hoc. Un secondo «anticipo» è stato costituito dalla legge quadro sull'handicap del 1992 e dal *Programma di azione per le politiche dell'handicap* 2000-2003.

Come accennato più sopra, questi rilevanti mutamenti normativi ed anche di ridisegno delle responsabilità istituzionali sono ancora ai primi passi e i loro esiti non del tutto chiari, salvo che per quanto concerne una più chiara e quasi esclusiva responsabilità regionale e locale nel settore dei servizi alle persone ed in parte anche degli interventi economici di sostegno alle famiglie al di fuori di quelli descritti nel capitolo precedente. I dati e riflessioni che presenteremo nei paragrafi che seguono vanno quindi letti come il punto di arrivo (di cui si rintraccia sinteticamente la storia) della situazione precedente la legge n. 328 ed insieme il suo punto di partenza, anche per quanto riguarda le differenze territoriali.

Daremo conto non di tutti i possibili servizi sociali esistenti, ma di quelli la cui esistenza o meno e il cui funzionamento hanno maggiore incidenza sulle risorse disponibili alle famiglie, in termini ridistributivi, ma anche organizzativi. Ci occuperemo anche di scuola e sanità – due settori che normalmente non vengono definiti come appartenenti a quello dei servizi sociali (perché non hanno uno statuto assistenziale) e che tuttavia costituiscono risorse cruciali sia dal punto di vista ridistributivo che da quello organizzativo. Accenneremo anche alla questione del sostegno all'accesso all'abitazione. Non si tratta certamente di un servizio sociale in senso stretto e in effetti le politiche dell'abitazione hanno uno statuto concettuale e istituzionale incerto: si tratta di politiche sociali, senza dubbio, e ancor più familiari; ma la loro collocazione entro la ripartizione standard (in Italia) tra previdenza, sanità e assistenza non è agevole. Proprio questo, tuttavia, segnala quanto quella tripartizione possa essere insieme riduttiva e poco chiara: non aiutando né a cogliere le politiche che si fanno, né a definire obiettivi di politiche sociali e familiari non puramente categoriali o settoriali.

2. *Le politiche e i servizi per l'infanzia*

2.1. *Le alternative e i dibattiti*

Storicamente la questione dei servizi per l'infanzia si è posta come questione che riguardava innanzitutto, se non esclusivamente, quei bambini che non avevano una famiglia, o meglio una madre adeguata, perché non a pieno tempo: riguardava i figli di madri lavoratrici dei ceti più poveri. In effetti, a lungo nei ceti borghesi le madri non si sono affatto occupate da sole dei propri figli, appoggiandosi viceversa non solo o non tanto sulla parentela, quanto su personale di servizio a pagamento: balie, governanti, istitutrici e istitutori hanno accompagnato la crescita dei bambini e ragazzi dei ceti medio-alti fin ben dentro il Novecento, in un ventaglio di posizioni e gerarchie professionali che non ha che un pallido riscontro nelle baby-sitter attuali. Tuttavia ciò avveniva «in famiglia» e, almeno in linea di principio, sotto la diretta regia e controllo della madre.

I primi servizi per l'infanzia nacquero alla fine del XIX secolo, in risposta all'emergere di due diversi tipi di bisogno: quello della custodia, appunto, dei bambini delle lavoratrici e quello della formazione precoce di abitudini e atteggiamenti adeguati alle nuove esigenze di una società che stava non solo urbanizzandosi e industrializzandosi, ma anche «diventando una nazione». Da un lato nacquero vari tipi di nidi di fabbrica e cosiddette camere di allattamento, per iniziativa sia degli istituti di carità che dei datori di lavoro, rivolti ai figli (principalmente ai neonati) delle madri lavoratrici. I datori di lavoro, in effetti, si mostrarono più disponibili nel contribuire alla creazione di servizi per l'infanzia che ad accettare i congedi per maternità. Sostenevano, infatti, che le madri (delle classi più povere) avevano bisogno di lavorare; pertanto andavano aiutate a lavorare anche quando avevano figli molto piccoli [Della Peruta 1979]. Dall'altro lato vennero organizzate per i bambini più grandicelli le prime scuole materne, così chiamate proprio perché avrebbero dovuto tradurre in un modello pedagogico collettivo lo stile educativo di una buona madre. Nonostante anche le scuole materne nascessero in larga misura in risposta ai bisogni delle madri lavoratrici, a differenza dei nidi, tuttavia, e proprio a motivo della loro esplicita motivazione pedagogica e non solo custodialistica, in poco tempo svilupparono un proprio status pedagogico ed educativo che attirò l'attenzione anche delle famiglie del ceto medio istruito urbano. Esemplare, da questo punto di vista, fu la vicenda della scuola materna fondata da Maria Montessori in un quartiere povero di Roma: il suo modello pedagogico, fortemente orientato a sviluppare precocemente le capacità di apprendimento e logiche del bambino, ben presto divenne il modello di riferimento per lo sviluppo di scuole materne d'élite frequentate dai bambini delle classi più privilegiate, indipendentemente dalla condizione occupazionale della madre.

L'ambivalenza nei confronti dei servizi per l'infanzia, l'implicito, e talvolta esplicito, statuto di «male minore» e di supplenza nei confronti di una madre mancante o assente, anche se non sempre per sua «colpa», hanno segnato e in certa misura tuttora segnano non solo i nidi, ma anche tutte le forme di estensione dei servizi educativi tradizionali – scuola materna, scuola elementare, medie inferiori – così come si sono cristallizzati nel tempo in termini di orari e calendari: che si tratti di doposcuola o di tempo pieno, di servizi mensa o di aperture pomeridiane o estive.

Solo molto di recente, la questione dei servizi per l'infanzia è stata riformulata anche come questione che riguarda la possibilità, per padri e madri, di conciliare lavoro remunerato e responsabilità familiari non solo o tanto quando non se ne può fare a meno, o si è in stato di necessità, ma come condizione ed esperienza normali. Così come dovrebbe essere considerato normale per un bambino essere accudito per una parte della giornata da persone diverse dai familiari e in un contesto diverso dalla propria casa[2]. Proprio questa «normalità», per altro, unitamente a una preoc-

[2] Questo approccio è divenuto particolarmente esplicito nei documenti e nelle raccomandazioni dell'Unione europea. Si veda ad esempio il libro bianco su *Crescita, competizione, occupazione*, e il libro verde su *A European Social Policy: The Childcare Recommendation*, fino alla direttiva sui congedi genitoriali e familiari del 29 marzo 1996.

cupazione per i costi dei servizi, sta motivando in tutti i paesi la ricerca di soluzioni diversificate in termini di orari e di modelli organizzativi. Anche in Italia, l'aumento della partecipazione delle donne al mercato del lavoro, specie tra le coorti adulte più giovani e istruite e nelle regioni centro-settentrionali, di cui abbiamo parlato in un precedente capitolo, ha contribuito, anche se con lentezza e con molte ambivalenze, a porre la questione dei servizi per l'infanzia e la fanciullezza come questione non marginale. Allo stesso tempo, la diversificazione dei tempi di lavoro, la diffusione di contratti di lavoro atipici e così via, unitamente ad una domanda educativa più consapevole da parte di genitori mediamente più istruiti, hanno segnalato la necessità di una diversificazione della offerta di servizi ed anche della loro gestione, aprendo ad una pluralità sia di offerta che di gestori. La già citata legge n. 285/1997 nasce in questo contesto.

2.2. *I servizi per i bambini in età pre-scolare*

Nel nostro paese il sistema dei servizi per l'infanzia si distingue in base all'età dei bambini: asili nido (oggi chiamati nidi d'infanzia) per i bambini al di sotto dei 3 anni; scuole materne (oggi chiamate scuole per l'infanzia) per bambini da 3 a 5 anni; servizi di doposcuola per i bambini al di sopra di 6 anni che frequentano la scuola elementare. Sono invece quasi inesistenti i servizi di doposcuola per i ragazzi che abbiano terminato la scuola elementare.

La diversa origine storica dell'asilo nido per i bambini da 0 a 3 anni, rispetto alla scuola materna per i bambini da 3 a 6 anni, rifletteva le diverse finalità sociali, educative e didattiche a essi attribuite e che in gran parte rimarranno inalterate fino ai nostri giorni. Per lungo tempo all'affidamento dei bambini sotto i 3 anni è stato attribuito uno status di tipo socio-assistenziale (con un'impronta spesso stigmatizzante), senza riconoscere loro alcuna finalità educativa. Gli asili nido venivano visti come servizi che svolgevano un ruolo «surrogato», una seconda scelta nella cura dei figli delle madri lavoratrici a basso reddito. Non è casuale che a coloro che svolgevano il ruolo sostitutivo della madre non si richiedesse alcuna specifica preparazione professionale; ogni donna poteva divenire operatrice di asilo nido, che era un lavoro sotto-qualificato e sotto-pagato. Ancora oggi non esiste alcuna scuola specifica che formi a questa professione, anche se molti enti locali organizzano sistematicamente corsi, e per l'assunzione sia ormai richiesto un titolo di scuola media superiore, preferibilmente di maestra di asilo, se non di maestra elementare.

Gli asili nido ebbero un primo impulso con la nascita dell'Onmi (Opera nazionale maternità e infanzia): un'organizzazione fascista fondata nel 1925 avente finalità di sostegno alle madri lavoratrici, di classe lavoratrice e povere. Insieme ai consultori materno-infantili, i servizi per l'infanzia dell'Onmi furono ispirati da due principali preoccupazioni: la prima era nei confronti delle donne incinte e puerpere, poiché la tutela della salute della madre costituiva una garanzia per la salute del figlio; la seconda riguardava l'incoraggiamento e l'educazione all'assunzione delle responsabilità materne. Soltanto alle «madri meritevoli», disposte ad allattare oltre che a farsi controllare nei comportamenti quotidiani e nella loro moralità, era permesso accedere ai servizi offerti dall'Onmi [Saraceno 1991a]. L'Onmi sopravvisse al regime fascista e fu operativa almeno fino a tutti gli anni Sessanta, rimanendo per molti decenni l'unico servizio per le donne incinte e puerpere, i neonati e i bambini, soprattutto nelle città più piccole e nelle aree rurali. Alla fine degli anni Sessanta i vecchi nidi Onmi costituiranno il nucleo dei nuovi servizi, orientati maggiormente in chiave educativa, mentre i consultori familiari vennero assorbiti nei nuovi consultori familiari istituiti per legge nel 1975 e successivamente inseriti nel sistema sanitario nazionale.

L'aumento dell'occupazione femminile, l'esistenza di un movimento femminista molto attivo e lo sviluppo di una cultura dell'infanzia attenta ai bisogni relazionali ed educativi fin dai primi anni di vita, diedero luogo a una riflessione sul ruolo e l'organizzazione dei nidi che sfociò, in termini pratici, nella legge n. 1044 (sugli asili nido), collegata alla legge n. 1204 (sulle lavoratrici madri), entrambe del 1971. In particolare la legge sugli asili nido stipulò il passaggio di tutti gli asili nido finanziati pubblicamente sotto il controllo degli enti locali, stabilendo nel contempo la riorganizzazione del sistema di finanziamento. Nei decenni precedenti, come abbiamo già accennato nel capitolo 2, i nidi erano stati in gran parte finanziati dai datori di lavoro di aziende che occupavano più di trenta lavoratrici coniugate, mentre con la legge del 1971 se ne stabilì il finanziamento attraverso uno speciale fondo pubblico. La legge pose l'ambizioso obiettivo di arrivare a coprire in cinque anni almeno il 5% di tutti i bambini sotto i 3 anni. Tale traguardo tuttavia non fu raggiunto che vent'anni dopo, e con fortissime differenze nell'offerta di servizi pubblici tra regioni e tra comuni.

Nel corso degli anni Settanta, nel periodo di massimo sviluppo del welfare state e di una più ampia affermazione e diffusione di tutta una serie di nuovi diritti sociali, molti enti locali ridefinirono gli asili nido come servizi aventi finalità educative e non più solo socio-assistenziali, facilitando nel contempo l'accesso al servizio e migliorando la preparazione professionale del personale [Saraceno 1990b]. Tuttavia, l'ampio divario tra la domanda potenziale e l'offerta ha contribuito a limitarne l'accesso e spesso a subordinarlo non solo alla condizione di lavoratrice della madre, ma ad altre condizioni di «bisogno qualificato»: i figli delle madri nubili, dei genitori separati e/o delle famiglie povere o particolarmente numerose di solito hanno la precedenza sugli altri. Allo stesso tempo va segnalato che, probabilmente per l'effetto congiunto della riduzione della fecondità, della introduzione del congedo facoltativo e anche della mutata composizione sociale delle madri lavoratrici (oggi più istruite e con un lavoro di tipo prevalentemente impiegatizio e nel terziario pubblico o privato), l'età di inizio di frequenza al nido si è alzata. Non esistono dati nazionali, ma dati di fonte locale indicano che essa oggi si colloca attorno agli otto-nove mesi, rispetto ai tre-quattro degli anni Sessanta. È anche vero che non è mutato solo l'atteggiamento dei genitori, ma anche quello delle educatrici, che oggi «suggeriscono» di far frequentare un bambino quando è già svezzato, e anche per un orario non troppo prolungato. Ciò corrisponde sia a una maggiore attenzione per i bisogni dei bambini sia appunto alle nuove condizioni lavorative dei genitori, in particolare delle madri. Tuttavia questo mutato modello di «uso adeguato» del nido può rivelarsi difficile per coloro che viceversa si trovano – per esigenze di reddito e di organizzazione familiare – nella necessità di utilizzarlo nel vecchio, tradizionale modo: a un'età più precoce del bambino e per un orario giornaliero più lungo. È il caso, ad esempio, di madri sole in occupazioni a bassa remunerazione e/o con orari lunghi o «atipici», che non possono permettersi di prendere il congedo facoltativo e che non possono contare neppure sulla ridotta collaborazione di un marito per ridurre l'orario di frequenza giornaliero.

Dato che i nidi per l'infanzia sono definiti servizi «a domanda individuale» e non servizi a base universale, come invece lo sono la scuola dell'obbligo, le scuole per l'infanzia statali e i servizi sanitari pubblici, le disposizioni prevedono che gli utenti contribuiscano sulla base del reddito al pagamento di parte del costo del servizio. L'importo delle rette e i criteri per valutare il reddito dei genitori variano da luogo a luogo, così come l'entità del contributo a carico del bilancio pubblico. Poiché i nidi rappresentano una spesa consistente per gli enti locali, fornirli o meno diviene un'esplicita scelta politica. Soprattutto laddove i servizi pubblici per l'infanzia non hanno una tradizione consolidata, le famiglie che li usano, e soprattutto le madri lavoratrici, possono venire percepite come addossanti alla comunità un costo che viceversa dovrebbe rimanere a loro carico.

Come si può vedere dalla tabella 4.1, nel 1992, anno in cui fu effettuata la prima indagine nazionale su questo servizio dall'Istat, il numero di posti nido disponibili – 97.654, di cui oltre 92.000 nelle strutture pubbliche – non copriva neppure il 6% di tutti i bambini nella fascia di età 0-3 anni. 18 anni dopo, nel 2000 [indagine del Centro nazionale di documentazione e analisi per l'infanzia e l'adolescenza 2002a], la percentuale di copertura è salita di poco meno di 2 punti percentuali: ben al di sotto del tasso di aumento della partecipazione delle madri al mercato del lavoro. Questo

TAB. 4.1. *Posti-nido disponibili (valori assoluti), incidenza posti-nido disponibili sulla popolazione di 0-2 anni. Anni 1992 e 2000*

	Posti-nido disponibili nel 1992	Incidenza posti-nido disponibili sulla pop. 0-2 anni nel 1992	Posti-nido disponibili nel 2000	Incidenza posti-nido disponibili sulla pop. 0-2 anni nel 2000
Piemonte	10.842	10,8	11.160	10,7
Valle d'Aosta	228	7,6	390	12,3
Lombardia	20.821	9,1	23.594	9,7
Trentino-Alto Adige	1.487	5,1	2.354	7,5
Veneto	6.382	5,5	8.986	7,2
Friuli-Venezia Giulia	1.408	5,4	2.103	7,8
Liguria	2.714	8,0	3.199	9,7
Emilia-Romagna	15.854	18,8	17.110	18,3
Toscana	6.195	7,9	9.144	11,3
Umbria	1.112	8,7	2.268	11,6
Marche	3.096	8,5	4.196	11,5
Lazio	9.882	6,6	11.971	8,5
Abruzzo	1.738	4,7	1.340	4,1
Molise	208	2,1	242	2,9
Campania	1.517	0,6	4.603	2,2
Puglia	5.795	4,0	3.437	2,7
Basilicata	724	3,4	873	5,2
Calabria	671	0,9	1.167	1,9
Sicilia	4.640	2,4	7.773	4,7
Sardegna	1.650	3,3	2.607	6,4
Totale	97.654	5,8	118.517	7,4

Fonte: Centro nazionale di documentazione e analisi per l'infanzia e l'adolescenza [2001, tab. 2].

ridotto aumento nasconde una interessante diversificazione dei gestori. Nel 1986 i nidi privati erano il 4% del totale, salito al 7% nel 1992 e al 20% nel 2000. Quindi la maggioranza dell'aumento dell'offerta è dovuta alla entrata in questo settore dei gestori privati (nella grande maggioranza cooperative o associazioni). La percentuale di nidi privati supera il 50% nel Veneto e in Campania, è attorno al 45% in Calabria e a Bolzano, attorno al 30% in Friuli-Venezia Giulia e in Puglia. Il ruolo del privato in realtà è più ampio di così, dato che in molti casi anche i nidi pubblici non sono gestiti in modo diretto dal comune, ma sono dati in appalto ad un gestore, di solito del terzo settore. Solo nella provin-

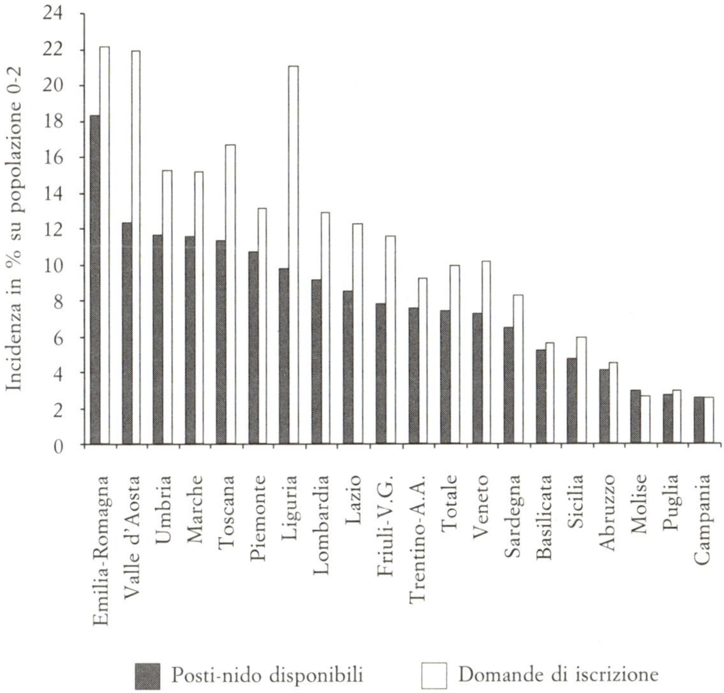

FIG. 4.1. Incidenza dei posti-nido disponibili e incidenza delle domande di iscrizione sulla popolazione di 0-2 anni per regione al 30 settembre 2000.

Fonte: Centro nazionale di documentazione e analisi per l'infanzia e l'adolescenza [2001, tab. 3].

cia di Bolzano, in Campania, Sicilia e Piemonte oltre il 90% dei nidi pubblici è gestita direttamente dall'ente pubblico; nelle altre regioni essi sono gestiti da un altro gestore in una percentuale oscillante tra il 63% della Valle d'Aosta, il 55% della Sardegna e il 13% della Lombardia.

I livelli di copertura più alti (cfr. fig. 4.1) si trovano in Emilia-Romagna e, a una certa distanza, in Piemonte, sia nel 1992 che nel 2000. Per altro queste due regioni sono le uniche, insieme alla Lombardia, a non avere migliorato il proprio livello di copertura nello stesso periodo nonostante un aumento del numero dei posti disponibili. Ciò significa che si sono limitate a tenere il passo dell'incremento demografico, ma non quello della domanda effettiva. In generale il livello di copertura è più alto nelle regioni settentrionali e centrali, che offrono anche orari di servizio e una copertura lungo l'anno più ampia.

I ricercatori del Centro nazionale, mettendo a confronto posti disponibili e numero di domande, segnalano che vi è un 2,5% della domanda che rimane insoddisfatta, ovvero che solo 3 bambini su quattro per cui viene chiesta l'iscrizione riescono ad entrare nel nido. Dato che le liste di attesa sono in generale più lunghe proprio là dove l'offerta di nido è più elevata, e il tasso di occupazione delle madri di bambini nella fascia di età interessata è molto più elevata di quella «coperta» da questo servizio, è ragionevole sostenere che la percentuale di domande insoddisfatte sarebbe ancora più elevata se l'offerta fosse maggiore. È un paradosso solo apparente: la presenza e diffusione di un servizio contribuisce a rafforzarne la legittimità e l'accettazione, quindi ad incrementarne la domanda.

La ricerca del 2000 ha permesso anche di stimare la diffusione di servizi diversi dal nido e rivolti alla stessa fascia di età – quei servizi cioè che sono stati fortemente incentivati dalla legge n. 285/1997 anche se, come osservano i ricercatori del Centro nazionale (p. 29), il 32,5% di questi servizi pre-esisteva alla approvazione di questa legge e ai finanziamenti ad essa connessi, testimoniando la capacità progettuale autonoma degli enti locali in cui più era consolidata l'esperienza dei nidi.

Può trattarsi di servizi in cui i genitori, o i nonni o anche le baby sitter possono recarsi con i bambini per qualche ora – del tipo del servizio «Tempo per le famiglie» avviato a Milano nei primi anni Novanta – o di micro-nidi di caseggiato o di quartiere, o spazi gioco che possono essere frequentati per qualche ora al giorno, o ancora di servizi di cura a domicilio della persona che lo fornisce, come nel caso delle «madri di giorno» in Alto Adige e in Valle D'Aosta. Sono state stimate 732 diverse strutture in tutta l'Italia, con una forte concentrazione nelle regioni settentrionali, cioè le stesse in cui più alta è l'offerta di nidi. Spiccano in particolare la Lombardia con 108 strutture e la Liguria con 137. La presenza di gestori privati è più elevata che nei nidi ed anche nel caso di servizi pubblici è più frequente (44% dei casi) la gestione indiretta. Data la ancora relativamente ridotta diffusione di questi servizi, c'è da chiedersi quanto essi riusciranno a stabilizzarsi ed espandersi ulteriormente, specie nei contesti ove non hanno una tradizione precedente la legge n. 285/1997, ora che non vi saranno più fondi esplicitamente dedicati. Questa legge, infatti, è stata determinante per l'attivazione dei nuovi tipi di servizi per la prima infanzia, che in alcuni casi sono anche gli unici, in molte regioni del centro-sud (Abruzzo, Puglia, Calabria, Campania). Mentre per alcune regioni del nord (Piemonte, Friuli-Venezia Giulia, Liguria, Veneto) è stata determinante per stimolare quell'innovazione e diversificazione dell'offerta che altrimenti non ci sarebbe stata. Meno rilevante sembra invece essere stato il ruolo della legge in quelle regioni – Emilia-Romagna, Toscana, Umbria e Marche – che finanziano questi servizi con altri fondi, per lo più di tipo regionale [Centro nazionale di documentazione e analisi per l'infanzia e l'adolescenza 2002a, 90-94].

Data la persistente scarsità di offerta di servizi, la grande maggioranza dei bambini nei primi tre anni di vita è accudita e cresciuta esclusivamente in famiglia, direttamente dalla madre, o ricorrendo all'aiuto dei nonni o di baby sitter. Il ricorso ai nonni è predominante anche nel caso in cui la madre sia occupata, anche se la condizione professionale della madre è il fattore determinante della frequenza al nido: il 72% dei bambini frequentanti ha la madre occupata, il 19% casalinga. L'Indagine Multiscopo dell'Istat su «Famiglia, soggetti sociali e condizioni dell'infanzia» del 1998 ha infatti stimato che in circa il 48% dei casi il bambino non va al nido perché c'è la disponibilità di un familiare, appunto, per lo più una nonna. Di più, è la disponibilità di queste figure a contenere la domanda di servizi, come emerge dalla tabella 4.2. Come abbiamo visto, questa è una congiuntura che potrebbe non essere riproducibile a lungo, per motivi demografici, ma anche di mutamenti nei comporta-

TAB. 4.2. *Ragioni per cui non si manda un figlio al nido*[a] *(valori percentuali)*

Ragioni	Madri lavoratrici	Tutte le madri
L'iscrizione non è stata accettata a causa della scarsità di posti	5,0	5,0
Se ne occupa un familiare/un parente	47,2	49,6
Il nido è troppo lontano	6,0	5,9
L'educazione del bambino non va lasciata ad estranei	6,1	9,1
È più facile che il bambino si prenda delle malattie	1,3	1,4

[a] Possibile più di una risposta.

Fonte: Istat [1998].

menti femminili e nella regolamentazione dell'età pensionistica.

Al momento in cui scriviamo è stata presentata in Parlamento una proposta di legge, che unifica molte altre proposte, intesa a ridefinire l'assetto normativo dei nidi, ampliando il raggio dei possibili promotori, incluse le aziende che possono organizzarne per i propri dipendenti, e ad assicurarne il finanziamento. Nel frattempo, con la legge finanziaria per il 2003 una quota del fondo sociale, per il restante non più vincolato, come si è detto, è stata destinata al sostegno alle famiglie di nuova formazione, in particolare per l'acquisto della casa, e, per un importo di 10 milioni di euro, a un fondo di rotazione destinato ai datori di lavoro che realizzano nidi e micro-nidi nei luoghi di lavoro. Dato, tuttavia, che contestualmente il Fondo sociale è stato ridotto del 6% rispetto all'anno precedente, e non vi sono più fondi specificamente destinati alla legge n. 285/1997, c'è il rischio che questi nidi aziendali non vadano ad incrementare l'offerta, ma solo a sostituirla, almeno in parte. Non va inoltre ignorato il fatto che molte donne in età riproduttiva oggi sono occupate con contratti di lavoro atipico, come si è detto nel secondo capitolo. Quindi difficilmente potranno fruire di nidi aziendali.

Un altro modo in cui ci si propone di aumentare l'offerta di servizi per i bambini sotto i tre anni è l'anticipo della ammissione alla scuola per l'infanzia, consentendo anche ai bambini di due anni di iscriversi a quest'ultima. Questa proposta fa parte di una riforma più generale della scuola e dei cicli di istruzione scolastica che è stata approvata dall'attuale governo e che deve passare al vaglio parlamentare. Essa dovrebbe sostituire quella approvata nella legislatura precedente (cosiddetta riforma Berlinguer, che prevedeva qualche cosa di simile sotto questo rispetto) e la cui attuazione è stata bloccata, appunto in previsione di una nuova riforma.

A differenza dell'utilizzo del nido, mandare i figli alla scuola materna costituiva, a prescindere dallo status occupazionale della madre, una scelta educativa di una parte consistente della popolazione urbana delle regioni del centro-nord già alla metà degli anni Cinquanta. Le scuole materne potevano essere gestite sia dal comune che da organizzazioni volontarie, principalmente religiose, o da organizzazioni che si ispiravano a un particolare orientamento pedagogico, come nel caso delle scuole Montessori o Steiner, così chiamate dal nome di chi ne era stato l'ispiratore originario.

Agli inizi degli anni Sessanta, quando fu avviata la riforma della scuola media unificata che ne estese l'obbligatorietà, particolarmente evidente apparve il problema delle differenze nelle competenze linguistiche e di abilità di apprendimento tra i ragazzi appartenenti a classi sociali diverse. Le scuole materne iniziarono a essere perciò viste come uno strumento fondamentale per ridurre le disuguaglianze sociali e aumentare le opportunità scolastiche di bambini appartenenti alle classi più svantaggiate. Nel 1968 lo stato assunse direttamente la responsabilità per l'organizzazione e la gestione della scuola materna, ridefinita come scuola per l'infanzia, aggiungendosi ai comuni che da tempo, almeno nelle regioni del centro-nord, avevano assunto un ruolo determinante nella fornitura di questo servizio. Lo stato e i comuni divennero, pertanto, i due principali fornitori di questo servizio pre-scolastico.

Come effetto dell'impegno diretto dello stato nell'offerta di tale servizio, già nei primi anni Settanta circa il 60% dei bambini di età compresa tra i 3 e i 6 anni frequentava la scuola dell'infanzia. Le percentuali crebbero velocemente al 70% nella metà degli anni Settanta, per raggiungere circa il 90% ai nostri giorni (tenendo presente che nell'ambito dei 3 anni la frequenza è minore nel primo anno e maggiore nell'ultimo). Va inoltre ricordato che questo tipo di servizio per l'infanzia è quello in cui il divario tra nord e sud, che si presentava assai ampio negli anni Sessanta, è stato ridotto molto rapidamente [Schizzerotto 1989]. Oggi le scuole per l'infanzia, nonostante non siano obbligatorie, si presentano come un servizio pubblico quasi universale sotto il profilo sia della frequenza che dell'offerta [Saraceno 1990b; Istat 2001a].

Diversamente da quanto avviene per i nidi, la scuola per l'infanzia rappresenta un servizio a basso costo per le famiglie, le quali sono tenute a contribuire soltanto attraverso la quota di iscrizione e il costo dei pasti. Tuttavia, disparità regionali e comunali non trascurabili permangono nell'ambito della qualità e della finalità del servizio. La quota più elevata di scuole per l'infanzia a tempo parziale (prevalentemente non statali) si trova nelle regioni meridionali, dove si trova anche la stragrande maggioranza delle scuole per l'infanzia che non hanno il servizio di mensa, anche quando i bambini sono presenti per un tempo non inferiore alle sette ore giornaliere. Nel contempo la percentuale di bambini che possono accedere ai pasti gratuitamente è nettamente superiore nel sud (circa l'80%) rispetto al centro (circa il 50%) o al nord (circa il 20%).

2.3. *La scuola dell'obbligo e i servizi per il tempo libero dei ragazzi*

La scuola di base non costituisce solo, almeno in linea di principio, uno strumento di egualizzazione delle opportunità di partenza di cittadini appartenenti a classi sociali e a famiglie con risorse diverse. Nella misura in cui è finanziata dal bilancio pubblico, costituisce anche una forma di trasferimento massiccio tra chi ha figli e chi non ne ha, o tra chi ne ha di meno e chi ne ha di più. In Italia, forse più che in altri paesi, questo discorso vale principalmente per la scuola dell'obbligo, meno per la scuola media superiore e meno ancora per l'università. Man mano infatti che si avanza nei gradi di istruzione, la redistribuzione orizzontale tra famiglie viene complicata e in parte contraddetta da una redistribuzione dai ceti meno abbienti a quelli più abbienti, nella misura in cui i costi dell'istruzione superiore sono in larga misura finanziati dal bilancio pubblico, ma sono i figli di classe superiore che ne fruiscono in modo assolutamente maggioritario e tanto più quanto più si tratta di una istruzione costosa (la classe sociale familiare conta di più a medicina e ingegneria che non a scienze politiche). Una ricerca Isfol su un campione nazionale di 2.500 giovani di 21 anni alla fine degli anni Novanta ha evidenziato il peso forte delle condizioni familiari sul percorso scolastico dei figli [Centro nazionale di documentazione e analisi per l'infanzia e l'adolescenza 2001, 51]. Solo la metà di chi ha un padre privo di titolo di studio prosegue dopo la scuola media di contro alla totalità di chi ha il padre laureato. Ed anche le bocciature, le irregolarità di percorso, gli abbandoni sono influenzati fortemente dalla origine sociale, disegnando così una riproduzione intergenerazionale della disuguaglianza poco scalfita dai meccanismi redistributivi, inclusi quelli operati dalla offerta scolastica. Ciononostante va sottolineato che è significativamente aumentata sia la percentuale di coloro che terminato il ciclo dell'obbligo proseguono nella scuola media superiore (è arrivata a circa il 90% già a metà degli anni Novanta), sia soprattutto la percentuale di coloro che terminano effettivamente questo ciclo di studi raggiungendo il diploma. Ancora all'inizio degli anni Novanta i diplomati di tutti gli indirizzi della scuola media superiore rappresentavano solo il 51,4% dei giovani di 18-20 anni. Nel 1998 avevano raggiunto il 72,4% [*ibidem*, 49]. Gli abbandoni sono più frequenti negli istituti tecnici, dove toccano il 17%, frequentati in prevalenza dai figli delle famiglie di ceto più modesto, che non nei licei. Si aggiunga che l'università italiana ha una produttività molto bassa; ovvero la percentuale di immatricolati al primo anno che arriva alla laurea è largamente inferiore al 50%, con una selezione che colpisce, di nuovo, e maggiormente i figli di famiglie più modeste. Ciononostante, negli ultimi anni l'investimento pro capite nell'istruzione è diminuito, pur rimanendo invariata (25%) la quota di spesa pubblica ad essa destinata [Istat 2001a].

Per quanto riguarda la scuola dell'obbligo, l'offerta universalistica (che dopo la riforma della scuola media del 1963 ha riguardato anche la media inferiore) non è sempre adeguatamente sostenuta da misure che accompagnino e incentivino i bambini provenienti da famiglie con minori risorse culturali e sociali. Rimane uno «zoccolo duro» di abbandoni stimato nel 5% e fortemente localizzato nelle regioni meridionali, in particolare in Sicilia, Calabria, Campania e Puglia [Centro nazionale di documentazione e analisi per l'infanzia e l'adolescenza 2001; Negri e Saraceno 1996]. In alcune città meridionali può toccare fino al 16%.

Nel 1998 tale fenomeno e più in generale quello della dispersione scolastica è stato oggetto di indagine di un apposito comitato nell'ambito della VII Commissione della Camera dei deputati. Questa concluse i propri lavori segnalando come il fenomeno dell'abbandono precoce degli studi dipenda da due condizioni per certi versi opposte: concentrato nelle zone più povere del Mezzogiorno, appare anche nelle zone ricche del nord-est, dove la possibilità di inserirsi precocemente nel mercato del lavoro e di guadagnare allontana una quota di ragazzi da una scuola che non riesce ad essere sufficientemente motivante. Il comitato avanzò una serie di suggerimenti, in particolare relativi al maggior coinvolgimento delle famiglie, al prolungamento e arricchimento del tempo-scuola anche in accordo con gli enti locali, per offrire agli studenti sia attività attraenti che luoghi sicuri e sorvegliati per attività di tempo libero, oltre ad un miglioramento della capacità e qualità didattica.

A fronte di questi problemi dagli anni Ottanta sono state sviluppate diverse iniziative, per lo più, ma non esclusivamente, concentrate nelle cosiddette «aree a rischio». A metà degli anni Novanta, inoltre, sono stati istituiti Osservatori provinciali di lotta alla dispersione scolastica, con personale e risorse, anche in connessione con iniziative parallele sviluppate nel campo della prevenzione e della educazione alla salute [Centro nazionale di documentazione e analisi per l'infanzia e l'adolescenza 2001, 54-58]. Nonostante queste iniziative, come si è detto, il fenomeno della dispersione non è stato contenuto e alle vecchie cause se ne sono affiancate di nuove, quali la perdita di rilevanza della scuola nelle regioni del benessere e del mercato del lavoro «che tira», e la difficile integrazione dei bambini e ragazzi immigrati.

Il numero di alunni stranieri non europei nelle scuole italiane è aumentato da 3.398 nel 1983-84 a 68.318 nel 1999/2000. I primi dieci paesi di provenienza di questi alunni nel 1999/2000 erano tutti paesi in via di sviluppo, con Albania e Marocco a rappresentare oltre due terzi di tutti i bambini stranieri non europei, seguiti da Cina, ex Jugoslavia, Romania. Essi sono concentrati nella scuola elementare e media, oltre che in quella dell'infanzia. Ma la loro presenza inizia ad essere consistente anche nella scuola media superiore, come si può vedere dalla tabella 4.3.

TAB. 4.3. *Alunni con cittadinanza non italiana per ordine di scuola e ripartizione territoriale. Anno scolastico 1999/2000*

Ripartizione territoriale	Ordine di scuola				
	Infanzia	Elementare	Media	Superiore	Totale
Nord-occidentale	9.968	18.769	10.459	4.462	43.568
Nord-orientale	6.707	15.104	7.723	4.069	33.607
Centro	5.564	13.944	7.712	3.930	31.150
Sud	1.176	3.702	2.181	906	7.965
Isole	659	1.322	806	342	3.129
Italia	24.074	52.845	28.881	13.709	119.509

Fonte: Centro nazionale di documentazione e analisi per l'infanzia e l'adolescenza [2001, 204, tab. 7.4].

I minori stranieri sono accolti nella scuola italiana a prescindere dallo status legale dei genitori, cioè anche se questi sono clandestini, in nome del diritto dei minori alla istruzione. Le attività concrete per l'integrazione degli alunni stranieri immigrati, a lungo affidate esclusivamente alla iniziativa dei singoli insegnanti, ha trovato un riconoscimento con la circolare ministeriale 205/1990, seguita dalle c.m. 5/1994 e 73/1994, in cui si è iniziato a parlare di educazione interculturale. Ma esse rimangono ancora largamente eterogenee e casuali, oltre che affidate alla iniziativa dei singoli insegnanti o istituti [*ibidem*, 206-208]. Inoltre, il diritto del minore a trovare accoglienza e formazione, anche se clandestino, cessa nel momento in cui diviene maggiorenne. In quel momento il giovane ridiviene immigrato illegale e può essere espulso e rimandato ad un paese che di fatto non conosce e della cui lingua ha meno padronanza che dell'italiano – a meno che non entri in clandestinità, come spesso avviene.

Analogamente ai nidi di infanzia, anche le attività di doposcuola per le scuole elementari sono state tradizionalmente concepite come servizi rivolti alla classe operaia e alle madri lavoratrici. Pertanto, tale servizio è sempre stato percepito come assistenziale, e come tale finanziato non dallo stato (come avviene invece per la scuola), ma dal comune. Parimenti a quanto avvenne per gli asili nido e le scuole materne, la stretta associazione di questo servizio alla classe operaia iniziò ad attenuarsi alla fine degli anni Settanta, anche per effetto del crescente numero di donne istruite e appartenenti alle classi medie che iniziarono a lavorare, rivendicando il diritto a un servizio meno stigmatizzante e con maggiori finalità educative. Agli inizi degli anni Settanta fu sperimentata la scuola elementare a tempo pieno (la normale giornata scolastica terminava allora alle ore 12.30), utilizzando gli insegnanti delle scuole (e pertanto a carico dello stato). Le attività educative della giornata scolastica – che andava dalle 8.30 alle 16.30 – erano organizzate senza alcuna distinzione tra le «attività scolastiche» del mattino e i «compiti e i giochi» del pomeriggio, come avveniva invece nei tradizionali doposcuola. Vi era anche un servizio mensa, a costo, per le famiglie, parzialmente sussidiato (dai comuni). Nel contempo molte scuole e attività di doposcuola furono migliorate e meglio coordinate con il curriculum scolastico.

La fase sperimentale durò, come spesso accade in questi casi in Italia, più di venti anni. Dopo di che, senza che vi fosse alcuna effettiva valutazione, la riforma della scuola elementare della seconda metà degli anni Ottanta introdusse come modello di orario scolastico normale il cosiddetto «tempo lungo»: una struttura organizzativa più complicata che, agli occhi degli osservatori più critici, appare più indirizzata a far fronte agli esuberi del personale insegnante in una situazione di riduzione della fecondità, piuttosto che a un chiaro modello di servizio nei confronti delle famiglie in cui entrambi i genitori, o l'unico genitore presente, lavorano. Nell'attuale scuola elementare organizzata sul modello della giornata «lunga», i bambini si recano a casa per il pasto, a meno che la scuola non abbia una mensa, e ritornano a scuola due o tre pomeriggi a settimana, ponendo intuibili problemi organizzativi alle famiglie che non possono contare sulla presenza di un familiare nel tempo non coperto dalla scuola, o che non hanno i mezzi per trovare soluzioni alternative. In molte città, soprattutto nelle regioni settentrionali e centrali, tuttavia, sono rimaste scuole – o classi – organizzate a tempo pieno. Inoltre in alcuni casi i comuni offrono alcune forme di servizio integrativo, nella stessa scuola o talvolta altrove, in forma di attività sportive e/o di tempo libero.

Per i ragazzi che frequentano la scuola media non esistono, invece, forme sistematiche di attività di doposcuola. La scuola media è organizzata sulla base della mezza giornata scolastica. Apparentemente si suppone che i ragazzi appartenenti a questo gruppo di età abbiano una famiglia in grado di guidarne le attività, direttamente, o rivolgendosi al mercato dei servizi privati; o siano in grado di badare a se stessi per buona parte della giornata. Negli anni Novanta il ministero della Pubblica istruzione ha dato corso, all'interno del progetto di prevenzione del disagio e delle tossicodipendenze, a due programmi indirizzati ai «ragazzi a rischio»: il *Progetto Ragazzi* per i ragazzi delle scuole elementari e medie, e il *Progetto Giovani* per i ragazzi delle scuole superiori. I progetti, che prevedono la collaborazione tra la scuola, gli insegnanti (su base volontaria) e i comuni, intendono arricchire il curriculum scolastico, al fine di offrire ai più svantaggiati esperienze e stimoli che non riuscirebbero facilmente a ottenere nell'ambiente familiare. Nel biennio 1992-93 il 30% e il 44% dei ragazzi che frequentavano rispettivamente la scuola elementare e la media e il 37% di coloro che frequentavano le scuole superiori sono stati coinvolti in attività sviluppate nell'ambito di questi programmi.

Altri programmi, gestiti su base locale, sono più specificamente indirizzati verso i ragazzi a rischio che vivono in quartieri particolarmente svantaggiati, e/o che appartengono a famiglie in carico all'assistenza sociale: educatori pagati dal comune possono appoggiare i ragazzi nel tempo libero dopo la scuola, aiutarli nel fare i compiti e controllare la frequenza scolastica (come accade nel caso di bambini nomadi). Le associazioni di volontariato sono particolarmente attive in questo campo. Negli ultimi anni è aumentato anche il fenomeno di una collaborazione formalizzata tra comuni e associazioni volontarie da un lato, cooperative sociali dall'altro, per interventi in questo settore. Essa ha anche ricevuto un certo impulso dalla legge n. 285/1997 [cfr. anche Centro nazionale di documentazione e analisi per l'infanzia e l'adolescenza 2002b]. Nel caso dei pre-adolescenti e adolescenti, tuttavia, ancor più che per i bambini in età prescolare e della scuola elementare, è prevalentemente il mercato privato dei club sportivi, delle scuole di lingue e delle varie attività di tempo libero a rispondere ai bisogni sia di integrazione del curriculum scolastico sia di organizzazione e supervisione del tempo e delle attività al di fuori della famiglia e dello spazio domestico.

Va, infine, segnalato che negli ultimi anni, e prima che si avviassero i vari progetti di riforma, la scuola italiana di ogni ordine e grado è stata profondamente trasformata nei suoi assetti organizzativi e in parte formativi dalla acquisizione della autonomia sulla base del dpr 8 marzo 1999. Ciò ha implicato un forte stimolo alla innovazione e alla capacità dei singoli istituti di darsi un proprio profilo formativo, pur all'interno di obiettivi formativi comuni[3]. Le famiglie, a differenza di un tempo, possono scegliere a quale scuola

[3] Per una analisi più sistematica si veda Centro nazionale di documentazione e analisi per l'infanzia e l'adolescenza [2001, 58-63 e 2002b].

iscrivere i propri figli sulla base, appunto di questo profilo e progetto formativo. Questo ampliamento dei gradi di libertà, sia delle scuole che delle famiglie, ha potenziali effetti che non sono ancora stati studiati in modo sistematico. Uno riguarda la nota questione delle asimmetrie informative, ovvero il fatto che non tutti i potenziali «consumatori» di scuola, non tutte le famiglie, posseggono nella stessa misura le informazioni e le competenze necessarie per scegliere. Ed anche quando le possedessero potrebbero non avere le risorse per dare seguito alle proprie scelte. Ad esempio, il costo del trasporto per consentire ad un figlio di andare alla scuola di propria scelta potrebbe essere troppo elevato per i suoi genitori. Quindi, in assenza di compensazioni, questo ampliamento dei gradi di libertà può provocare un ampliamento delle disuguaglianze ed anche fenomeni di segregazione scolastica. Vale la pena di notare che la denuncia di questo problema è servita come legittimazione per introdurre i voucher per compensare i costi di iscrizione alla scuola privata. Ma la più generale questione delle asimmetrie sia informative che di risorse per operare scelte nel campo formativo è rimasta in ombra. Un secondo effetto riguarda i problemi organizzativi che la diversificazione del modello scuola pone alle famiglie. Una famiglia con due figli che frequentano due scuole diverse può trovarsi a dover fare i conti con orari settimanali e periodi di vacanza differenti.

Su questi cambiamenti si andrà ad innestare la riforma della scuola attualmente in discussione. Come si è detto, il progetto di riforma governativo tende a innovare sia la distinzione tra i cicli, rendendo più facile l'anticipo sia della frequenza alla scuola dell'infanzia che della scuola elementare, sia i modelli di organizzazione oraria, oltre che la distribuzione delle discipline (ad esempio due lingue straniere e informatica nella scuola elementare), sia infine la scuola media superiore e la distinzione tra questa e la formazione professionale. Per quanto interessa qui, segnaliamo che, nel progetto, viene diminuito il numero di ore complessive minime che ciascuna scuola elementare e media deve garantire, mentre viene contestualmente aumentato il numero delle discipline. Il tempo pieno viene definitivamente abbandonato (o lasciato alla iniziativa della singola scuola, che deve metterne il costo a carico degli utenti). Non è possibile nel momento in cui scriviamo effettuare valutazioni più che impressionistiche di una riforma che per altro non è stata neppure approvata, anche se è già stata introdotta sperimentalmente in alcune scuole nel corso del 2002-2003. Segnaliamo solo che essa sembra spostare una quota più alta del costo della istruzione di base sulle famiglie, che alla fine degli anni Novanta era stata stimata nel 12% complessivo della spesa per l'istruzione [Istat 2001a]. Allo stesso tempo sembra favorire ulteriori elementi di diversificazione sociale: le famiglie che ne avranno i mezzi potranno provvedere tramite il ricorso a servizi privati alle ore integrative, sia sul piano della formazione disciplinare che delle necessità di custodia, nel caso dei più piccoli. Le altre potranno affidarsi solo alla offerta scolastica. Per certi versi potrebbe sembrare un ritorno al «vecchio» dopo-scuola, con le sue divisioni sociali. Già l'Indagine Multiscopo su «famiglie, soggetti sociali e condizioni dell'infanzia» del 1998 aveva segnalato come la scelta della scuola privata sia operata, soprattutto nel caso dei più piccoli, più che in riferimento al modello culturale sulla base di convenienze organizzative, quali la vicinanza, l'orario (più lungo), l'esistenza del servizio mensa. A queste motivazioni, nel caso dei pre-adolescenti e adolescenti, si aggiungono valutazioni circa la qualità dell'insegnamento e l'esistenza di attrezzature scolastiche quali i laboratori scientifici e linguistici, la sala computer, la biblioteca [*ibidem*, 274-275]. Se le risorse e il tempo-scuola si riducono nella scuola pubblica, è presumibile che una quota di quel 90% di bambini e ragazzi sotto i 18 anni che ora frequentano la scuola pubblica passerà invece alla scuola privata, con o senza il sostegno dei voucher; un'altra quota integrerà il servizio pubblico con servizi di mercato; mentre una quota più o meno grande, in cui saranno sicuramente inclusi i bambini dei ceti economicamente più modesti quando non chiaramente svantaggiati, sarà lasciata alla sola offerta pubblica così ridotta.

Programmi specifici sono rivolti a bambini e ragazzi portatori di handicap fisici e/o mentali. Con la legge n. 517

del 1977, bambini e ragazzi portatori di handicap hanno il diritto di essere iscritti alla scuola d'obbligo pubblica, soprattutto alla scuola elementare e media; più tardi questa possibilità è stata allargata anche alla scuola dell'infanzia. Nelle classi nelle quali vi siano bambini e ragazzi portatori di handicap deve essere offerta l'assistenza di insegnanti di appoggio preparati professionalmente, che siano in grado di assistere il bambino e/o il ragazzo. Se necessario, il comune deve garantire anche un servizio di trasporto tra la casa e la scuola.

3. *I servizi per chi non è autosufficiente*

Tradizionalmente le famiglie con componenti non autosufficienti per motivi di malattia psicofisica o di decadenza legata all'età nel nostro paese hanno avuto davanti a sé due soluzioni rigidamente alternative: o la totale presa in carico familiare o l'istituzionalizzazione. La prima soluzione era di gran lunga la più praticata; anche se la seconda poteva venire suggerita come la più adatta per persone di tutte le età, inclusi i bambini molto piccoli, sia nel caso di grandi invalidità psicofisiche, sia nel caso di disturbi mentali ritenuti rischiosi per l'equilibrio familiare o che davano luogo a comportamenti socialmente inaccettabili (ad esempio la promiscuità sessuale, soprattutto nel caso delle donne).

Il dibattito sulle istituzioni totali a cavallo tra la fine degli anni Sessanta e i primi anni Settanta, che riguardava in primo luogo i manicomi (e che portò alla loro chiusura), ma che si estese anche a tutti i luoghi in cui le persone venivano rinserrate senza avere diritto a un controllo sul proprio tempo, spazio, abitudini, rese quella alternativa culturalmente meno accettabile: rivendicando il diritto di tutti gli individui sia a una casa sia a una vita di relazione. Il paradosso dell'importante dibattito di quegli anni è che l'immagine di famiglia che ne emergeva era in qualche misura bifronte: origine dell'esclusione sociale dei suoi membri più deboli (quando non origine *tout court* della malattia mentale) e insieme l'ambito più proprio di vita di questi stessi soggetti. Se, infatti, la «famiglia cattiva», egoista, autodifensiva espelleva, quella «buona» doveva accogliere (o ri-accogliere). Allo stesso tempo, l'insistenza sul concetto di territorio come ambito proprio della vita di relazione e da rendere accogliente apriva la strada sia a una visione più dinamica delle rispettive responsabilità delle famiglie e delle comunità locali, sia a innovazioni nel campo dei servizi alla persona. Molte esperienze interessanti e importanti, sviluppate a seguito della, e per accompagnare la, chiusura degli ospedali psichiatrici e la de-istituzionalizzazione dei malati mentali, sono anche all'origine di molti servizi e iniziative innovativi che vengono oggi indicati come strumenti di politiche sociali di tipo nuovo: dalle cosiddette imprese sociali alle cooperative sociali, dagli alloggi protetti alle comunità alloggio. Anche se di fatto in larga misura la maggior parte delle attese di accoglienza e integrazione è rimasta a carico delle famiglie – spesso intese in senso lato come parentela: a prescindere non tanto dalla loro disponibilità, ma dalla loro capacità e risorse, e anche a prescindere dalla esistenza di servizi di accompagnamento e sostegno. Non a caso, negli anni successivi molte famiglie hanno denunciato la solitudine in cui si sono trovate nel fronteggiare la presenza di un familiare affetto da malattia mentale o disturbi psichici.

3.1. *I minori*

In effetti, il sostegno maggiore vi è stato nei confronti delle famiglie con un bambino portatore di handicap. In questo caso, non solo l'istituzione di un assegno di accompagnamento e l'indennità di invalidità, ma anche l'inserimento scolastico nella scuola dell'obbligo ha contribuito grandemente alla de-istituzionalizzazione dei minori, senza al contempo lasciare sole le famiglie. Anche se al di fuori della scuola non è previsto alcun servizio sistematico e l'iniziativa è lasciata ai gruppi di mutuo aiuto familiare e alla discrezionalità degli interventi locali: centri diurni, laboratori e così via.

La presenza di minori portatori di handicap nelle scuole è rimasta pressoché stabile e con una tendenza alla flessione nella scuola dell'obbligo, la prima ad essere coinvolta nella politica di inserimento, dal 1989-90 al 1999-2000. Viceversa è aumentata sia in termini assoluti che di percentuale sul numero totale degli iscritti sia nella scuola per l'infanzia che soprattutto nella scuola media superiore, segnalando mutamenti negli atteggiamenti sia dei genitori che degli istituti scolastici e degli insegnanti. C'erano 9.294 bambini disabili nella scuola per l'infanzia nel 1989-90, 12.729 nel 1999-2000. Nello stesso periodo, il numero di bambini disabili nella scuola media superiore è passato da 3.071 a 21.330 [Centro nazionale di documentazione e analisi per l'infanzia e l'adolescenza 2002b, 187]. Naturalmente, parte del notevolissimo aumento della frequenza alla scuola media superiore è dovuto al loro precedente inserimento nella scuola dell'obbligo, anche se una quota consistente di minori disabili non completa tutta la scuola dell'obbligo (c'è una differenza di circa 10 mila unità tra i frequentanti la scuola elementare e la media inferiore) e circa la metà di chi ha completato l'obbligo non passa alla scuola media superiore.

I diritti delle persone portatrici di handicap hanno ricevuto un più ampio riconoscimento con la legge quadro sull'handicap del 1992, n. 104. Successive integrazioni hanno offerto un riconoscimento ai loro familiari. La legge n. 53/2000 sui congedi, infatti, ha introdotto la possibilità di prendere periodi di congedo lungo in presenza di un familiare gravemente disabile e non autosufficiente. Un successivo decreto legislativo ha introdotto una indennità pari all'importo della pensione sociale e subordinata ad una prova dei mezzi familiari se il familiare per accudire il quale si chiede il congedo è un figlio/a.

Riguarda sempre i minori, questa volta in situazione di disagio familiare, un'altra misura mirante alla de-istituzionalizzazione: quella tesa (legge del 1983) a incoraggiare l'affidamento familiare dei minori che non sono in stato di adottabilità ma che non possono vivere nella loro famiglia. In questo caso è la famiglia affidataria stessa che viene costituita in servizio sociale, anche se non sempre e non dappertutto riceve a sua volta quei sostegni e quella supervisione che sarebbero necessari a garanzia di tutti i soggetti coinvolti. La legge prevede due forme di affidamento: quello ottenuto attraverso un accordo consensuale, spesso mediato dal lavoro svolto dai servizi sociali, e l'affidamento per ordine del Tribunale dei minori (quando il ragazzo si trovi seriamente a rischio). A differenza dell'adozione, limitata alle sole coppie sposate, possono ricevere un minore in affidamento familiare le famiglie coniugali – costituite legalmente o di fatto –, i singoli e le piccole comunità (in particolare le cosiddette comunità familiari, ove famiglie e singoli liberamente decidono di vivere assieme e condividere risorse e responsabilità). Si apre la strada a una concezione allargata di famiglia e allo stesso tempo si distingue tra istituzionalizzazione, da evitare, e soluzioni alternative alla famiglia intesa in senso stretto. Le famiglie affidatarie ricevono un contributo economico soltanto in quei comuni che sono muniti di un organico sistema di assistenza economica. La legge sull'affidamento, infatti, benché preveda un sostegno economico per le famiglie affidatarie, non indica le fonti di finanziamento, né ha reso obbligatorio per l'ente locale provvedervi.

Non esiste un sistema di monitoraggio sistematico del fenomeno dell'affidamento familiare, sia in termini di bambini affidati, che di tipo di affidamento, che di durata programmata ed effettiva dell'affidamento stesso. Esistono solo, anche importanti, studi locali, dai quali si evince che, nonostante gli intendimenti della legge, gli affidamenti tendono ad avere una durata lunga. Nel 1999 il Centro nazionale di documentazione e analisi per l'infanzia e l'adolescenza ha effettuato una indagine nazionale per stimare l'entità del fenomeno. Da questa indagine risulta che al 30 giugno 1999 si trovavano in affidamento 10.200 minori. Nel 42% dei casi si trattava di affidamenti a terzi, non parenti, mentre nella quota, maggioritaria, rimanente l'affidamento era a parenti. Per entrambi i tipi di affidamento la motivazione principale è data da comportamenti di grave trascuratezza dei genitori.

Parallelamente a questi mutamenti a livello normativo, molti enti locali, specie nel centro-nord, hanno creato, vuoi direttamente vuoi in collaborazione con associazioni non profit o con cooperative sociali, piccole comunità alloggio per sostituire i vecchi istituti e per accogliere i minori, in particolare adolescenti, per i quali è difficile effettuare un affido familiare o che sono in attesa di essere collocati in affido. A differenza degli istituti, queste comunità sono aperte verso l'esterno: i ragazzi frequentano le scuole pubbliche e hanno relativa libertà di movimento. Comunità analoghe sono organizzate anche per persone con handicap psicofisico che non possono stare con la propria famiglia, o per le quali è opportuno creare condizioni di autonomia dalla loro famiglia.

L'affidamento familiare è più diffuso nelle regioni del centro-nord che nelle regioni del sud, dove l'istituzionalizzazione è per lungo tempo rimasta l'unica forma di sostegno offerta alle famiglie non in grado di allevare i figli. Nel 1978, il 48,3% di tutti i ragazzi/bambini in istituto si trovava al sud e nelle isole. Nonostante in valori assoluti il numero dei ragazzi in istituto sia diminuito complessivamente, i valori per il sud e le isole sono passati dal 52% nel 1983 al 64% nel 1990 (su un numero totale di 27.772). Si trattava per lo più – circa nel 90% dei casi – di strutture private (religiose, Ipab, ecc.), che funzionano con qualche tipo di convenzione. Dai primi anni Novanta, comunque, si è assistito a una inversione del trend verso la de-istituzionalizzazione. È infatti di nuovo in aumento il numero dei minori in istituto: 36.515 nel 1994, scesi a 28.090 nel 1999. Tale aumento riguarda soprattutto i minori extracomunitari privi di famiglia, sorpresi a mendicare o coinvolti in qualche attività illegale. Se non sono legalmente residenti in Italia, infatti, e la loro famiglia non viene rintracciata nel paese di origine, i minori extracomunitari non possono essere né adottati, né dati in affidamento.

Nel 1999 erano ospitati in un istituto 3.420 minori stranieri, pari al 12,2% di tutti i minori ospitati [Istat 2001a]. Le strutture di ospitalità (in gergo, presidi assistenziali) sono in prevalenza di due tipi: comunità educative (39%), che ospitano un numero ridotto di ragazzi preadolescenti e adolescenti, seguiti da educatori professionali, e istituti per minori (33%), che hanno una capienza più ampia e raccolgono la quota maggiore di minori (10.000 nel 1999). Un terzo tipo di struttura sono le case famiglia, o comunità familiari (15%), caratterizzate da un modello di convivenza di tipo familiare, con due educatori che rivestono il ruolo di figure genitoriali. Le comunità educative e le case famiglia sono prevalenti al centro e al nord, gli istituti sono pressoché concentrati nel Mezzogiorno.

Nel corso del 1999 11 mila 160 minori sono stati dimessi da queste strutture, poco più della metà (58,2%) per rientrare nella famiglia d'origine o comunque presso parenti. Nell'8% sono stati collocati in affidamento familiare, il 5% è stato collocato in adozione. Gli altri sono stati trasferiti ad altre strutture [Istat 2001a, 311-313].

Le modifiche recenti (l. n. 149/2001) alla normativa per l'adozione e l'affidamento dovrebbe favorire l'inserimento in altre famiglie dei minori che non possono tornare nella propria famiglia d'origine. Tuttavia non ci si può nascondere che i bambini gravemente disabili, inclusi quelli malati di Aids, sono le categorie a più alto rischio di istituzionalizzazione se per qualche motivo abbandonati o tolti alla famiglia di origine. Ed anche i minori con una lunga storia di istituzionalizzazione o di affidamenti «falliti» alle spalle non trovano facilmente una famiglia. Per questi bambini le comunità e le case famiglia rimarranno l'unica alternativa anche quando gli istituti per i minori verranno definitivamente chiusi (data prevista: 31 dicembre 2006).

Non tutti i bambini che vivono in un istituto o in una comunità o sono in affidamento familiare sono adottabili. Anzi, il numero dei minori adottabili è andato diminuendo dagli anni Settanta per stabilizzarsi negli anni Novanta in poco più di un migliaio all'anno: erano 1.231 nel 1993, 1.246 nel 1999. Questa contrazione dei bambini adottabili è, naturalmente, un fenomeno positivo, in quanto deriva sia da un più efficace uso degli strumenti contraccettivi nel caso non si voglia o possa avere un figlio, sia da cambiamenti culturali più accoglienti nei confronti di bambini nati fuori dal matrimonio. In altri termini, ci sono meno bambini abbandonati. A fronte di questa contrazione dei bambini

TAB. 4.4. *Minori in stato di adottabilità, domande e decreti di adozione. Italia. Anni 1993-1999*

	1993	1994	1995	1996	1997	1998	1999
Minori in stato di adottabilità	1.231	1.051	1.148	1.359	1.440	1.278	1.246
Domande di adozione nazionale	7.631	7.669	7.715	8.425	8.530	9.484	10.102
Domande di adozione internazionale	6.329	6.007	5.849	5.768	6.217	6.926	7.352
Decreti di adozione nazionale	776	751	784	811	926	1.006	1.020
Decreti di adozione internazionale	1.696	1.712	2.161	2.649	2.019	2.193	2.177
Decreti di adozione nazionale per 100 domande di adozione nazionale	10,2	9,8	10,2	9,6	10,9	10,6	10,1
Decreti di adozione internazionale per 100 domande di adozione internaz.	26,8	28,5	36,9	45,9	32,5	31,7	29,6

Fonte: Centro nazionale di documentazione e analisi per l'infanzia e l'adolescenza (su dati del ministero della Giustizia) [2001, 25, tab. 1.9].

adottabili la «domanda di adozione» non è diminuita ed è anzi aumentata: non tanto perché siano aumentati i fenomeni di sterilità, quanto perché questa è meno accettata. Accanto a questo, da quando la legge lo ha reso possibile, si è anche sviluppata una disponibilità all'adozione di tipo «solidaristico», anche in presenza di figli «propri». Ciò ha portato alla forte crescita delle adozioni internazionali (cfr. tab. 4.4), per diversi anni in una situazione di scarsa regolamentazione, fino alla legge n. 476/1998 che ha recepito e dato attuazione anche in Italia alla Convenzione dell'Aia del 29 maggio 1993, intesa a fornire maggiori garanzie al minore e alla sua famiglia di origine.

3.2. *Gli anziani non autosufficienti*

Secondo i dati dell'ultima Indagine Istat sulla salute le persone che hanno bisogno di assistenza in seguito a problemi di salute sono 3,9 milioni. Di questi una persona su due necessita di un aiuto impegnativo e continuativo. Gli anziani ne sono la quota più consistente: il 62% ha più di 65 anni.

All'aumento del rischio di disabilità connesso all'età molto avanzata[4] ha fatto fronte un contenuto aumento del fenomeno della istituzionalizzazione. Nel 1992 le persone anziane non autosufficienti ricoverate in un presidio residenziale socio-assistenziale erano 87.292, di cui 65.699 donne. Sette anni dopo, nel 1999, erano 139.979, di cui 108.095 donne, con un aumento del 60% [Buratta e Crialesi 2002; Istat 2001a]. Molto più contenuto è stato l'aumento (da 80.921 a 94.015, sempre in maggioranza donne) del numero di anziani autosufficienti ospiti di queste strutture. Ciò segnala come la soluzione istituzionale sia sempre meno considerata la migliore per chi si trova solo e teme la propria fragilità, pur essendo ancora autonomo.

Stante l'aumento del bisogno, e della domanda, i presidi assistenziali che accolgono anziani hanno conosciuto un notevole sviluppo negli ultimi anni. Il 33% di tutti questi presidi è costituito da «residenze assistenziali per anziani». Esse si rivolgono prevalentemente a persone autosufficienti e accolgono quasi 96 mila anziani. Il 20% dei presidi è invece costituito da «residenze socio-sanitarie per anziani», a maggiore carattere sanitario, destinate ad anziani non autosufficienti (e a disabili psichici o sensoriali di età inferiore ai 65 anni). Altre strutture che possono accogliere gli anziani sono le «comunità familiari» – piccole convivenze basate sul modello relazionale di una famiglia, per lo più

[4] Un indicatore di questo fenomeno è la crescita esponenziale che hanno conosciuto le indennità di accompagnamento pagate per anziani ultrasettantenni gravemente non autosufficienti. Nel 1996 su 7.850 miliardi di lire pagate in indennità di accompagnamento, 5.530 erano destinate ad anziani ultrasessantacinquenni. A partire dal 1997, in particolare con il Rapporto della Commissione Onofri sulla riforma della spesa pubblica e dello stato sociale, si è iniziato a discutere della possibilità di introdurre anche in Italia una assicurazione per i bisogni di cura in età anziana, in analogia a quelle tedesca e austriaca. Ma al momento in cui scriviamo nessun progetto in questo senso è ancora giunto in Parlamento.

per persone autosufficienti – e le «comunità socio-riabilitative», per persone parzialmente autosufficienti che vi ricevono prestazioni sanitarie da parte di personale specializzato orientate soprattutto al recupero delle abilità psicomotorie. Queste ultime sono per lo più strutture di transizione, tra un ricovero ospedaliero e il ritorno in famiglia o l'accoglienza in un'altra struttura. Infine vi sono le «comunità alloggio», ove un numero limitato di ospiti, di norma autosufficienti, organizza autonomamente la propria vita quotidiana anche appoggiandosi ai servizi socio-assistenziali territoriali.

Il semplice confronto tra il numero di persone, in particolare anziani, che hanno bisogno di assistenza per motivi di salute e di disabilità e il numero delle persone ospitate in strutture indica come l'istituzionalizzazione rimanga un fenomeno contenuto nel nostro paese. Di più, la forte prevalenza di donne, per lo più vedove, e di uomini e donne celibi e nubili tra gli ospiti, segnalano come il ricorso a una struttura riguardi non tanto o solo chi ha un grado di non autosufficienza troppo grave per essere fronteggiato in casa, ma coloro che sono rimasti senza familiari, in particolare un coniuge, in grado di accudirli. Circa il 60% degli anziani residenti in case di riposo si trova in condizioni di grave carenza di risorse familiari. Questa percentuale aumenta nelle età anziane più giovani, segnalando appunto come sia la assenza di parenti prossimi a motivare istituzionalizzazioni precoci. Viceversa gli anziani in istituto che hanno parenti prossimi (coniuge e/o figli) sono più anziani, suggerendo appunto che l'istituzionalizzazione derivi da un aggravarsi delle loro condizioni di salute al di là delle possibilità della famiglia di farvi fronte da sola [Castiglioni 2002]. E neppure tutti questi casi si ritrovano in istituto, stante la carenza di posti e le lunghe liste di attesa. In effetti, il contenimento del fenomeno della istituzionalizzazione sembra più dovuto alla capacità, più o meno obbligata, della famiglia di residenza e della rete familiare a fare fronte da sola ai bisogni di cura, che non alla esistenza di diffusi servizi di assistenza domiciliare, di servizi di sollievo e così via: che aiutino sia le persone non totalmente autosufficienti a rimanere nel proprio domicilio, sia le loro reti familiari a sostenerli in questo obiettivo. Abbiamo già segnalato, nel capitolo primo, come le famiglie e gli individui bisognosi di assistenza in oltre la metà dei casi non ne ricevano salvo che da se stesse (ovvero, nella maggior parte dei casi dal coniuge) e quando la ricevono essa proviene prevalentemente dalla rete parentale. Solo il 20% dell'assistenza ricevuta da queste persone e famiglie deriva da prestazioni vuoi di mercato, vuoi dei servizi pubblici (inclusi quelli in convenzione) o anche dal volontariato. La tabella 4.5 offre una visione di insieme della situazione sulla base dei dati della Indagine Multiscopo dell'Istat su «famiglie, soggetti sociali e condizioni dell'infanzia» del 1998. Complessivamente solo una quota minoritaria di famiglie in cui vi è una persona non autosufficiente ha usufruito di prestazioni socio-assistenziali erogate dal comune di residenza: circa 238.000 famiglie, pari al 7,6%. Quote di utilizzo più elevate si trovano nelle situazioni più problematiche e tra chi vive da solo [Buratta e Crialesi 2002].

La necessità di soluzioni più adeguate a questo tipo di bisogni – di cura, di domiciliarietà, di sostegno alle reti familiari – è stata recepita, in consonanza con gli orientamenti oggi prevalenti a livello internazionale [si veda ad esempio Oecd 1994; Leseman e Martin 1993], sul piano legislativo prima ancora della legge n. 328/2000, che la ha ribadita. In particolare si è affermata l'esigenza di integrare le prestazioni sanitarie con quelle sociali e di rafforzare tutti quegli interventi e servizi che consentano anche alle persone non autosufficienti di rimanere il più a lungo possibile nel proprio ambiente. L'assistenza domiciliare integrata (Adi), ad esempio, affianca alle prestazioni terapeutiche quelle di tipo sociale (relative a bisogni alimentari, di cura della persona e della abitazione e relazionali). E in alcuni comuni sono sperimentate forme sostitutive del ricovero ospedaliero, con il servizio di «ospedalizzazione a domicilio», sia per ridurre i tempi di ricovero sia per evitarlo del tutto, per prevenire le forme di degenerazione e confusione psichica che spesso si accompagnano a questi ricoveri in età anziana. Come è intuibile, questi servizi alternativi che si rivolgono anche alle persone non anziane con gravi disabilità,

TAB. 4.5. *Famiglie con problemi di assistenza per sostegno ricevuto e per tipo di famiglia: tassi di utilizzo dei servizi. 1998*[a]

	Sostegno	Aiuto familiare	Assistenza sanitaria	Ass. non sanitaria	Servizi pubblici	Servizi privati	Assistenza economica
			Persone sole				
Con problemi gravi	64,5	50,5	8,1	8,9	13,8	27,7	3,3
Con problemi non gravi	49,7	37,2	4,3	2,8	6,8	17,1	1,3
Totale fam. con problemi	55,5	42,4	5,8	5,2	9,5	21,2	2,1
			Insieme di parenti				
Con problemi gravi	42,4	30,4	5,6	3,9	9,4	20,3	4,0
Con problemi non gravi	29,1	15,6	2,4	2,2	4,6	11,1	0,0
Totale fam. con problemi	36,6	24,0	4,2	3,1	7,3	16,3	2,3
			Coppie senza figli				
Con problemi gravi	35,4	22,1	4,8	5,6	9,3	13,1	2,4
Con problemi non gravi	23,6	15,4	1,1	1,2	2,1	8,0	1,7
Totale fam. con problemi	29,0	18,4	2,8	3,2	5,4	10,3	2,0
			Coppie con figli				
Con problemi gravi	36,0	21,5	3,9	9,4	10,8	9,1	7,9
Con problemi non gravi	19,1	10,9	0,9	1,9	2,7	7,3	1,0
Totale fam. con problemi	27,5	16,2	2,4	5,6	6,7	8,2	4,4
			Monogenitore				
Con problemi gravi	41,9	26,3	5,9	7,4	11,4	13,8	2,8
Con problemi non gravi	32,7	16,5	3,3	2,1	5,4	11,0	4,7
Totale fam. con problemi	37,8	22,0	4,8	5,1	8,8	12,6	3,6
			Famiglie con due o più nuclei				
Con problemi gravi	17,2	8,9	7,2	3,4	8,8	6,9	1,6
Con problemi non gravi	26,1	21,8	–	18,3	18,3	0,0	10,8
Totale fam. con problemi	20,7	13,9	4,4	9,2	12,5	4,2	5,2
			Totale famiglie con problemi di assistenza				
Con problemi gravi	43,3	29,4	5,6	7,6	11,1	15,7	4,4
Con problemi non gravi	32,2	21,7	2,4	2,4	4,5	11,1	1,7
Totale fam. con problemi	37,4	25,3	3,9	4,8	7,6	13,3	3,0

[a] Include anche famiglie senza anziani.

Fonte: Adattato da Buratta e Crialesi [2002, tab. 7].

spesso richiedono la presenza vuoi di familiari conviventi, vuoi di una rete parentale attiva, che li integri e insieme ne tenga la regia. In alcuni comuni, spesso in convenzione o collaborazione con associazioni di volontariato, la rete parentale è sostituita o integrata dall'intervento di volontari, inclusi quelli che fanno parte di associazioni di anziani.

Come osservano Buratta e Crialesi [2002], l'attuazione di questi nuovi principi normativi è ancora lontana dall'essere pienamente realizzata ed esistono forti variabilità non solo sul piano macro-territoriale (con una minore diffusione dei servizi di assistenza domiciliare nel Mezzogiorno), ma anche da una Asl e da un comune all'altro. Ad esempio, mentre nel centro-nord sono assistite a domicilio 573 persone ogni 100 mila abitanti, nel Mezzogiorno lo sono appena 61. Anche il numero di posti disponibili in strutture residenziali in rapporto alla popolazione residente varia moltissimo a livello territoriale. Nel 1998 c'erano al nord circa 320 posti letto ogni 100 mila residenti; al centro ce ne erano 135 e nel Mezzogiorno 31. Dello stesso segno è il tasso di utilizzo, che è un indicatore di efficienza: è stato di circa l'80% al nord, del 63% nel centro e del 48% nel Mezzogiorno [Istat 2001a, 330]. Ovvero, dove ci sono meno posti essi sono anche tenuti più spesso inutilizzati. Allo stesso tempo al nord gli utenti in lista d'attesa sono 4 volte quelli del Mezzogiorno; ma la situazione più grave si riscontra nel centro. In generale al nord l'offerta è più diversificata e più numerosa, pur incontrandosi con una domanda pure più elevata, stante l'invecchiamento della popolazione e l'alto tasso sia di nuclearizzazione della famiglia che di occupazione femminile in quelle regioni. Nel Mezzogiorno l'alternativa secca sembra essere tra istituzionalizzazione e totale presa in carico della famiglia, stante l'esiguità degli interventi domiciliari o anche semi-residenziali e di sollievo. La situazione del centro appare in qualche modo intermedia [*ibidem*].

Il costo di questi servizi induce frequentemente i comuni e le Asl a «razionarli», introducendo criteri per accedervi legati non solo alla gravità di disabilità, ma anche di mancanza di reti familiari e di reddito. Di conseguenza, una quota rilevante di bisogno rimane, come abbiamo visto, del tutto scoperta ed affidata alle risorse familiari, sia in termini di prestazione diretta sia in termini di acquisizione di servizi privati. Sulla base dei dati dell'Indagine Multiscopo dell'Istat su «famiglie, soggetti sociali e condizioni dell'infanzia» del 1998, Buratta e Crialesi hanno stimato che il 13,3% di famiglie con problemi di assistenza legati a condizione di salute o disabilità ha fatto ricorso quell'anno a servizi privati. Il mercato, formale e informale, dei servizi privati per gli anziani fragili o non autosufficienti si è in effetti sviluppato in modo tumultuoso negli ultimi anni. E mentre il mercato formale (con le varie residenze per anziani, anche in coppia) si è rivolto prevalentemente al segmento «alto» in termini di reddito e più auto-sufficiente, quello informale, costituito sia da istituti di cui periodicamente vengono denunciati i quotidiani orrori e squallore, sia in misura crescente dalla cura a domicilio da parte di personale domestico immigrato, si rivolge a tutti i segmenti. Sempre Buratta e Crialesi stimano che nel 1998 in circa 200.000 famiglie l'assistenza agli anziani e alle persone non autosufficienti sia stata affidata ad una «moltitudine di individui, non raramente privi della formazione professionale specifica; una quota rilevante di questi sono straniere immigrate, scarsamente o per nulla tutelate nei loro diritti» [Buratta e Crialesi 2002, 303]. La nuova legge sull'immigrazione, la cosiddetta Bossi-Fini, approvata nel 2002, ne ha preso atto dando veste istituzionale alla figura delle, o dei, «badanti»: termine non felice che svaluta come puramente custodialistico un lavoro ad alto contenuto non solo materiale, ma relazionale.

4. *Il servizio sanitario come strumento di redistribuzione alle famiglie*

Insieme alla scuola, il servizio sanitario costituisce uno dei meccanismi redistributivi più importanti a favore delle famiglie, nella misura in cui esso copre non solo il contribuente individuale, ma anche i familiari che da lui/lei dipendono economicamente. È una caratteristica comune a tutti i sistemi sanitari odierni, di qualsiasi tipo siano, e che può essere ritrovata già nelle prime forme di copertura previdenziale delle cure mediche per i lavoratori.

Con la riforma del sistema sanitario e l'istituzione del servizio sanitario nazionale nel 1978 si introduce per la prima volta nel sistema di welfare italiano una forma di protezione sanitaria universale. In precedenza vi era un sistema variegato di mutue che, nonostante fosse obbligatorio per tutti i lavoratori dipendenti, si presentava frammentato e con forti disparità di trattamento a seconda del settore produttivo, della categoria occupazionale e talvolta dell'azienda alla quale si apparteneva [Ferrera e Zincone 1986]. Tale regime mutualistico era nato con l'obiettivo di coprire i lavoratori piuttosto che i cittadini; anche se alla metà degli anni Settanta tale regime arrivava a un grado di copertura pari al 93% della popolazione italiana. Se la titolarità dell'assistenza sanitaria si acquisiva, infatti, soltanto in quanto lavoratore, l'accesso era garantito anche a tutti coloro che si trovavano a essere legalmente dipendenti come familiari dal lavoratore stesso. Le mogli e i figli dei lavoratori erano pertanto coperti in caso di malattia, così come lo erano in certe circostanze i genitori e i suoceri, ovvero i familiari rispetto ai quali il lavoratore era tenuto agli alimenti. Tuttavia, i disoccupati che avevano perso la titolarità al sussidio, e i loro familiari a carico, i familiari di un assicurato che non risultavano a carico di questi ma che non erano coperti in proprio – tutte queste persone non avevano diritto ad alcuna forma di assistenza sanitaria. Inoltre, non tutti gli assicurati godevano di uguali diritti: i lavoratori autonomi non avevano diritto al medico di famiglia o a medicine gratuite; mentre alcune casse mutue fornivano direttamente l'assistenza sanitaria agli assicurati, altre richiedevano che l'assicurato vi provvedesse autonomamente e richiedesse successivamente alla cassa mutua il rimborso. La frammentazione del sistema mutualistico aveva quale conseguenza insieme una ridondanza di servizi e una rigida separazione tra diversi livelli di servizio. Allo stesso tempo prestava una scarsa attenzione alla medicina preventiva.

Nei decenni precedenti alla riforma, l'alto grado di copertura sanitaria, anche se frammentata, associato a un complessivo miglioramento delle condizioni igieniche e di vita, alla diffusione degli impianti di acqua potabile e dei servizi igienici interni all'abitazione, così come il miglioramento della dieta alimentare, contribuì a un miglioramento delle condizioni di salute della popolazione e alla lotta contro alcune malattie che a lungo avevano avuto caratteristiche endemiche, quale ad esempio la tubercolosi. I servizi di medicina preventiva per le donne incinte e per i bambini istituiti dall'Onmi furono ulteriormente sviluppati nel corso degli anni Cinquanta e Settanta e rimasero a lungo la sola forma di prevenzione sanitaria in Italia. Molte donne, in particolare quelle appartenenti alle classi più svantaggiate, ricevettero in tali strutture consigli e aiuto (come, ad esempio, latte in polvere per coloro che non potevano allattare), nonché un controllo sullo stato di salute dei figli. Anche la pratica crescente di partorire in ospedale invece che a casa, sviluppatasi dapprima negli anni Trenta e divenuta la norma negli anni Cinquanta, contribuiva a migliorare la salute delle madri e dei figli, nonostante che, secondo i risultati di alcune ricerche, alcuni centri ospedalieri fossero in condizioni ancora lungi dall'essere adeguate e spesso non fossero in grado di affrontare il caso di un parto difficile o quello di un neonato con gravi problemi [Pinnelli 1989; Montanari, Di Renzo e Rossi 1979].

La mortalità infantile nel nostro paese, ancora abbastanza elevata nel corso della prima metà del secolo e ancora sopra il 40‰ all'inizio del 1960, si attestava intorno al 28‰ all'inizio degli anni Settanta, scendendo sotto il 10‰ solo alla fine degli anni Ottanta. L'obbligo delle vaccinazioni contro la difterite, la poliomielite, la pertosse, contribuì enormemente a ridurre il tasso di mortalità infantile e ad aumentare le possibilità di sopravvivenza durante il primo anno di vita dei bambini. Queste malattie, insieme con quelle intestinali (epatiti, gastroenteriti, ecc.) nel 1960 erano ancora responsabili di una quota della mortalità dei bambini tra gli 0 e i 14 anni oscillante tra il 14% e il 23%, a seconda della fascia di età. Nel 1970 tale quota era scesa all'8-14%.

La creazione del sistema sanitario nazionale nel 1978 rese la protezione sanitaria un diritto sociale universalistico, spettante a ogni cittadino italiano e a ogni persona legalmente residente nel paese, da finanziarsi attraverso il sistema della fiscalità generale.

Con la riforma del 1978 furono organizzati anche servizi di natura preventiva; i consultori familiari, che erano stati istituiti nel 1977 in risposta alle richieste femministe avanzate soprattutto nel campo della salute delle donne e della riproduzione, divennero parte del sistema sanitario di base. I consultori familiari forniscono informazioni e consigli sulla contraccezione, sulla cura neonatale, prestazioni ginecologiche di base, inclusi alcuni esami e analisi per la cura e la prevenzione dei tumori femminili. Facendo parte del servizio di base, le visite effettuate nel consultorio sono gratuite, a differenza di quanto di norma avviene per le visite specialistiche. I consultori forniscono anche le certificazioni necessarie in caso di aborto.

I servizi sanitari, incluso il medico di famiglia, gli specialisti, gli esami di laboratorio, le ricette per farmaci, le cure ospedaliere, con la riforma del 1978 furono considerati in linea di principio servizi gratuiti. Annualmente il finanziamento proveniente dal fondo sanitario nazionale viene distribuito tra le diverse regioni sulla base di indicatori di tipo demografico, e le regioni sono responsabili dell'amministrazione dei finanziamenti. Eventuali deficit regionali di budget vengono coperti con finanziamenti statali.

A partire dalla metà degli anni Ottanta, tuttavia, nel sistema sanitario pubblico sono stati progressivamente introdotti i ticket sanitari: per i medicinali, per le visite specialistiche, per gli esami di laboratorio. Soltanto la visita dal medico di base e il ricovero ospedaliero, inclusa l'assistenza per il parto, nonché in caso di aborto, sono attualmente totalmente esentati dal pagamento di ticket, anche se non dappertutto. Va tuttavia segnalato che gli esami necessari durante il periodo di gravidanza, definiti da un apposito protocollo, sono totalmente gratuiti a prescindere dal reddito della donna.

Nel corso degli anni sono stati usati criteri assai differenziati al fine di definire le categorie di persone che avrebbero dovuto essere totalmente esentate dai pagamenti richiesti per le prestazioni sanitarie. Prima dell'approvazione della legge finanziaria per il 1994 (approvata nel 1993) le categorie esentate dal pagamento delle prestazioni venivano definite sulla base del solo criterio del reddito e soltanto i poveri, ossia coloro che ricevevano forme di assistenza economica dai comuni o fruivano della pensione minima e sociale, erano considerati completamente esenti. La legge finanziaria del 1994 introdusse un triplo criterio: la gravità delle condizioni di malattia, il reddito e l'età. Farmaci ed esami di laboratorio necessari in caso di malattie croniche, nonché tutti quelli considerati «salva vita» erano, e sono, completamente gratuiti, mentre i medicinali e gli esami che avevano un importante impatto curativo senza però poter essere considerati «salva vita» erano gratuiti solo per i ragazzi al di sotto dei 10 anni e gli anziani al di sopra dei 65, nonché per coloro che si trovassero in condizione di povertà. Per la prima volta, pertanto, una particolare attenzione veniva prestata a una diversa esposizione ai rischi di malattie dovuta all'età e alle condizioni di salute individuale, riconoscendo così implicitamente il costo dei figli per i genitori, oltre che la maggiore vulnerabilità fisica degli anziani. Tale soluzione fu in gran parte modificata con la legge finanziaria del 1995, quando l'età massima per l'esenzione dei bambini fu fissata a 6 anni e una soglia limite di reddito familiare fu introdotta sia per i bambini che per gli anziani. La soglia di reddito prevista (70 milioni annui), tuttavia, non era commisurata all'ampiezza della famiglia. Pertanto, e paradossalmente, due bambini sotto i 6 anni appartenenti a un nucleo familiare di 4 persone il cui reddito annuale ammontasse a 71 milioni non erano esentati dal pagamento dei ticket, mentre lo era un anziano sopra i 65 anni che vive da solo e il cui reddito annuale ammonti a 70 milioni.

Per ovviare alle iniquità prodotte dal mancato riferimento all'ampiezza della famiglia, ma anche per tenere conto più compiutamente delle risorse disponibili alle famiglie, nel 1999 venne studiato uno strumento, detto sanitometro analogo all'Ise (ma con un meccanismo in parte diverso). La sperimentazione di questo strumento venne tuttavia progressivamente rimandata fino a che, con la finanziaria del

2001, i ticket sui medicinali vennero eliminati. Negli ultimi anni, tuttavia, molte regioni, per contenere il deficit del bilancio sanitario, hanno introdotto ticket su varie prestazioni, inclusi i ricoveri ospedalieri. E quando stabiliscono un qualche tipo di esenzione sulla base del reddito (e dell'età, per lo più limitatamente a quella anziana) non utilizzano alcuna scala di equivalenza.

Nel paragrafo sui consumi del capitolo terzo abbiamo evidenziato come una quota del costo delle cure sanitarie sia stata ri-spostata a carico delle famiglie. Nel 1999, il 68,3% delle famiglie italiane ha effettuato almeno una spesa per beni e servizi sanitari, con un costo medio mensile effettivo di 251 mila lire. La spesa più frequente ha riguardato i medicinali. Ma la spesa più onerosa riguarda la cura dei denti, che di fatto non è coperta dal sistema sanitario pubblico ed è anche scarsamente, o per nulla, coperta dalle assicurazioni private. Il numero di famiglie che effettua spese sanitarie aumenta con l'età della persona di riferimento; ma il valore della spesa è più alto nelle famiglie con persona di riferimento nelle età centrali, che di norma hanno una disponibilità di reddito maggiore. In altri termini, i più anziani hanno più bisogno di prestazioni sanitarie, ma possono ricorrere meno al mercato privato (oltre a rientrare più spesso tra gli esentati dal contributo al sistema pubblico). Per quanto riguarda le famiglie con figli, come per altri tipi di spesa si nota che questa cresce fino a due figli, poi diminuisce [Istat 2001a, 277-279]. Come si è detto, ciò non dipende, ovviamente, da alcuna economia di scala ma solo dal fatto che le famiglie con tre figli, concentrate nel Mezzogiorno, vedono anche una forte concentrazione di povertà. Segnaliamo a questo proposito che, secondo i dati dell'Indagine Multiscopo del 2000 su «aspetti della vita quotidiana», il 7,4% delle famiglie italiane ha dichiarato di aver avuto difficoltà ad affrontare le spese mediche quell'anno. Tra di esse sono sovra-rappresentate le famiglie numerose.

L'analisi delle principali prestazioni erogate dalle Asl conferma il persistere di significative differenze regionali (cfr. tab. 4.6): le attività ambulatoriali sono di gran lunga superiori nel Mezzogiorno, con un peso preponderante del-

TAB. 4.6. *Principali attività di assistenza erogate dalle Asl per ripartizione geografica e tipo di assistenza. Anni 1997 e 1998*

Anni	Ripartizioni geografiche				
	Nord-ovest	Nord-est	Centro	Mezzogiorno	Italia
			Ambulatori e laboratori		
1997	7,9	6,4	13,6	16,2	11,7
1998	8,8	6,6	13,2	17,4	12,4
			Consultori materno-infantili		
1997	6,0	4,7	5,1	2,1	4,2
1998	6,3	6,0	4,9	2,4	4,6
			Attività per disabili fisici e psichici		
1997	2,3	2,7	2,5	0,6	1,8
1998	3,0	5,2	3,2	0,7	2,6
			Attività per anziani		
1997	2,9	3,1	2,3	0,1	1,8
1998	4,5	5,5	2,8	0,1	2,8

Fonte: Istat [2001, 301, tab. 6.9] (elaborazioni Istat su dati del ministero della Sanità).

le strutture private (in convenzione). Nelle stesse regioni sono invece inferiori gli altri tipi di prestazione, incluse quelle proprie dei consultori materno-infantili, nonostante i tassi di fecondità in queste regioni siano nettamente più alti che nelle restanti. La situazione da questo punto di vista non appare molto diversa da quella rilevata nel 1990 dal Censis [1990], che aveva stimato che il 43% di tutti i consultori familiari pubblici fosse collocato nelle regioni settentrionali, il 36% in quelle del centro e solo il 19% nel Mezzogiorno.

Una delle conseguenze della scarsa disponibilità di servizi materno-infantili è che proprio al sud il livello di istruzione della madre sembra avere un'influenza positiva più limitata che nel centro-nord sul tasso di mortalità infantile. Infatti, nonostante anche nelle regioni meridionali il tasso di mortalità infantile sia più basso tra le madri con un livello di istruzione superiore, esso almeno fino alla fine degli

TAB. 4.7. *Mortalità infantile per regione e livello di istruzione delle madri alla fine degli anni Ottanta*

Regione	Università	Scuola superiore	Scuola media	Elementari	Totale
Nord	4,3	6,8	8,3	11,0	7,9
Centro	8,6	7,2	10,6	12,3	9,4
Sud	9,6	8,6	9,9	14,7	10,9
Italia	7,1	7,6	9,4	13,8	9,5

Fonte: Consiglio Sanitario nazionale, *Relazione sullo stato sanitario del paese*, 1990-1991, tabelle 1-15.

anni Ottanta è rimasto complessivamente superiore a quello medio delle altre regioni (v. tab. 4.7). Anche al centro, comunque, un neonato nato da una madre con laurea universitaria aveva il doppio di probabilità di morire subito dopo la nascita che al nord, evidenziando così che i fattori che contano riguardano non soltanto il livello di istruzione e la disponibilità di servizi sanitari, ma anche un approccio culturale diverso nei confronti della prevenzione. Al tempo stesso, però, il livello di istruzione della madre si dimostra essere una variabile cruciale durante il primo anno di vita del bambino. Sotto questo profilo, l'estensione nel 1962 dell'obbligo scolastico fino all'età di 14 anni appare una misura di prevenzione sanitaria fondamentale sia per la madre che per il bambino. La crescita del livello di istruzione femminile iniziata negli anni Settanta, pertanto, dovrebbe contribuire a ridurre il tasso di mortalità infantile, ma anche ad aumentare il divario esistente tra i figli delle donne più istruite e quelli delle donne meno istruite.

Dal 1960 al 1991 la mortalità infantile è passata dal 42,3 ogni 1.000 nati a 8,3. Nel 1997 era di 5,5: perfettamente nella media europea, anche se più alta della Spagna e della Germania. Nonostante la maggiore diminuzione, in termini relativi, sia avvenuta nelle regioni meridionali che hanno ridotto lo scarto con quelle centro-settentrionali, le prime hanno un tasso di mortalità infantile superiore di un punto percentuale alla media nazionale e di quasi tre a quello del nord-est, che oggi, a 3,8, è il più basso in Italia [Centro nazionale di documentazione e analisi per l'infanzia e l'ado-

TAB. 4.8. *Principali cause di morte naturale nella classe d'età 0-14 e tassi di morbilità (per 100 mila abitanti della stessa età) per ripartizione territoriale. 1991-1997*

Cause di morte	A più alta mortalità	A più bassa mortalità
Condizioni morbose di origine perinatale	Italia meridionale (29,9)	Italia nord-orientale (17,0)
Malformazioni congenite	Italia insulare (16,1)	Italia nord-orientale (10,4)
Tumori	Italia centrale (5,7)	Italia nord-orientale (4,4)
Malattie del sistema circolatorio	Italia centrale (3,3)	Italia meridionale e insulare (2,8)
Malattie del sistema nervoso	Italia meridionale (2,8)	Italia centrale (2,2)
Malattie dell'apparato respiratorio	Italia insulare (2,5)	Italia nord-orientale e centrale (1,4)

Fonte: Centro nazionale di documentazione e analisi per l'infanzia e l'adolescenza [2001, 168, tab. 6.3].

lescenza 2002b]. Quasi un quarto di tutte le morti entro l'anno di vita sono avvenute in due regioni meridionali, Campania e Sicilia [Centro nazionale di documentazione e analisi per l'infanzia e l'adolescenza 2001, 164-165].

Rimangono, inoltre, importanti differenze territoriali nelle cause di morte «naturale» per tutte le età fino ai 14 anni (cfr. tab. 4.8), di nuovo segnalando come la combinazione di stili di vita, risorse familiari e carenze nella offerta di servizi sanitari disegni disuguaglianze tra i bambini rispetto alle stesse chances di sopravvivenza, contrastando due Italie – quella nord-orientale e quella meridionale, in cui alla fine degli anni Novanta si polarizzavano rispettivamente il vantaggio e lo svantaggio, mentre quella centrale e soprattutto nord-occidentale si trovavano in una situazione intermedia.

Come avviene in tutti i paesi industrializzati, il livello di istruzione rappresenta un ottimo fattore predittivo di molti indici che misurano il benessere della persona, sia esso misurato in termini di aspettativa media di vita che di probabilità di vivere in salute, quando non addirittura di uso di servizi sanitari pubblici e privati [Costa e Faggiano 1994]. Numerosi studi hanno dimostrato che le persone e le famiglie con un livello di istruzione superiore fanno un uso più frequente dei servizi sanitari privati, di quelli più specializzati e di quelli più costosi [Irer-Lombardia 1988; Tosi 1988]. Dato che il nostro sistema sanitario pubblico non copre tutte le prestazioni sanitarie, o le copre solo inadeguatamente, come, ad esempio, nel caso delle cure dentarie, la possibilità di ricorrere all'uso combinato di servizio pubblico e servizio privato costituisce un'opportunità insostituibile per la prevenzione e la diagnosi precoce di malattie.

5. *Le facilitazioni per l'accesso all'abitazione: la cenerentola delle politiche sociali*

Più del 70% delle famiglie italiane vive in un'abitazione di proprietà. La percentuale è più alta nelle aree rurali e nelle piccole città che nelle grandi città. La proprietà della casa è incentivata sia attraverso sgravi fiscali concessi per l'acquisto della prima casa, detrazioni fiscali per la casa di proprietà usata come abitazione principale, sia attraverso la concessione di mutui agevolati ad alcune categorie di persone, come i dipendenti pubblici o, in talune regioni, le famiglie giovani. La legge n. 457 del 1978, che regola il finanziamento dell'edilizia pubblica, stipula anche una serie di misure finanziarie e fiscali a favore di cooperative edilizie e di istituzioni pubbliche che costruiscono, comprano o ristrutturano case da vendere alle famiglie con reddito medio-basso. In un mercato della casa asfittico, con un'offerta di edilizia pubblica ridotta, l'acquisto della casa, per altro, è spesso l'unico modo per avere accesso a un'abitazione. Di conseguenza, le famiglie possono esser costrette a indebitarsi pesantemente e per un lungo periodo di tempo al fine di pagare un mutuo [Garonna 1984]. Il fenomeno dell'indebitamento divenne particolarmente serio nel corso degli anni Ottanta, quando il costo degli interessi pagati sui mutui si alzò bruscamente: negli anni Sessanta, l'interesse medio si attestava tra il 4% e il 6%, mentre nella prima metà degli anni Novanta ha toccato il 13-14% per riassestarsi attorno al 5-6% negli anni a cavallo del secolo e con l'entrata nell'Euro.

Anche i mutamenti nel campo fiscale hanno contribuito ad aumentare il costo dell'abitazione in proprietà: fino al 1993 il costo del mutuo poteva essere dedotto dal reddito tassabile. Attualmente esso può venire dedotto dalle imposte, e solo per il 22%, riducendo sostanzialmente il risparmio derivante, soprattutto per le famiglie con redditi più elevati. Allo stesso tempo è stata introdotta un'ulteriore imposta locale sulle abitazioni (Ici). Nonostante siano concessi sgravi per chi vive in casa di proprietà, certamente questa nuova imposta ha sostanzialmente aumentato il costo della casa negli ultimi anni. In particolare, nessuno sgravio fiscale è previsto sulla base della numerosità familiare, cosicché una famiglia numerosa deve pagare l'Ici sulla base dell'ampiezza e collocazione residenziale dell'abitazione, a prescindere dal numero di persone che vi vivono. Alcuni comuni, come quello di Bologna, hanno introdotto una detrazione dall'Ici sulla base del numero dei figli, limitatamente ad alcune fasce di reddito.

L'incidenza della casa in proprietà è aumentata costantemente nel corso del tempo, per quanto tra il 1981 e il 1991 il tasso di crescita sia stato inferiore a quello registrato nei decenni precedenti. Nel contempo, il prezzo di un appartamento modesto è cresciuto quasi dell'80% tra il 1985 e il 1991, mentre l'aumento del salario medio non è stato superiore al 38%. Una ricerca [Tosi 1994] rileva che se all'inizio degli anni Sessanta per l'acquisto di una casa era necessaria una somma pari a 2-3 volte il reddito annuale, oggi tale somma è pari a 5-6 volte il reddito annuale.

Se divenire proprietari dell'abitazione è divenuto sempre più difficile per le famiglie con redditi bassi o modesti, incluse molte famiglie giovani e quelle più numerose, il mercato dell'affitto non è in grado di offrire soluzioni adeguate. Uno studio basato sui dati forniti dall'Istat all'inizio degli anni Novanta aveva rilevato che il 21,8% degli affittuari possedeva un reddito inferiore a quello medio nazionale, ma pagava un affitto del 15% superiore alla media nazionale. Inoltre, la percentuale di reddito speso per l'affitto ammontava al 18,6% del reddito totale per le famiglie più povere (quelle con un reddito mensile inferiore a un milione) e al 7,3% per le famiglie con un reddito medio più elevato (quelle con un reddito mensile allora superiore a 3 milioni) [*ibidem*]. Secondo dati resi pubblici dall'Ance nei primi giorni del 2003, il 25% di coloro che sono in affitto ha un reddito inferiore alla media e il costo per l'affitto incide per il 30% del reddito. Nel 2000, secondo i dati dell'Indagine Multiscopo su «aspetti della vita quotidiana», il 3,8% delle famiglie ha avuto difficoltà a pagare l'affitto (ed il 10,3% a pagare le bollette di luce, gas, telefono).

Anche per la casa, la fine degli anni Settanta ha coinciso con l'introduzione di normative innovative che avevano quale obiettivo quello di regolamentare il mercato abitativo. Innanzitutto venne approvata la già ricordata legge n. 457, nonché la legge n. 392, del 1978, che introduceva l'equo canone. Tali interventi legislativi, volti a incrementare il mercato dell'offerta delle case in affitto a prezzi contenuti, in particolare nelle grandi città, raggiunsero solo parzialmente gli obiettivi prefissati; anzi, nel corso degli anni tali leggi hanno ottenuto il duplice effetto di ridurre ulteriormente il mercato dell'affitto e di incentivare il mercato nero, in cui erano richiesti affitti di importo superiore a quello previsto per legge [Testa 1987]. Una ricerca [Miniaci 1996] segnala come l'equo canone di fatto favorisse le famiglie costituite da più lungo tempo e più stabili dal punto di vista residenziale, escludendo viceversa le famiglie di nuova costituzione e/o più mobili territorialmente. Allo stesso tempo, pur all'interno di una forte variabilità territoriale, la probabilità di accedere a un affitto a equo canone era più bassa proprio per le famiglie più povere, smentendo gli obiettivi ridistributivi di questa misura. D'altra parte, per le famiglie che erano riuscite a ottenere un alloggio a equo canone, il sussidio indiretto al reddito fornito da quest'ultimo non era indifferente, in particolare per le famiglie meno abbienti, ammontando in media al 22-24% dei consumi non durevoli. In particolare sembra che il valore di sussidio indiretto rappresentato dall'equo canone fosse inversamente proporzionale al numero dei componenti la famiglia, raggiungendo il valore massimo, 24%, per le famiglie con un unico componente pensionato. La legge sull'equo canone è stata sostanzialmente modificata con la legge n. 359 del 1992 (nota come «patti in deroga»), con l'intento da un lato di permettere un recupero di redditività degli immobili affittati, soprattutto per i piccoli proprietari, dall'altro di incentivare l'immissione sul mercato ufficiale degli affitti di alloggi fino a quel momento inutilizzati o affittati nel mercato nero. Tale riforma non prevede alcuna misura compensativa alla perdita della funzione di sostegno al reddito delle famiglie più povere man mano che gli affitti in equo canone vengono a scadenza [cfr. anche Olagnero 1999]. Allo stesso tempo non risponde ai bisogni delle famiglie giovani, di nuova formazione, a basso reddito che di fatto erano già escluse dai benefici dell'equo canone stesso [Miniaci 1996].

Le difficoltà abitative delle famiglie a basso reddito sono per lo più affrontate dagli enti locali, tramite l'offerta di abitazioni di edilizia popolare (largamente insufficiente rispetto alla domanda), o tramite sussidi per l'affitto. Nel 1999 tuttavia sono state introdotte due misure nazionali rivolte specificamente alle famiglie affittuarie a basso reddito [cfr. Benassi 2000]: una detrazione Irpef (differenziata sulla base di due soglie di reddito, che per altro non tengono conto dell'ampiezza della famiglia) e un fondo nazionale di sostegno per l'accesso alle abitazioni in locazione. A quest'ultimo si può accedere sulla base del possesso di almeno uno di due requisiti minimi: un reddito annuo complessivo non superiore a due pensioni minime Inps, rispetto al quale il canone di locazione risulti non inferiore al 14%; un reddito annuo imponibile complessivo non superiore a quello determinato dalle regioni e dalle province autonome per l'assegnazione di alloggi di edilizia popolare pubblica, rispetto al quale il canone di locazione incida per non meno del 24%. Anche in questo caso nel determinare le soglie di reddito non si tiene conto dell'ampiezza familiare (nonostante nello stesso anno sia stato introdotto l'Ise). Dato che si tratta di un fondo con ammontare determinato, non tutti coloro che ne avrebbero diritto riescono tuttavia ad ottenere il sostegno. Per quanto riguarda le giovani coppie, la legge finanziaria per il 2003 ha vincolato il 10% del Fondo sociale al sostegno alle famiglie di nuova formazione, in particolare per l'acquisto della casa (oltre che per incentivare le aziende che organizzano nidi per i figli dei propri dipendenti). Mancano, al momento in cui scriviamo, i decreti attuativi che indichino i criteri per accedervi. Mentre questa misura è stata criticata, specie dall'opposizione, per il fatto che limita il sostegno alle coppie sposate o che abbiano già fatto le pubblicazioni al momento della domanda, a chi scrive sembra che il limite più grave consista nella incentivazione all'acquisto della casa da parte di persone giovani, che rischiano così di immobilizzare tutte le risorse finanziarie proprie, e delle loro famiglie, anche per diversi anni, mentre viceversa dovrebbero affrontare le scelte sia occupazionali che riproduttive meno appesantite da obbligazioni vincolanti e rigide.

L'edilizia pubblica nel nostro paese ha un'incidenza trascurabile. Le principali forme di finanziamento provengono dallo stato e dai contributi versati dai lavoratori (i fondi Gescal)[5]. Dalla metà degli anni Ottanta, sotto la pressione della endemica emergenza sfratti, numerose leggi e regolamenti hanno favorito l'acquisto rispetto alla costruzione di nuove abitazioni nel campo dell'edilizia pubblica. La questione degli sfratti, in generale, sembra aver assorbito tutto lo sforzo e l'attenzione delle politiche pubbliche in questo settore negli ultimi vent'anni. La legge n. 92 del 1984, ad esempio, stabilisce che il 70% di tutte le abitazioni pubbliche sia riservato alle famiglie che sono state soggette a sfratto. Come risultato, quasi tutte le nuove famiglie e tutte quelle che vivono in un appartamento inadeguato vengono escluse

[5] Come è avvenuto nel caso dei contributi versati per gli assegni familiari, soltanto una quota dei contributi Gescal è andata al finanziamento dell'edilizia pubblica e inferiore è stata la quota destinata specificamente ai lavoratori dipendenti. Tali fondi sono stati usati per coprire altri comparti delle spese dell'Inps, così come per finanziare case popolari destinate a specifiche categorie a rischio. Una sentenza della Corte Costituzionale del 1995 ha stabilito che è incostituzionale usare tali fondi per finalità diverse da quelle per le quali sono stati raccolti.

di fatto dall'accesso all'edilizia pubblica. La priorità concessa agli sfrattati ha finito, infatti, per trasformare gli stessi criteri di accesso alle case popolari: le famiglie che hanno subito uno sfratto hanno priorità su quelle che si trovano in condizioni identiche, talvolta anche con reddito più basso e/o si trovano in altri stati di bisogno (invalidità in famiglia, famiglie monogenitoriali, ecc.), che viceversa in linea di principio avrebbero priorità sulle altre. Proprio a motivo della scarsità dell'offerta abitativa pubblica, alcuni comuni offrono in alternativa sostegni economici per il pagamento dell'affitto alle famiglie in stato di bisogno. Ciò accade più frequentemente in quei comuni in cui funziona un sistema di minimo vitale, poiché l'integrazione per l'affitto è data alle famiglie che ricevono assistenza economica. Come si è detto in precedenza, dal 1999 è stato istituito un Fondo nazionale per il sostegno al costo dell'affitto.

Negli ultimi decenni tanto il finanziamento pubblico quanto il numero di nuove case di edilizia popolare costruite sono diminuiti bruscamente. Il finanziamento statale è diminuito di quasi quattro volte confrontando i primi quattro anni successivi all'approvazione della legge n. 457 (1978-81) e i quattro anni compresi tra il 1992 e il 1995. Nel 1983 sono stati costruiti 13.419 appartamenti destinati all'abitazione popolare, mentre nel 1990 ne sono stati costruiti solo 6.591 [Tosi 1994]. A metà degli anni Novanta risultava che tali appartamenti costituivano circa il 5% di tutte le abitazioni esistenti: circa 820.000 appartamenti, che avrebbero dovuto rispondere ai bisogni di circa 2.700.000 famiglie che si stimava avessero i requisiti di reddito e di bisogno richiesti [Aniacap 1993].

Sulla base dei dati rilevati dal censimento dell'Istat del 1991, soltanto il 2% di tutte le famiglie italiane sarebbe privo delle infrastrutture abitative di base, come i servizi igienici, l'impianto idraulico e il riscaldamento, condizioni ancora diffuse nel corso degli anni Cinquanta e non rare nel corso degli anni Sessanta [Tosi 1994]. Condizioni abitative insufficienti rimanevano concentrate in alcune regioni del meridione e in specifiche periferie di alcune città, soprattutto del sud. Circa il 10% dei nuclei familiari viveva in assenza di una o più di quelle condizioni abitative di base che abbiamo citato, mentre un altro 10% viveva in situazione di sovraffollamento, la metà del quale a livello di grave sovraffollamento: con più di 1,6 persone per stanza. Circa 900.000 famiglie, che comprendevano circa 2 milioni e mezzo di persone, vivevano in queste condizioni. Nonostante le condizioni abitative delle famiglie siano notevolmente migliorate dal dopoguerra a oggi, il tasso di miglioramento sembra essersi arrestato dagli anni Ottanta.

Al momento in cui scriviamo non sono ancora disponibili i dati del Censimento del 2001 su questo argomento. Tuttavia le indagini campionarie annuali Multiscopo dell'Istat su «Aspetti della vita quotidiana» consentono di monitorarlo abbastanza bene, segnalando un graduale miglioramento rispetto al 1991. Nel 1999 viveva in abitazioni in cattive condizioni il 5,9% delle famiglie, nel 2000 il 5,7%.

Ai problemi abitativi tradizionali se ne sono aggiunti negli ultimi anni altri due. Il primo riguarda abitazioni vecchie di proprietà di anziani che non hanno risorse sufficienti per ristrutturarle e che quindi vivono in condizioni abitative sempre più difficili sia per degrado strutturale, sia per inadeguatezza rispetto alle condizioni fisiche delle persone (mancanza di ascensore, barriere architettoniche, talvolta mancanza di riscaldamento e così via). Il secondo riguarda gli immigrati, sia soli che con famiglia. Per molto tempo la maggior parte dei fondi pubblici destinati a risolvere il problema abitativo degli immigrati è andata a sovvenzionare i centri di prima accoglienza, senza occuparsi di creare condizioni di stabilizzazione abitativa. Di conseguenza gli immigrati stanno ripercorrendo la vicenda degli immigrati interni degli anni Cinquanta e Sessanta, spesso negli stessi luoghi: abitando in alloggi di fortuna, o in abitazioni fortemente degradate, con fenomeni di ghettizzazione e di rischio – effettivo o percepito – per la sicurezza che non giovano alla integrazione. Nella misura in cui sono legalmente residenti, specialmente se sono una famiglia, hanno diritto ad accedere alla edilizia popolare. Ma anche questo può provocare sia fenomeni di ghettizzazione che tensioni sociali [cfr. anche Olagnero 1999]. Dato infatti che è facile che le famiglie immigrate abbiano un reddito più basso delle altre famiglie che fanno domanda di alloggio popolare, e spesso sono più numerose, facilmente conquistano i primi posti nelle graduatorie di assegnazione. Perciò alcuni edifici e quartieri di edilizia popolare si stanno progressivamente «etnicizzando». Allo stesso tempo, le famiglie autoctone che si vedono «scavalcate dagli ultimi arrivati» possono percepirsi vittime di una redistribuzione ingiusta. È uno dei problemi difficili che si trovano attualmente ad affrontare molte amministrazioni comunali, specie delle regioni settentrionali.

CAPITOLO QUINTO

ORIENTAMENTI POLITICI E ATTORI NEL PROCESSO DI DEFINIZIONE DELLE POLITICHE FAMILIARI

1. *La mobilitazione dei gruppi di interesse*

1.1. *Dal fascismo al dopoguerra: l'evocazione dei valori familiari come arma politica*

L'organizzazione familiare divenne oggetto di interesse pubblico per la prima volta nella storia italiana durante il fascismo. L'ideologia e gli interessi espressi dal regime in questo campo echeggiavano temi e preoccupazioni presenti in molti paesi europei negli anni tra le due guerre: timore per il calo demografico non secondariamente per motivi legati ad aspirazioni imperialistiche, necessità di far fronte all'impoverimento delle famiglie numerose nei ceti più poveri, preoccupazione per le trasformazioni della famiglia e dei suoi rapporti di autorità interni, come conseguenza dell'industrializzazione e dell'emergere dei movimenti femministi [Pedersen 1993]. Questi problemi erano particolarmente presenti anche nella dottrina della Chiesa cattolica fin dall'inizio del nuovo secolo. In particolare, la Chiesa cattolica aveva contrastato l'emergere dei movimenti femministi ed emancipazionisti sia denunciandone il rischio dal punto di vista della integrità della famiglia e della «naturale vocazione» delle donne alla maternità e all'obbedienza servizievole, sia promuovendo l'organizzazione di propri movimenti femminili, quali l'Azione cattolica e la Gioventù femminile cattolica [De Giorgio e Di Cori 1980]. Con due encicliche emanate nel corso degli anni Trenta, *Casti Connubi* (1930) e *Divini Redemptoris* (1937), il pontefice espresse la ferma condanna della Chiesa nei confronti dell'emancipazione femminile anche quando questa venisse perseguita sul piano «economico, sociale e fisiologico». In particolare, la seconda enciclica associava la preoccupazione per l'emancipazione femminile con quella per una eventuale vittoria del socialismo e del comunismo[1].

Il fascismo riprende e riutilizza, in chiave insieme esplicitamente biologistica e di politica autoritaria, queste argomentazioni. Un tentativo interessante, per certi versi estremo, di unire il pensiero cattolico a quello fascista, nell'intento di definire obiettivi e direzione di una politica familiare sistematica, può essere trovato nel famoso libro di F. Loffredo *Politica della famiglia* [1938] con una prefazione scritta dallo stesso Mussolini. L'autore avanzava la proposta di una «carta della famiglia», allo scopo di rafforzare la politica demografica del regime mediante sia un sostegno economico al costo dei figli, sia il rafforzamento dell'ordine gerarchico della famiglia: «restaurando il principio dell'obbedienza femminile all'uomo». Questo tema fu ripreso negli anni successivi al fascismo nel giornale ufficiale per la formazione dei leader dell'Azione cattolica nel 1949[2]. Loffredo stesso continuerà a collaborare per un periodo di tempo a diverse riviste cattoliche anche dopo la caduta del fascismo.

Gli oppositori al regime fascista furono pronti a sottolineare la convergenza tra fascisti e cattolici sugli ideali di famiglia, soprattutto per quanto riguardava la posizione della donna nella società; molto meno lo furono nel riconoscere le proprie ambivalenze e ambiguità sul tema dell'emancipazione femminile. È vero che sia i socialisti e comunisti che i liberali erano a favore dell'istruzione e occupazione femminili e della contraccezione; e viceversa si opponevano alle politiche demografiche del regime. I documenti e le testimonianze provenienti dall'interno dell'opposizione al regime segnalano tuttavia la persistenza di una visione tradizionale, se non subalterna, della posizione delle donne nella famiglia e nella società. Così, le donne che non aderivano strettamente ai ruoli e comportamenti tradizionali erano sottoposte a giudizi severi sulla loro moralità e adeguatezza

[1] Sul magistero della Chiesa cattolica sul ruolo e la posizione sociale delle donne, si vedano i documenti raccolti in AA.VV., *Il problema femminile*, Roma, Edizioni Paoline, 1962.

[2] Cfr. *Verso le mete*, vol. II, settembre 1949.

come donne. Allo stesso tempo, ogni discussione o problema relativo al peso e alla divisione delle responsabilità familiari e/o ai rapporti uomo-donna era liquidato come banale e marginale. Tali problemi, quando riconosciuti, erano attribuiti alla presenza del regime e dichiarati superabili una volta questo fosse stato sconfitto[3].

In effetti, con l'ascesa del fascismo, molte delle questioni che erano state sollevate alla fine del secolo e dibattute dalle organizzazioni femministe, dal Partito socialista e dai sindacati scomparvero non solo dai programmi di quei gruppi femministi che alla fine avevano sostenuto il regime fascista, ma anche dai programmi e dall'agenda politica dei gruppi dell'opposizione. A parere di una partigiana comunista protagonista della Resistenza, Nadia Spano, «il movimento delle donne dopo la marcia su Roma cessò ogni specifica attività di sostegno alle donne, allo scopo di sostenere il partito nella sua battaglia generale» [Spano e Camarlinghi 1972, 40]. L'avvento del fascismo segnò pertanto la progressiva scomparsa del movimento delle donne; i temi della parità giuridica e politica, delle relazioni tra i sessi dentro e fuori la famiglia, non vennero più visti come questioni prioritarie e quasi sempre furono sacrificati all'attività di opposizione al regime.

La presenza di organizzazioni di donne entro i gruppi di opposizione e della Resistenza costituì d'altra parte il terreno nel quale le donne poterono iniziare nuovamente a porre questioni specificamente femminili mentre erano coinvolte in attività e responsabilità fuori dall'ambito domestico e familiare[4].

A seguito dell'alleanza tra comunisti e socialisti nel Fronte popolare, fu fondata a Parigi nel 1937 l'Unione donne ita-

[3] Un'opera recente che analizza le somiglianze e le differenze tra fascismo e antifascismo relativamente ai valori familiari, la concezione e la posizione della donna nella società è quella di De Luna [1995].

[4] Nonostante, come A. Bravo ha acutamente sottolineato, spesso le donne venissero reclutate per la battaglia antifascista e percepissero tale partecipazione come una forma di estensione dei loro ruoli familiari: come modo di prendersi cura del benessere e dei bisogni dei loro mariti, fratelli e figli [v. Bravo 1991; Bravo e Bruzzone 1995].

liane (Udi), a cui aderirono donne di ispirazione sia socialista che comunista. Nel 1943 questo e altri gruppi confluirono nei «Gruppi di difesa della donna e per l'assistenza ai combattenti per la libertà», una organizzazione di donne appartenenti a gruppi antifascisti di diverse tradizioni e appartenenze politiche. Essa intendeva unire alla lotta per i diritti della donna (per il voto, la parità giuridica) il sostegno ai combattenti della resistenza armata (per lo più uomini). Molte delle donne che presero parte alla lotta contro il fascismo, infatti, in particolare coloro che operarono all'interno dei Gruppi di difesa, avvertirono come proprio diritto e dovere la partecipazione attiva alla Resistenza piuttosto che rimanere confinate nel ruolo passivo di madri, mogli e figlie. Esse erano d'altra parte consapevoli che le donne sarebbero state conquistate alla lotta contro il fascismo solo a partire da un'attenzione per gli specifici bisogni ed esperienze femminili. Per questa ragione venne anche fondata la rivista «Noi donne», che affrontava tematiche «specificamente femminili», come i servizi per l'infanzia, la parità di trattamento retributivo e il diritto al voto delle donne.

Nel maggio del 1945, alcune settimane dopo la fine della guerra, un gruppo di donne che si riconoscevano nell'attività dell'Udi chiese all'allora ministro della Giustizia *pro tempore* (il democristiano Tupini) una riforma degli articoli del codice civile concernenti la posizione della donna nella famiglia. Le richieste riguardavano il diverso trattamento che subiva l'adulterio femminile rispetto a quello maschile e la superiore autorità giuridica del marito sulla moglie e sui figli: temi che avrebbero avuto una risposta solo trent'anni più tardi con la riforma del diritto di famiglia. D'altro canto, l'Udi non fece pressione affinché tali proposte divenissero priorità programmatiche tra i partiti di sinistra, né perché divenissero oggetto sia di mobilitazioni di massa, sia di negoziazione con altri partiti politici della nuova Repubblica democratica. Da un lato, le donne dell'Udi erano ottimiste e speravano che l'avvento della democrazia avrebbe portato con sé le necessarie trasformazioni della mentalità e della legislazione del paese. Dall'altro lato, la priorità fu e rimase il mantenimento dell'unità sviluppata durante la

Resistenza tra donne di orientamento politico diverso. Essa veniva più facilmente preservata privilegiando l'attenzione al ruolo e ai diritti della donna come madre e l'affermazione della centralità della famiglia, piuttosto che mettendo in discussione l'assetto istituzionale e normativo di quest'ultima [Spano e Camarlinghi 1972; Ascoli 1976; Caldwell 1991].

Era forte il timore di estraniarsi dalle masse, data l'opposizione mostrata da papa Pio XII (nell'ottobre del 1945) al lavoro extra-domestico della donna e alla parità tra i due sessi, a motivo dell'esclusivo riconoscimento da parte cattolica dell'identità sociale femminile nel ruolo di madre. Non si trattava tuttavia soltanto di priorità e di scelte politiche, poiché i valori patriarcali e i modelli di genere tradizionali erano fortemente condivisi dai gruppi dirigenti (costituiti in maggioranza da uomini) all'interno del Partito socialista e del Partito comunista, così come all'interno dei gruppi laici raccolti intorno al Partito d'azione. Leader come Togliatti e Parri si richiamarono più volte alla naturale vocazione delle donne all'autosacrificio e alla maternità, alla loro «naturale bontà», come risorsa per ricostruire le famiglie e i legami sociali che erano stati distrutti dalla guerra mondiale e civile.

I partiti antifascisti nel periodo immediatamente successivo alla caduta del regime, perciò, non ebbero un programma esplicito e condiviso relativamente alla famiglia, ai suoi rapporti di genere e generazione. Tanto meno ritennero necessario confrontarsi sui diversi assunti di valore che provenivano dalle loro posizioni ideologiche e culturali.

Il primo confronto diretto, e apertamente conflittuale, avvenne durante i lavori dell'Assemblea Costituente, quando gli articoli riguardanti la famiglia, il matrimonio e il ruolo delle donne, la posizione dei figli illegittimi, furono oggetto di dibattito e confronto non solo tra cattolici e laici, ma tra i rappresentanti del Partito comunista e quelli dei partiti socialista e liberale[5]. Le posizioni del Partito comunista italiano sulla questione della famiglia di fatto converge-

[5] Per una presentazione del dibattito alla Costituente si veda Bonini [1997].

vano per molti aspetti con quelle dei cattolici. Benché, ad esempio, Togliatti e il suo partito si opponessero alla introduzione del principio della indissolubilità del matrimonio nella Carta Costituzionale, non erano per questo a favore del divorzio. Anzi, Togliatti in diversi interventi alla Costituente ribadì che il divorzio era «fuori questione». Viceversa il Partito comunista, differenziandosi in questo non solo da quelli liberale e repubblicano, ma anche da quello socialista, concordava sulla opportunità di inserire nella Costituzione l'affermazione – di principio e di valore – che «la famiglia è una società naturale fondata sul matrimonio». In effetti, la differenziazione maggiore in tema di famiglia tra comunisti e cattolici in sede di Costituente si ebbe sulla parità di diritti tra figli legittimi e illegittimi, sostenuta senza alcuna distinzione dai primi, e subordinata, con successo, dai secondi alla necessità di salvaguardare innanzitutto l'unità della famiglia legittima.

D'altra parte, l'opposizione dei partiti cosiddetti laici a inserire nella Costituzione posizioni di principio relativamente alla famiglia, ai rapporti uomo-donna, genitori-figli, non si ispirava tanto a motivi egualitari (al contrario, in alcuni casi almeno) quanto all'idea della laicità dello stato, che quindi non doveva essere impegnato, nella sua Carta Costituzionale, da alcun principio di ordine filosofico, e tanto meno confessionale. Il timore era, come esplicitò Preti, che la famiglia divenisse il «cavallo di Troia» attraverso cui la Chiesa cattolica dava nuovamente assalto allo stato.

Nonostante l'acceso dibattito in sede costituente attorno ai temi della famiglia, o forse proprio a motivo delle questioni irrisolte e dei conflitti latenti che esso aveva evidenziato, il tema della famiglia negli anni successivi non divenne oggetto di proposte organiche di nessuna parte politica: né sul piano del diritto civile (che pure avrebbe richiesto di essere adeguato alle nuove norme costituzionali in tema di parità tra marito e moglie e in parte anche in tema di tutela dei diritti dei figli illegittimi), né sul piano del diritto sociale. Il principio costituzionale secondo cui «la Repubblica agevola con appropriate misure economiche ed altre provvidenze la formazione della famiglia e l'adempimento dei suoi compiti relativi» (art. 31) rimane, di fatto, solo un'affermazione senza seguito.

I motivi di quest'assenza di iniziativa sono diversi: l'esistenza di forti conflitti ideologici su questi temi in un paese ancora fortemente diviso; le ambivalenze e contraddizioni interne a ciascuna parte politica, specie all'interno dei partiti laici e comunista; il desiderio, in particolare del partito cattolico e della Chiesa, ed esplicitato in modo forte già in sede costituente, di garantire alla famiglia uno statuto autonomo, in certa misura sottratto al potere normativo dello stato. Era questo il senso della insistenza sia sulla dimensione istituzionale della famiglia, sia sul suo carattere di «società naturale» che tanto aveva irritato i costituenti laici[6]. Autonomia della famiglia, infatti, non significava lasciarla all'auto-regolazione degli individui, bensì, di fatto, a quella della Chiesa.

Per altro, nonostante la difesa della famiglia dall'intrusione dello stato fosse motivata dalla recente esperienza fascista, come si è detto, nella sostanza dei principi vi era più di un elemento di continuità tra la posizione del regime sul matrimonio e la famiglia e quella delle organizzazioni e partito cattolici: in tema di posizione della donna e di priorità delle sue responsabilità e doveri materni, della struttura gerarchica della famiglia e così via. Non deve quindi sorprendere che da questa parte non siano state sviluppate iniziative in tema di adeguamenti del codice civile o di politiche nei confronti della famiglia. Da un lato, infatti, le norme giuridiche, a parte quelle con connotazioni razziali, andavano sostanzialmente bene. Dall'altro, la richiesta di iniziative di sostegno esplicite da parte dello stato poteva costituire l'occasione di quella intrusione (e competizione sul piano normativo e dei valori) che viceversa si era cercato di evitare in sede di principi costituzionali.

Contrariamente a quanto si pensa comunemente, la Democrazia cristiana e la Chiesa cattolica non erano infatti

[6] Un motivo e soluzioni analoghi si ritrovano anche nel dibattito sulla Costituzione tedesca, analogamente confrontata dalla necessità di liberare la famiglia dalla presenza di uno stato-regime. Cfr. Moeller [1993].

contrarie in via di principio alla creazione e all'uso di scuole materne, nidi per l'infanzia, consultori familiari, attività di doposcuola e altri servizi di questo tipo, a condizione tuttavia che questi non fossero pubblici, ma preferibilmente organizzati da parroci, scuole cattoliche private e dalle organizzazioni cattoliche. La resistenza alla creazione di servizi pubblici per l'infanzia era così fortemente radicata che quando nel 1963 fu discussa la legge istitutiva delle scuole statali per l'infanzia, che di fatto sarebbero divenute concorrenziali non tanto a quelle comunali ma a quelle private, principalmente cattoliche, il governo di centro-sinistra presieduto dal democristiano Aldo Moro fu costretto a dimettersi sotto la pressione delle lobby cattoliche[7].

Per altro, la questione del rapporto pubblico-privato nel settore dei servizi rivolti alla famiglia, particolarmente nell'ambito dei servizi per l'infanzia e la scuola, costituisce tutt'oggi una questione conflittuale nel dibattito politico italiano. In coerenza con l'obiettivo di evitare che lo stato si sostituisse alla Chiesa nel regolare i rapporti familiari, e allo stesso tempo di sostenere un modello di famiglia ben chiaro nella sua distinzione dei compiti e nei suoi principi di autorità e solidarietà tra i sessi e le generazioni, la Democrazia cristiana e i gruppi cattolici sostennero piuttosto forme di trasferimento monetario, *in primis* gli assegni familiari, per le famiglie a reddito modesto. Sostennero, inoltre, tutte quelle prestazioni sociali che avevano lo scopo di consentire alla madre che aveva bisogno di lavorare di poter al tempo stesso far fronte alle sue responsabilità familiari, prima di tutto in quanto madre; perciò appoggiarono l'introduzione, nella legge di protezione delle lavoratrici-madri, della possibilità di prolungare il congedo oltre il periodo obbligatorio. Viceversa furono più tiepidi, se non ambivalenti, nei confronti di quei servizi e quelle prestazioni sociali che contrastavano

[7] È necessario tuttavia ricordare che nel nostro paese le spinte a favore dello sviluppo delle scuole materne statali non provennero da una prospettiva che privilegiava lo sviluppo di una politica familiare, ma da un interesse verso la riduzione delle diseguaglianze regionali nella diffusione di questo servizio e soprattutto delle disuguaglianze sociali nell'accesso all'istruzione.

con il modello di famiglia ideale, accettandoli solo nel caso di situazioni di «bisogno» che rendessero obiettivamente difficile, se non impossibile, l'adesione al modello ideale di organizzazione familiare. Così, ad esempio, l'offerta di servizi per l'infanzia era giustificata nel caso di famiglie povere in cui le madri si trovavano nella necessità di lavorare. Viceversa il ricorso a tali servizi, specie nella primissima infanzia, era da scoraggiare, se non da condannare, se discendeva da una «scelta» della madre di lavorare senza che ve ne fosse una «necessità economica»[8].

In ogni caso, è degno di nota che la famiglia in quanto tale – piuttosto che singoli ruoli o figure familiari – non divenne oggetto di attenzione esplicita e sistematica dell'intervento pedagogico della Chiesa cattolica italiana fino al 1966, quando il presidente della Conferenza episcopale emanò la prima dichiarazione «Sui problemi riguardanti la famiglia e il suo fondamento, il matrimonio» in risposta ad una proposta di legge che prevedeva l'introduzione del divorzio nella legislazione italiana [Fregni 1991]. A partire da quella data seguirono numerosi interventi e pronunciamenti che avevano quale tema centrale la famiglia. Venne istituita anche la «Pastorale per la famiglia» con la quale la pedagogia della Chiesa tentava di contrastare in modo sistematico, sul piano culturale e dei modelli di socializzazione, i cambiamenti in corso nei comportamenti individuali e nelle norme giuridiche.

La fine della collaborazione tra le forze politiche antifasciste nel 1947 significò anche la fine della speranza di una collaborazione tra le donne appartenenti a diverse ideologie e differenti partiti politici. D'altro canto, l'unità politica delle donne in Italia non si era pienamente realizzata né durante la lotta antifascista né durante i primi governi della repubblica, poiché le donne cattoliche erano rimaste legate al loro partito e alle loro organizzazioni: la Democrazia cri-

[8] Si veda a titolo di esempio la posizione espressa da F. Falcucci al congresso del Movimento femminile della Democrazia cristiana nel 1967 [Falcucci 1967]. Per un commento più generale sulla posizione della Democrazia cristiana vedi Bimbi [1992] e Mancina [1981].

stiana, l'Azione cattolica, il Centro italiano femminile – Cif – analogo all'Udi. Soltanto le donne che avevano militato in Giustizia e libertà e nel Partito d'azione e raccolte nei Gruppi di difesa della donna avevano sostenuto e collaborato alle attività svolte dall'Udi. Le divisioni politiche, l'identificazione e la fedeltà delle organizzazioni delle donne ai partiti politici di riferimento verranno ulteriormente rafforzate e polarizzate dalla guerra fredda e dalla fine della collaborazione tra i partiti antifascisti. Pertanto, in una società ancora caratterizzata da una forte incidenza della povertà, soltanto parzialmente alleviata da uno stato sociale ancora rudimentale, anche quando organizzavano servizi sociali per le donne e le famiglie – come servizi per l'infanzia, consultori, mense, soggiorni estivi per i ragazzi, corsi di alfabetizzazione e altro – i gruppi e le associazioni di donne dei due schieramenti politici agirono l'uno in contrapposizione all'altro: identificandosi prioritariamente con l'attività e il programma politico del partito nel quale si riconoscevano[9].

Al tempo stesso il ruolo della donna e il tema della famiglia divennero parte integrante della battaglia e delle divisioni ideologiche e vennero usati come armi per dimostrare la propria moralità o per distruggere quella dell'avversario [Ascoli 1976]. Ogni schieramento politico si sforzava di dimostrare di essere il miglior difensore dei valori familiari e della tradizionale divisione dei ruoli nella famiglia; allo stesso tempo vi erano importanti differenze che riguardavano sia la subalternità delle donne (concezione sostenuta dai cattolici, ma rifiutata dai partiti di sinistra), sia il sostegno che doveva essere dato alle donne-madri non sposate (che vedeva favorevoli comunisti e socialisti, ma

[9] Le attività di assistenza sociale svolta dalle donne dell'Udi, totalmente autofinanziate e autorganizzate, furono particolarmente importanti nel corso degli anni Cinquanta. Fornirono molti servizi assistenziali per le famiglie operaie più povere ed esercitarono le prime forme di solidarietà tra regioni diverse [Ascoli 1976]. Diversamente da quanto avveniva per le attività svolte dai movimenti femminili cattolici, le attività delle donne dell'Udi non poterono contare su una rete diffusa e capillare, nonché sull'esperienza delle organizzazioni cattoliche, ma dovettero ogni volta «inventarsi» strumenti e pratiche; e poterono contare solo sull'appoggio della loro organizzazione.

veniva rifiutato dai cattolici). Come conseguenza si assiste nel corso degli anni Cinquanta e Sessanta a una totale immobilità sia in termini di riforma del codice civile che di sviluppo di una politica familiare.

All'interno di questa situazione di stallo, l'Udi da un lato divenne sempre più critica verso i partiti della sinistra, tanto che nel 1956 decise la propria completa autonomia dal Partito comunista[10]. Dall'altro identificò in modo sempre più netto il proprio ambito di intervento nella questione femminile, mantenendo così aperto uno spazio di dibattito e di proposte pressoché unico, fino all'emergere del femminismo negli anni Settanta.

Le posizioni del Partito comunista italiano sulla famiglia, anche dopo la conclusione della Costituente, furono attente a non rompere né con le tradizioni culturali cattoliche del nostro paese, né con «il sentimento religioso della gente» e in particolare delle donne. Il Partito comunista preferì quindi restringere la propria iniziativa alla lotta per i diritti delle lavoratrici, in particolare all'uguaglianza salariale tra i sessi o alla protezione delle lavoratrici-madri, dimenticando, o meglio ignorando, che la partecipazione femminile al lavoro extra-domestico costituisce la principale area di potenziale conflitto per l'organizzazione familiare tradizionale e per la vita delle donne stesse [Mancina 1981]. In nome dell'unità della famiglia, Togliatti chiedeva alle donne comuniste di cercare accordo e collaborazione con le donne cattoliche, criticando quelle «compagne» (dell'Udi) che denunciavano le organizzazioni femminili cattoliche per la loro attività che ritardava qualsiasi tentativo di emancipazione femminile [Togliatti 1965; Caldwell 1991; Bimbi 1992]. Al tempo stesso, Togliatti fu più volte chiamato a difendere dagli attacchi del partito sia l'esistenza di una «questione femminile» che la legittimità di organizzazioni femministe autonome: non solo per gli atteggiamenti e cultura antifemministi degli uomini del partito, ma anche per la forte

[10] Nonostante la sua attività continuasse di fatto ad essere identificata con quella del Partito comunista, dato che la maggioranza delle iscritte apparteneva anche a questo partito.

opposizione di una parte delle stesse donne comuniste, che ritenevano rischiosa, e contraria ai principi di uguaglianza, ogni forma di separatismo.

Il primo incontro pubblico del Partito comunista sulla famiglia avvenne nel 1964, in occasione della conferenza organizzata dall'Istituto Gramsci, il cui confronto continuò sulle pagine di «Rinascita». Il dibattito sul tema della famiglia che emerse dal convegno e dalle pagine di «Rinascita» testimoniò bene la mancanza, all'interno del partito, di una teoria condivisa circa la famiglia e il rapporto tra famiglia e società e la coesistenza invece di posizioni alquanto divergenti, contrastanti e talvolta astratte tra i diversi intellettuali e i leader del partito: divisi tra coloro che, come il filosofo Cerroni, sostenevano che l'esistenza e la durata dell'istituto familiare e matrimoniale erano destinate a scomparire nella futura società socialista e coloro che, come Nilde Iotti, sostenevano che soltanto le caratteristiche decadenti borghesi delle relazioni familiari (come quella della disuguaglianza tra i sessi) si sarebbero dissolte con l'avvento della società comunista, mentre la famiglia e il matrimonio costituivano due istituzioni permanenti dell'umanità [Castellina 1974b]. Ciò che accomunava tutte queste posizioni era una singolare cecità sociologica: una mancanza di attenzione per quanto succedeva, e anche andava cambiando, all'interno delle famiglie empiricamente esistenti. Il tema tuttavia si mostrò sufficientemente incandescente sul piano ideologico-politico interno al partito da non essere più ripreso fino a quando il movimento delle donne non costrinse il Partito comunista ad aprire il «vaso di Pandora» della questione della famiglia alla metà degli anni Settanta.

Soltanto una riforma di rilievo nel campo della famiglia fu introdotta negli anni Cinquanta, grazie all'impegno e alla mobilitazione delle donne dell'Udi e alla collaborazione delle donne di sinistra elette in parlamento. Si trattava della legge per la tutela della maternità, approvata nel 1950, che prevedeva il diritto delle madri lavoratrici a un periodo di congedo per maternità retribuito prima e dopo il parto, oltre alla costituzione di «camere di allattamento» nei luoghi di lavoro, e all'organizzazione di servizi per l'infanzia da parte delle aziende che avessero più di 30 occupate coniugate. Come si è detto, la legge incontrò anche il sostegno della Democrazia cristiana, la cui principale preoccupazione era verso le donne lavoratrici povere. Tuttavia la Dc si oppose all'emendamento comunista che chiedeva l'abolizione del requisito secondo il quale solo le donne sposate dovevano essere incluse nel conteggio del numero minimo di occupate richiesto alle aziende per l'istituzione degli asili nido. Ancora una volta, il partito cattolico mostrò come il suo intento prioritario fosse quello di ribadire il principio e le caratteristiche della famiglia e della maternità legittima, cioè fondata sul matrimonio.

Un'altra prestazione sociale conquistata grazie all'attività svolta dall'Udi, ma che provocò anche molte divisioni all'interno delle donne dei partiti della sinistra, fu la pensione per le casalinghe. Lo scopo che l'Udi si prefiggeva attraverso la richiesta di una pensione per le casalinghe era quello di aprire un dibattito più ampio sia sul valore del lavoro domestico sia sul suo ruolo cruciale per l'oppressione e vulnerabilità delle donne. Il dibattito pubblico che si aprì nel biennio 1956-57, durante la campagna per la raccolta di firme (che arrivarono a toccare i 2 milioni) per una proposta di legge da presentare al parlamento, ridusse tuttavia la questione del lavoro domestico alla richiesta di una pensione per le casalinghe sulla base di una contribuzione volontaria. Esso suscitò inoltre l'ostilità di molte donne, dei sindacati e di tutti coloro che sostenevano che le donne dovevano piuttosto battersi per il diritto al lavoro retribuito e per misure sociali che alleggerissero il doppio carico di lavoratrice e di madre: asili nido e scuole materne, mense nelle scuole e altro [v. Castellina 1974b]. Alla fine la pensione per le casalinghe fu approvata anche grazie al sostegno dei movimenti femminili cattolici e della stessa Democrazia cristiana. Nonostante la popolarità iniziale, poiché si richiedeva un numero limitato di contributi volontari individuali, l'effettiva prestazione di cui le casalinghe hanno potuto beneficiare si è dimostrata molto bassa, in ogni caso assolutamente insufficiente a fornire a queste donne quella vecchiaia tranquilla e serena che si intendeva garantire. È tuttavia interessante notare come sia stato più semplice guadagnare attenzione e giungere a una collaborazione tra diversi partiti e tra le diverse posizioni ideologiche nel corso degli anni Cinquanta e Sessanta su temi che potevano essere concettualizzati non solo in termini assistenziali, ma anche in termini di responsabilità familiare delle donne – la piaga della povertà tra le donne lavoratrici con figli piccoli o tra le anziane – che non nei decenni successivi: quando le richieste di trasformazioni legislative e sociali furono avanzate in nome dei diritti individuali delle donne e dei bambini.

Un'organizzazione non cattolica e non affiliata ad alcun partito della sinistra che va ricordata per l'attività svolta nel dopoguerra e fino a tutti gli anni Sessanta è l'Associazione italiana educazione demografica (Aied). La principale attenzione dell'Aied fu rivolta alle informazioni sulla contraccezione e all'offerta di consulenze ginecologiche in un periodo in cui la diffusione, l'informazione e la vendita di contraccettivi erano ancora illegali. L'associazione ebbe sedi in numerose città e operò attivamente anche in alcune delle periferie più povere. Nonostante il suo approccio prevalentemente sessuologico-demografico, le sedi dell'Aied furono per molti anni l'unico luogo in cui si potessero ottenere informazioni e documentazioni non solo sulla contraccezione, ma anche sul problema della povertà tra le famiglie numerose. L'associazione finanziò e diresse ricerche sul fenomeno degli «aborti bianchi», ossia sugli aborti cosiddetti spontanei sofferti dalle operaie di fabbrica e dalle contadine a causa delle dure condizioni lavorative. Condusse un'ampia campagna a favore della legalizzazione della contraccezione e dell'aborto, contrapponendosi esplicitamente al magistero della Chiesa cattolica. Quando Paolo VI, alla fine di un lungo confronto interno alla Chiesa, emanò l'enciclica *Humanae Vitae*, in cui si condannavano tutte le forme di contraccezione, l'Aied, come risposta, pubblicò l'opuscolo *Inhumanae Vitae*, dove veniva raccontata la dura esperienza di vita delle donne più povere.

1.2. *Il movimento delle donne e lo sviluppo di nuove alleanze politiche negli anni Settanta e Ottanta*

A differenza di altri paesi, in Italia il movimento delle donne non ha sviluppato organizzazioni formalmente riconosciute a carattere nazionale; la sola organizzazione femminista nazionale fu e rimane l'Udi. Nel corso degli anni Settanta questa si identificò fortemente con il movimento delle donne, mutando il proprio statuto e struttura organizzativa e rompendo definitivamente con quello che restava del rapporto con il Pci, soprattutto a livello di finanziamento. Le uniche istituzioni a carattere permanente sviluppate dal movimento delle donne sono state di tipo culturale: le librerie delle donne e i centri di studio e documentazione, presenti in molte città. Un diverso riconoscimento «istituzionale» del movimento delle donne è stato quello proveniente «dall'alto»: le Commissioni per le Pari opportunità (la prima Commissione per la Parità tra uomo e donna presso la presidenza del Consiglio fu istituita nel 1983), le consulte femminili e altri organismi simili istituiti a livello nazionale e locale. Queste istituzioni, tuttavia, non avevano, e non hanno, quale proprio mandato e centro di attenzione le tematiche riguardanti la famiglia, bensì appunto le pari opportunità tra donne e uomini: nei diritti civili e sociali, nel lavoro, nella formazione, nella partecipazione politica. Anche se inevitabilmente toccavano e toccano questioni che coinvolgono l'assetto istituzionale e organizzativo della famiglia.

Nel suo complesso il movimento delle donne, nonostante le divisioni interne e l'assenza di strutture organizzative formali e stabili, ebbe un'indubbia influenza sulle trasformazioni legislative e sullo sviluppo dei servizi sociali legati alla famiglia. Contribuì potentemente alla comprensione delle principali questioni teoriche e politiche riguardanti la disuguaglianza tra uomini e donne e i diritti delle donne, a renderle visibili e a inserirle nel dibattito politico nazionale. Anche se non sempre fu il movimento a definire le priorità politiche.

Ad esempio, la proposta di legge sul divorzio fu presentata in parlamento per iniziativa dei partiti e gruppi laici (radicali, liberali, repubblicani e socialisti), costringendo il Pci a sostenerla per coscienza, più che per effettiva convinzione. Il movimento delle donne intervenne solo più tardi, in occasione della campagna del referendum, esprimendo al suo interno, tra l'altro, non poche ambivalenze. La riforma del diritto di famiglia del 1975 fu influenzata dal movimento delle donne solo indirettamente, nella misura in cui l'esistenza di un movimento e l'elevata visibilità a livello sociale delle questioni di genere resero più semplice ai sostenitori della riforma argomentare contro gli oppositori. Il riferimento e i richiami al movimento delle donne o, meglio, alla rivendicazione dei diritti delle donne furono, in effetti, frequenti nei dibattiti parlamentari che accompagnarono la legge di riforma[11].

Una storia diversa ebbe la legge per la legalizzazione dell'aborto. In questo caso fu lo stesso movimento delle donne che autonomamente organizzò manifestazioni, cliniche clandestine e viaggi all'estero per chi voleva abortire, facendo dell'aborto una questione non solo pubblica, ma di rilevanza politica. All'esperienza maturata dai movimenti femministi, soprattutto sulle questioni che riguardavano la salute della donna, si devono anche la nascita e lo sviluppo dei consultori familiari. La forma che i consultori assunsero a livello giuridico, comunque, è da attribuire ai movimenti femministi tanto quanto, se non in misura maggiore, all'influenza dei gruppi e movimenti cattolici (il primo consultorio fu fondato nel 1948 a Milano da un sacerdote, don Liggeri), i quali avevano non solo una lunga tradizione nell'offrire

[11] In una comunicazione personale una delle proponenti, Maria Eletta Martini (allora deputata della Democrazia cristiana), a proposito della legge di riforma del diritto di famiglia ricordava le difficoltà che dovette affrontare a causa delle opposizioni molto forti incontrate dentro il suo partito, particolarmente all'idea che la figura legale del «capofamiglia» venisse eliminata. La legge di riforma fu approvata con l'appoggio di tutti i partiti escluso il Movimento sociale italiano. Tuttavia, al fine di arrivare ad un voto favorevole, l'allora primo ministro Giulio Andreotti diede potere legislativo alla commissione parlamentare che se ne occupava, evitando così che la discussione venisse affrontata nel parlamento al completo, che avrebbe reso molto più problematico e lungo il processo di approvazione.

servizi e consulenza alle famiglie e alle coppie, ma si batterono con energia contro il tentativo di definire i consultori come servizi a esclusiva o privilegiata utenza femminile, soprattutto se si trattava di donne non sposate. Il compromesso finale fu che i servizi di consultorio si rivolgono «agli individui, alle donne, e alle famiglie».

Le donne che parteciparono al movimento femminista contribuirono anche, direttamente e indirettamente, allo sviluppo dei servizi pubblici per le persone avvenuto nel corso degli anni Settanta e Ottanta – in particolare ai servizi per l'infanzia e ai consultori familiari. Prima di tutto perché le donne rappresentavano spesso le principali occupate in tali servizi, oltre che le principali utenti. Migliorare e professionalizzare i servizi sociali personali significava fornire un elemento verso una definizione dei servizi come un diritto e non come una forma di assistenza sociale, e le intellettuali femministe giocarono un rilevante ruolo nel creare una cultura dei servizi. Le donne femministe collaborarono anche con esperti nel campo dell'educazione infantile, con particolare attenzione per i servizi per l'infanzia. Un esempio del risultato di tale cooperazione è stata l'organizzazione di un network nazionale sui servizi per l'infanzia che a tutt'oggi regolarmente tiene una conferenza annuale e pubblica la rivista «Zero-sei». Il network, che può contare tra i suoi partecipanti rappresentanti degli enti locali, pedagogisti, direttori e operatori degli asili nido e delle scuole per l'infanzia, ha dimostrato di avere grande peso sull'immagine, sulla formazione delle operatrici e sull'organizzazione dei servizi per l'infanzia.

Va per altro segnalato che, a differenza di quanto è accaduto in altri paesi, il movimento femminista in Italia non creò proprie istituzioni né nel settore sanitario, né in quello dei servizi sociali, ritenendoli di prioritaria responsabilità pubblica. Così, ad esempio, a seguito dell'istituzione dei consultori pubblici, numerosi consultori di origine femminista vennero chiusi, nonostante i nuovi consultori pubblici non rispondessero pienamente alle finalità per cui si era battuto il movimento. Non così, ovviamente, fecero i cattolici. Essi mantennero i propri consultori e ne rafforzarono la rete, usufruendo in molti casi di finanziamenti attraverso la legge istitutiva dei consultori pubblici, sulla base del principio di sussidiarietà. Attualmente, i consultori pubblici di ispirazione religiosa, gestiti o finanziati direttamente da associazioni cattoliche, costituiscono circa il 12% di tutti i consultori. Inoltre, mentre nel corso del tempo i consultori pubblici hanno ristretto il loro campo di azione alle questioni di assistenza sanitaria, quelli di area cattolica hanno mantenuto un'ampia gamma di servizi, che spaziano dalla terapia familiare alla consulenza psicologica, alla coppia e al nucleo familiare. Tutti contrari all'aborto per principio, i consultori di ispirazione religiosa, così come i gruppi che li organizzano e li gestiscono, assumono viceversa posizioni differenziate nei confronti della contraccezione e della sessualità, delle coppie non sposate, della separazione e del divorzio.

Per quanto riguarda la legislazione sul lavoro femminile e i servizi per l'infanzia che rendono possibile il lavoro delle madri, la parte del movimento delle donne più vicina all'attività dell'Udi o del sindacato fu anche quella che organizzò la campagna di raccolta firme per la legge di iniziativa popolare che modificò le responsabilità di finanziamento e di gestione degli asili nido. A questa parte del movimento si deve anche la mobilitazione per la riforma della legge di tutela della maternità, che portò a una sua graduale estensione a tutte le categorie di lavoratrici dipendenti e alla introduzione della possibilità per il padre di prendere il congedo facoltativo.

Il rapporto tra il movimento delle donne, da un lato, e il Pci e il sindacato dall'altro, si rivelerà cruciale, anche se spesso ambivalente e conflittuale, per l'influenza delle donne sulle decisioni politiche. Questo rapporto era duplice: da un lato, sia il Pci che i sindacati agivano come i rappresentanti degli oppressi, dei gruppi marginali e dei gruppi di protesta, mediando le loro richieste entro la sfera istituzionale e sostenendole con il proprio peso politico. Dall'altro lato, molte donne del Pci e del sindacato erano attive anche nei movimenti delle donne e organizzarono commissioni femminili dentro il partito e dentro il sindacato. Pertanto, non solo le donne sostennero le questioni femministe e femminili entro il dibattito politico del partito, ma a esse venivano anche riconosciuti, soprattutto dentro il Pci, un ruolo particolare e una specifica area di competenza. La Commissione femminile del Pci ebbe un riconoscimento istituzionale dentro il partito fino al 1994, quando venne sciolta per iniziativa delle sue componenti[12].

La proposta politica più conosciuta e influente presentata dalla Commissione femminile del Pci fu «la legge sui tempi». Esito e insieme strumento di un lungo e capillare processo di mobilitazione, la proposta aveva un duplice obiettivo. In primo luogo, si proponeva una riforma del sistema di sicurezza sociale che, a partire da una prospettiva del corso di vita, tenesse presente sia la carriera e i calendari lavorativi che quelli del ciclo di vita familiare. Perciò si proponeva un complesso sistema di congedi e di flessibilizzazione dell'età al pensionamento. Il secondo obiettivo consisteva nel ripensare l'organizzazione dei tempi delle città – gli orari degli uffici pubblici, dei negozi, dei trasporti, ecc. – al fine di costruire una città a misura dei bisogni dei cittadini, in particolare di quelli delle donne inserite in una rete fatta di responsabilità multiple. Per certi versi, questa proposta anticipava largamente la raccomandazione dell'Unione europea in tema di conciliazione delle responsabilità familiari e attività lavorativa.

[12] La storia della Commissione femminile del Pci e del suo rapporto con il movimento delle donne è molto complessa e non può essere affrontata in questa sede. Sottolineiamo solo il fatto che tra tutti i partiti presenti nella scena politica italiana il Partito comunista fu il più ampiamente coinvolto dal movimento delle donne, nonostante anche i socialisti potessero vantare la presenza di alcune femministe tra le file del partito. La Democrazia cristiana e le organizzazioni cattoliche furono molto meno coinvolte dal movimento, nonostante la presenza di donne militanti con una tradizione di battaglie a favore della questione femminile almeno nell'area dell'assistenza sociale e del mercato del lavoro. Apparentemente le donne femministe cattoliche furono meno capaci di influenzare i programmi e le battaglie dei loro colleghi di sesso maschile di quanto lo fossero le donne di sinistra. Probabilmente è questa la ragione della diaspora tra le donne femministe cattoliche, che per lo più lasciarono il loro partito e si unirono alla sinistra, spesso sotto forma di «indipendenti di sinistra».

Dal punto di vista simbolico e della mobilitazione la proposta di legge ebbe notevole successo, andando ben al di là dei dibattiti dentro il partito. Benché la proposta non abbia avuto alcun peso nel dibattito sulla riforma del sistema pensionistico, ne ha avuto infatti a livello locale, per quanto concerne la riorganizzazione dei tempi nelle città. Non solo, infatti, la nuova legge sulle autonomie locali (n. 142) prevede che i sindaci siano «responsabili per il coordinamento dei tempi nella città», ma in numerose realtà si sta anche tentando di sviluppare una sorta di «piano degli orari», analogamente al piano urbanistico. Sono state anche create le cosiddette «banche del tempo», dove gli individui possono scambiare il loro tempo (offrire prestazioni di cura, ma anche tipi diversi di prestazioni e servizi), in sostituzione non tanto dell'acquisto di servizi nel mercato quanto degli scambi e forme di reciprocità esistenti nelle reti informali di vicinato e non sempre facilmente disponibili nelle grandi città.

La più complessa questione della conciliazione delle responsabilità familiari e lavorative ha invece dovuto aspettare ad essere affrontata ancora qualche anno dopo l'approvazione della Raccomandazione europea, con la legge n. 53/2000 presentata e portata all'approvazione parlamentare dall'allora ministro per la Solidarietà sociale Livia Turco: la stessa persona che come coordinatrice della Commissione femminile del Pci aveva promosso la proposta di iniziativa popolare di «legge sui tempi».

Negli ultimi anni, accanto e spesso più dei gruppi femministi, sono diventate visibili e influenti le associazioni di casalinghe, sia di esplicita ispirazione cattolica, come il Moica, sia senza particolare orientamento religioso, ma fino al 1994 orientate al sostegno della Dc, come la Federcasalinghe. Quest'ultima in particolare è divenuta un'organizzazione di massa molto influente sul piano politico, benché dopo il 1994 le sue scelte siano state molto mutevoli[13], e con non

[13] Dopo molti anni di sostegno esplicito alla Dc (in particolare alla corrente andreottiana), nel 1994 la Federcasalinghe, o forse meglio la sua creatrice e presidente, diede il suo appoggio a Forza-Italia; delusa

irrilevanti dimensioni economiche. Ha avuto un ruolo decisivo per molte iniziative, in tema di pensioni alle casalinghe, assicurazione degli infortuni domestici e così via.

1.3. *Le associazioni dei genitori e familiari*

Le associazioni dei genitori sono poco diffuse nel nostro paese. A livello nazionale ne esistono tre: due di area cattolica – Agesc (Associazione genitori scuole cattoliche) e Age (Associazione italiana genitori) – e una di sinistra – Cgd (Coordinamento genitori democratici). Un tentativo di incoraggiare l'organizzazione e la partecipazione dei genitori alla vita della scuola è stato fatto attraverso la legge n. 477 del 1973, che diede ai genitori la possibilità di avere rappresentanti negli organi collegiali della scuola. Prodotto del clima di «partecipazione» di quegli anni, questa, come molte altre istituzioni di rappresentanza degli anni Settanta, di fatto fallì il proprio obiettivo: dopo i primi anni di forte partecipazione dei genitori alle elezioni e alla gestione della vita scolastica, l'interesse per questa esperienza venne meno. All'inizio degli anni Novanta neppure il 30% dei genitori partecipava alle elezioni degli organi collegiali scolastici [Corradini 1993]. Gli osservatori attribuiscono tale fallimento sia all'impreparazione, sia all'eccessiva politicizzazione, sia infine – e forse soprattutto – allo scarso potere che questi organismi hanno di influenzare la burocrazia scolastica e di contrastare gli atteggiamenti spesso corporativi degli insegnanti.

Dal 1991 il ministero della Pubblica istruzione ha consentito l'accesso in tutte le scuole di ordine e grado ai rappresentanti delle tre associazioni sopra citate (le sole che siano dotate di un regolare statuto in più del 50% delle regioni, ripartite equamente tra nord, centro e sud Italia). Tuttavia le associazioni dei genitori non hanno rappresentanza nel Consiglio nazionale della pubblica istruzione, no-

dal Polo, nelle elezioni del 1995 ha spostato il proprio sostegno all'Ulivo e la presidente, Federica Gasparini, è divenuta sottosegretario al Lavoro nel governo Prodi.

nostante vi siano numerose pressioni in questa direzione, analogamente a quanto avviene in altri paesi europei. È giusto ricordare che le associazioni dei genitori nel nostro paese hanno scarso rilievo nelle decisioni che riguardano la vita della scuola, se confrontato con il potere decisionale che hanno le organizzazioni sindacali degli insegnanti.

Negli ultimi anni sembra emergere un'inversione di tendenza che, nonostante sia ancora molto incerta, si presenta a due diversi livelli: a livello locale sono nate associazioni di genitori che agiscono come gruppi di pressione nei confronti degli enti locali sui problemi che riguardano gli orari, le mense scolastiche, le attività di doposcuola e così via; a livello nazionale, invece, le associazioni di area cattolica costituiscono ormai una lobby che chiede finanziamento statale per le scuole private affinché venga eliminata la differenza oggi esistente tra le scuole pubbliche e private, in favore di un sistema diversificato ma unificato, nel quale le famiglie (i genitori) possano scegliere la scuola più adatta alle loro esigenze e più consona ai loro valori. Questa questione negli ultimi anni, in particolare nelle due tornate elettorali, è divenuta una tematica che in forme diverse è stata ripresa nei programmi elettorali di tutti i partiti politici. Con i governi dell'Ulivo si è pervenuti alla definizione di «scuola paritaria» e di un sistema di scuola pubblica in cui le scuole statali e quelle private partecipano su un piano di parità, anche rispetto ai finanziamenti, purché le seconde rispettino determinati standard sia sul piano dei contenuti che su quello dei contratti di lavoro. La questione del finanziamento tuttavia non è ancora del tutto risolta, anche perché esiste una norma costituzionale che in linea di principio impedirebbe ogni forma di finanziamento alla scuola privata. La soluzione finora trovata, anche nella legge finanziaria per il 2003, è quella dei finanziamenti alle famiglie, via voucher e via detrazione fiscale del costo delle rette. A parere di chi scrive è per lo meno singolare che nel dibattito che si è aperto su questa questione non solo lo stato e il sistema pubblico sono divenuti una «parte» tra le altre, presumibilmente con una propria compatta ideologia, ma il dibattito sulla libertà nell'istruzione sembra riguardare solo istituzioni in competizione tra loro: scuole private e pubbliche, stato e associazioni varie, famiglie e stato. Della libertà degli allievi, del loro diritto ad avere accesso a una varietà di posizioni culturali e ideologiche, a prescindere dalle scelte dei loro genitori, viceversa non si fa parola. Di fatto, tuttavia, il rafforzamento della libertà delle famiglie (tramite sostegni economici alla frequenza alla scuola privata) significa rafforzamento del potere dei genitori di decidere per i propri figli, fino a quando questi dipendono economicamente da loro.

Le associazioni dei genitori hanno avuto influenza e hanno offerto importanti contributi anche nell'ambito della legislazione e delle politiche sociali che riguardano l'adozione, l'affidamento e i diritti dei cittadini portatori di handicap. Particolarmente in materia di adozione e affidamento, la legge attuale è nata sotto la pressione esercitata da un'alleanza tra l'Anfaa (Associazione nazionale famiglie adottive e affidatarie) e l'Associazione dei giudici minorili. L'Anfaa conserva tutt'oggi un rilevante peso sia a livello locale che nazionale nelle questioni riguardanti l'adozione, l'affido e in generale i diritti dei minori che vivono in situazioni problematiche.

Ha contribuito al dibattito che ha portato alla approvazione della legge sull'adozione internazionale nel 1998 e promuove in modo sistematico lo sviluppo dell'affidamento familiare come alternativa alla istituzionalizzazione. Per questo è stata a favore della legge n. 194/2001 per la parte che lo rafforza e pone il limite del 31 dicembre 2006 per la chiusura di tutti gli istituti. Allo stesso tempo ha fortemente criticato questa stessa legge sia perché non ha stanziato sufficienti risorse per l'affidamento familiare (in particolare perché ha lasciato alla discrezionalità degli enti locali e alle loro disponibilità di bilancio l'erogazione di contributi), sia perché ha introdotto tre novità nell'adozione che l'associazione ritiene rischiose per gli adottati, perché aprirebbero la possibilità di possibili casi di sfruttamento o perché non garantirebbero una famiglia solida: una minore rigidità nella definizione della differenza massima di età consentita tra adottanti e adottato, la possibilità che una coppia convivente non sposata all'atto della domanda possa ricevere un minore in adozione (purché sia sposata all'atto del perfezionamento dell'adozione), una più ampia possibilità di rintracciare i propri genitori naturali.

Una indagine nazionale sull'associazionismo familiare effettuata nel 1993 [Donati e Rossi 1995; Rossi 2002] ha censito circa 1.752 associazioni familiari, per un ammontare totale di circa 200.000 membri. Tra queste la distinzione tra associazioni che operano «in favore» delle famiglie e quelle che sono costituite «dalle» famiglie non è sempre chiara. La maggiore parte di queste forniscono servizi, sia al singolo che non appartiene ad alcun nucleo familiare e che si trova in stato di bisogno (ragazze-madri, minori privi di famiglia o con famiglia inadeguata, anziani soli), sia alle famiglie con qualche tipo di difficoltà (famiglie di immigrati extracomunitari, famiglie con problemi di droga o in cui siano presenti componenti portatori di handicap). Le associazioni più stabili nel corso del tempo si sono dimostrate quelle specializzate nell'offerta di prestazioni ben definite, spesso in collaborazione con i servizi pubblici locali. Un gruppo emergente è composto da quelle associazioni che offrono sostegno e forme di auto-aiuto nelle relazioni e nella mediazione di conflitti familiari.

Un'indagine più recente su associazioni familiari e benessere [Rossi 2002], che ha preso in esame associazioni che operano in campi diversi (scuola, handicap, malattia, sostegno alle famiglie), ha evidenziato il ruolo sia di sostegno materiale nella soddisfazione dei bisogni, sia di valorizzazione e promozione sociale della appartenenza a queste associazioni. Secondo Rossi [*ibidem*, 367], «il benessere familiare prodotto dalla esperienza associativa si concentra soprattutto sulla soddisfazione dei propri bisogni e sulla possibilità di contare su un maggior peso sociale». Scarsa è invece, secondo Rossi, la capacità di superare i confini particolaristici dei propri specifici bisogni per agire in un'ottica di benessere più generale. Il carattere strumentale delle associazioni, o della appartenenza ad esse, sarebbe anche evidenziato dal fatto che raramente le associazioni familiari sono percepite dagli aderenti come comunità di riferimento. Tutto ciò dovrebbe essere tenuto presente da coloro che viceversa (come la stessa Rossi, oltre a Donati) propongono l'associazionismo familiare come strumento di una politica sociale, e di un welfare, meno pubblico e più comunitario. Ciò non toglie che le associazioni di associazioni familiari, come la più organizzata e potente tra di esse, il Forum delle famiglie (di emanazione dell'episcopato cattolico italiano, ma che raccoglie associazioni diverse), soprattutto negli ultimi anni abbiano sviluppato un considerevole ruolo e potere di lobby. Ciò in parte è dovuto al sostegno istituzionale che ha e che lo rende autorevole, in parte alla crescente enfasi che nel campo delle politiche sociali, non solo familiari, è messa sul partnerariato sociale. Ciò ha sollecitato l'organizzazione e la formalizzazione di collaborazioni tra associazioni, al fine di potersi candidare come interlocutori a livello nazionale e della UE, favorendo le associazioni più capaci di organizzarsi a livello nazionale e di muoversi sulla scena politica, non limitandosi a rispondere ai bisogni dei propri associati.

2. *Le politiche della famiglia nelle proposte di legge e nei programmi dei partiti: dagli anni Sessanta ai primi anni Novanta*

Frequentemente evocata come un valore da difendere, la famiglia non è tuttavia stata oggetto diretto di intervento nei programmi dei partiti almeno fino alla fine degli anni Sessanta, quando le prime proposte di cambiamento legislativo furono incluse nel programma politico dei partiti liberale, socialista, radicale e repubblicano e più tardi di quello comunista. Per lungo tempo l'attenzione dei partiti politici è stata infatti rivolta più alla normazione giuridica dei rapporti familiari[14] che a una politica sociale per la famiglia. La

[14] Successivamente alla riforma del diritto di famiglia del 1975, ulteriori trasformazioni legislative sono state proposte (soprattutto dal Pci e dal Psi) e discusse nelle varie commissioni parlamentari. I due temi più ricorrenti sono stati quelli concernenti una più ampia parità tra i coniugi e il riconoscimento di uno status giuridico alle famiglie di fatto.

politica sociale per la famiglia, se e quando veniva menzionata, era considerata come parte delle politiche rivolte alle donne o era interpretata come sottoprodotto di altre politiche sociali, come nel caso dell'istituzione delle scuole materne statali o della riforma della scuola elementare del 1989.

I partiti politici iniziarono a pensare e concettualizzare la famiglia come oggetto diretto di politica sociale solo a partire dalla seconda metà degli anni Ottanta. Dall'analisi dei diversi programmi politici di questo periodo [Colozzi e Matteini 1991; Golini 1994] è possibile evincere quattro obiettivi, in parte contrastanti, in parte interdipendenti: 1) sostegno alla famiglia tramite l'offerta di servizi sociali; 2) opposizione all'aborto e viceversa sostegno alla maternità; 3) revisione del trattamento fiscale della famiglia; 4) sostegno alla combinazione di responsabilità familiari e responsabilità lavorative promuovendo al tempo stesso principi ispirati a una maggiore parità fra i sessi. Il primo obiettivo è stato sostenuto soprattutto dai partiti di centro-sinistra e dagli enti locali; il secondo e il terzo dalla Democrazia cristiana, ma anche dal Movimento sociale italiano; il quarto prevalentemente dal Partito comunista, ma anche da quello socialista.

Per quanto riguarda il primo obiettivo, un'indagine sulle proposte e i disegni di legge giacenti alla Camera e al Senato che direttamente o indirettamente toccano la sfera familiare per il periodo 1987-90 [Colozzi e Matteini 1991] indica che, in numerose proposte rivolte alla questione della riorganizzazione dei servizi sociali personali e alla definizione di una legge-quadro sull'assistenza sociale (siano esse presentate dalla Democrazia cristiana, dalle regioni, dal Partito socialista, dalla coalizione governativa di quegli anni), la famiglia viene individuata non solo come destinataria di interventi, in quanto ambito di vita della persona titolare del diritto di assistenza, ma anche come «soggetto attivo», cioè titolare di un ruolo di promozione e cooperazione. Caratteristica comune a tutte le misure di politica sociale proposte in quel periodo era quella di «agire a sostegno della famiglia e dei nuclei familiari garantendo la permanenza anche dei cittadini in difficoltà nel loro ambiente familiare e sociale di appartenenza o provvedendo, se necessario, al loro inserimento in famiglie o nuclei familiari liberamente scelti o in ambienti parafamiliari o comunitari». Da questa impostazione, pertanto, deriva l'assoluto privilegio dato agli interventi di tipo domiciliare, classificando le diverse forme di intervento in relazione alla famiglia in questo ordine: sostenere, integrare, sostituire.

Per il raggiungimento di questi obiettivi, per altro, i mezzi indicati sono anche molto diversi, a seconda del partito. Così, il Pci, il Psi e in parte la Dc fanno spazio al ruolo dell'ente pubblico nel fornire risorse monetarie o in servizi alle famiglie; i liberali viceversa sembrano puntare quasi esclusivamente sul rafforzamento delle responsabilità degli individui. Così, in una proposta di legge di questo partito del 1987 si chiede una revisione dell'articolo del codice civile che disciplina «i familiari tenuti agli alimenti», per rafforzare l'obbligo dei figli a provvedere al sostegno economico e all'assistenza morale dei genitori che si trovino in stato di bisogno, pena il pagamento di una multa o la condanna alla prigione.

Per quanto riguarda il sostegno alla maternità e l'opposizione all'aborto ormai divenuto legale, il Movimento sociale italiano[15] (1989) e la Democrazia cristiana (1990) presentarono due proposte di legge. La proposta della Dc si intitola «Norme di tutela del ruolo materno nella funzione educativa e sociale della famiglia» e tende a «recuperare una identità femminile specifica in relazione alla funzione materna», creando nel contempo le condizioni a partire dalle quali la donna possa «scegliere liberamente» di essere madre. A tal fine si prevedono misure quali: il pagamento dell'indennità di maternità anche alle casalinghe a tempo pie-

[15] La posizione dell'Msi sulle questioni riguardanti la famiglia e il ruolo della donna non si differenziò sulle questioni cruciali, come quella dell'aborto e del divorzio, dalle posizioni della Democrazia cristiana e della Chiesa cattolica [Leonardi e Wertman 1989]. Nonostante il forte antifemminismo, tuttavia, a partire dagli anni Settanta il partito fece seri passi in avanti per una maggiore parità delle donne dentro il partito [Cheles 1991]. In particolare dopo la sua trasformazione in Alleanza nazionale nel 1993, sono emerse divisioni dentro il partito riguardo all'aborto e al divorzio.

no; la possibilità di allungare le indennità di maternità fino a cinque anni per le lavoratrici autonome; nonché la possibilità di estendere per lo stesso numero di anni (5) l'assenza facoltativa per le lavoratrici dipendenti e l'introduzione di una indennità di maternità a carico dello stato, per cinque anni, per le lavoratrici dipendenti. La proposta presentata dall'Msi (1989) si intitola «Provvedimenti a favore della maternità» e ha quale scopo principale la lotta contro l'aborto, sia attraverso la revisione della normativa esistente in direzione di una riduzione del numero di circostanze nelle quali è possibile ricorrere all'aborto legale, sia attraverso l'offerta di sostegni economici per le maternità difficili, ivi compresa la condizione delle ragazze madri.

Per quanto riguarda il trattamento fiscale, nello stesso triennio dell'indagine citata (1987-90) sono state presentate (da parte unicamente della Dc) proposte e disegni di legge che avevano per oggetto la tutela dei redditi familiari. Lo scopo di tali proposte era quello di ridurre l'iniquo trattamento fiscale riservato ai nuclei con «carichi familiari» rispetto a quelli che ne sono privi, prevedendo una particolare forma di *splitting* facoltativo del reddito o soluzioni analoghe a quella del «quoziente familiare» alla francese. In linea generale, le proposte prevedevano anche un aumento degli assegni familiari attraverso l'adeguamento dei limiti di reddito al tasso programmato di inflazione e il raddoppio delle detrazioni per il coniuge a carico. La ridefinizione delle norme e del finanziamento dell'assegno per il nucleo familiare era stata oggetto di numerose proposte, di cui almeno una (presentata dalla Dc) chiedeva la sostituzione di questa misura con un «fondo familiare» finanziato attraverso il sistema di fiscalità generale.

Per quanto riguarda il problema della conciliazione delle responsabilità familiari con la partecipazione al mercato del lavoro, il Pci (1988), il Psi (1988) e la Dc (1987) presentarono proposte di legge molto simili che prevedono l'estensione dei diritti di congedo e di indennità di maternità al padre nella stessa misura della madre, e l'istituzione di congedi parentali (in aggiunta a quelli esistenti) che consentissero ai genitori di prendersi cura del bambino sotto i 2 anni

(5 se portatore di handicap) e di congedo familiare concesso in caso di malattia del coniuge, del figlio oltre i 3 anni, di malattia o decesso di un parente prossimo. Nonostante le somiglianze nel contenuto, gli obiettivi e le ispirazioni di valore dei sostenitori delle proposte erano alquanto differenti. In particolare, la proposta della Dc (16 luglio 1987, atto Camera n. 862) faceva riferimento al bisogno di tutelare il diritto della famiglia ad assolvere il proprio compito fondamentale e al diritto del minore di essere educato nella e dalla famiglia e di «realizzare con i genitori relazioni intense e appaganti». Diversamente, la proposta avanzata dal Pci (28 giugno 1988) faceva riferimento al bisogno di costruire «stili di vita incentrati sui valori dell'autonomia, della libertà, della comunicazione, della solidarietà e della responsabilità», e al bisogno di ripensare il welfare state sotto una prospettiva che privilegi i diritti individuali, il riconoscimento del valore sociale del lavoro di cura, la redistribuzione del lavoro familiare tra i sessi, così come «una politica del tempo e del ciclo di vita adeguata», con riferimento esplicito alla citata proposta di legge sui tempi.

Il riconoscimento del valore sociale del lavoro familiare, o di cura, svolto per i componenti familiari viene confermato anche dall'ampio numero di proposte di legge presentate dai partiti dell'intero arco parlamentare, dal Pci al Msi, nello stesso triennio 1987-90. Ciò indica non solo che alcune delle analisi e denunce fatte dal movimento delle donne sono entrate a far parte dei discorsi politici, ma anche che tutti i partiti, inclusi i più conservatori, non pensano più che le donne debbano esclusivamente essere incoraggiate a stare a casa per amore, vocazione e destino. Tuttavia, quando si passa ad analizzare le misure concrete previste, notevoli sono le differenze tra i partiti: mentre le proposte della Dc e dell'Msi chiedono un riconoscimento della funzione sociale ed economica del lavoro della casalinga, che pertanto dovrebbe essere pagato attraverso un assegno pubblico, le proposte del Pci vanno nella direzione di assicurare contributi previdenziali per le persone addette alle cure domestiche, al fine di concedere anche alla casalinga la titolarità a un'adeguata pensione futura.

Come abbiamo visto, solo alcune di queste proposte, più o meno trasformate, hanno poi trovato attuazione sul piano della effettiva approvazione di leggi: quelle sulla conciliazione (cfr. legge n. 53/2000) e, in parte, quelle sul riconoscimento sociale del lavoro domestico (cfr. Fondo per la pensione a chi svolge in modo esclusivo lavoro casalingo e assicurazione contro gli infortuni domestici). In effetti, dopo le grandi innovazioni legislative introdotte nella seconda metà degli anni Settanta e fino a metà degli anni Novanta si poteva avere l'impressione che le proposte di legge in tema di relazioni familiari e di sostegno alle responsabilità familiari avessero una priorità più simbolica che pratica nei programmi dei partiti e più in generale nelle assemblee legislative.

La nascita di nuovi partiti dal 1993, la disaggregazione e ridefinizione dei vecchi, la costituzione di alleanze inedite (ad esempio tra i radicali e gli ex democristiani del Ccd e Cdu, oltre che con An nel Polo, tra Pds e popolari nell'Ulivo) hanno fatto sì che le tradizionali divergenze politiche e culturali sulle questioni attinenti alla famiglia – quali l'aborto, il divorzio e la parità giuridica tra i sessi – si trasferissero entro le due coalizioni che attualmente si confrontano sul piano politico, rendendole altrettanto eterogenee al proprio interno quanto lo sono tra loro. Quella che agli occhi di osservatori esterni potrebbe apparire una contraddizione del sistema politico italiano è probabilmente solo un indicatore della marginalità e non priorità nell'ambito delle scelte politiche delle questioni relative alla famiglia, per quanto attualmente molto più visibili almeno a livello di dibattito ideologico.

In occasione della campagna elettorale del marzo 1994, il tema della famiglia, e in particolare di quali politiche per quale famiglia, venne infatti per la prima volta ad assumere un ruolo di rilievo nel programma politico dei maggiori partiti protagonisti della campagna elettorale.

Dentro la coalizione di centro-destra, i partiti (Forza Italia, l'Msi e i Ccd) fecero un diretto riferimento alla necessità di promuovere la famiglia e sostenerla economicamente, alla necessità di riconoscerne il valore sociale attraverso assegni per il lavoro svolto dalle casalinghe (ma solo per le donne casalinghe a tempo pieno) e alla necessità di elaborare un nuovo trattamento fiscale per le famiglie. Il Movimento sociale italiano e i Ccd si sono anche fatti promotori di una legge per rendere l'aborto nuovamente illegale. Il Partito popolare e il Pds, invece, hanno continuato a esprimere posizioni molto vicine a quelle proprie della tradizione dei partiti da cui provengono – Pci e Dc. La proposta di «un assegno per il lavoro di cura familiare», avanzata dal Pds nella campagna elettorale di quell'anno per iniziativa autonoma della Commissione femminile, provocò tuttavia non pochi dibattiti e conflitti non solo tra le donne dello stesso partito, ma anche tra le femministe, fuori dal partito. L'assegno per il lavoro di cura era previsto per la persona che nella famiglia ne avesse la principale responsabilità e avrebbe dovuto assorbire tutte le forme di sostegno al reddito familiare esistenti: detrazioni fiscali per carichi di famiglia e degli assegni per il nucleo familiare. La proposta del Pds intendeva venire incontro sia alle richieste avanzate dal movimento femminista che a quelle provenienti dalla parte elettorale femminile più conservatrice: in particolare alle diverse associazioni di casalinghe. La proposta fu criticata dalle donne di sinistra per due ragioni diverse. In primo luogo perché, nonostante si usasse una terminologia neutra rispetto al genere, di fatto si cristallizzava la divisione del lavoro familiare, dando per scontato che in una famiglia il lavoro familiare e di cura debba essere responsabilità prioritaria di una e una sola persona, che finirebbe con l'essere nella stragrande maggioranza una donna/madre/moglie. In secondo luogo, perché la proposta sembrava ricondurre il costo dei figli per i genitori al solo costo della cura e del lavoro domestico svolto dalla madre.

Il tema del sostegno alla famiglia è stato visibile anche nelle campagne elettorali del 1996 e del 2001. In entrambi gli schieramenti politici si è parlato di sostegni economici alle famiglie con figli, sostegni alle famiglie con persone invalide, alla solidarietà tra le generazioni e così via. Data la già ricordata eterogeneità interna di ciascuna coalizione su questi temi, non stupisce che sia le questioni messe a fuoco, sia gli strumenti indicati, non fossero radicalmente diversi;

anche se ciascun partito entro l'una o l'altra coalizione aveva proprie sottolineature e priorità specifiche.

I temi che emergono come prioritari sono quelli del sostegno alle scelte di procreazione, e in particolare alla natalità, e il sostegno alla conciliazione tra responsabilità familiari e lavorative. Nella coalizione di centro-destra il tema del sostegno alla natalità ha una posizione centrale, anche in funzione di contrasto alla immigrazione e di difesa della identità nazionale e «autoctona» (soprattutto in An e nella Lega). È inoltre posto l'accento sulla necessità di tutelare e sostenere esclusivamente la famiglia legittima e sulla inopportunità di addivenire a forme di riconoscimento delle coppie di fatto, eterosessuali e ancor più omosessuali. Anche se non mancano voci dissonanti, specie tra chi proviene dal partito socialista o radicale, ma anche in An (si pensi alla posizione di Alessandra Mussolini). Il riconoscimento delle obbligazioni reciproche delle coppie di fatto eterosessuali è un obiettivo relativamente condiviso nella coalizione di centro-sinistra, anche tra i cattolici, che viceversa hanno ancora forti resistenze a riconoscere dignità sociale alle coppie omosessuali. Nella coalizione di centro-sinistra, inoltre, emerge timidamente anche il tema del sostegno alla autonomia economica dei giovani non solo, come è ovvio, tramite l'accesso alla occupazione, ma anche tramite risorse loro dedicate a prescindere dalla appartenenza familiare.

3. *L'istituzionalizzazione delle politiche familiari*

In Italia, diversamente da quanto avviene per molti altri paesi europei, l'assenza di una politica della famiglia esplicita rende impossibile parlare del grado di istituzionalizzazione raggiunto dalle politiche familiari in quanto tali, soprattutto a livello nazionale. Le scelte e le decisioni politiche sulle misure di politica sociale che di fatto riguardano le famiglie si frammentano infatti nel nostro paese in una pluralità di referenti istituzionali e di livelli di governo (nazionale, regionale, provinciale, locale). Ne deriva uno scarso livello di integrazione, quando non addirittura un'aperta contraddizione tra una misura sociale e l'altra e tra le stesse leggi che definiscono e regolamentano le materie.

Fino al 1988 non esisteva un ministero specifico. Ed anche dopo di allora, nelle varie denominazioni che ha assunto (ministero per gli Affari sociali, della famiglia, della solidarietà sociale) e fino alla riforma dei ministeri entrata in vigore nel 2001, è rimasto un ministero senza portafoglio, presso la Presidenza del Consiglio. Dal 2001 è stato fuso con il ministero del Lavoro e della previdenza sociale, ora divenuto ministero del Lavoro e delle politiche sociali. Gran parte delle, poche, politiche sociali nazionali che interessano la famiglia (assegni familiari, detrazioni fiscali, congedi) dal dopoguerra ad oggi sono state fatte tramite le leggi fiscali annuali, in una negoziazione tra ministeri delle Finanze, del Tesoro, e del Lavoro. Occasionali interventi potevano provenire dal ministero degli Interni e da quello di Grazia e Giustizia per quanto attiene ai minori in difficoltà. E nelle ultime due legislature ha avuto un qualche ruolo, ancorché limitato, il ministero, senza portafoglio, delle Pari opportunità. Salvo la scuola e i servizi sanitari, di competenza rispettivamente del ministero dell'Istruzione e del ministero della Sanità, la questione dei servizi alla persona non aveva un luogo e un attore istituzionale specifico da cui e rispetto a cui essere fatta valere. Essendo infatti i servizi alla persona di competenza locale, la loro organizzazione e finanziamento veniva, e tuttora viene sussunta entro i trasferimenti appunto agli enti locali. In assenza di un quadro di riferimento nazionale, di standard e obiettivi comuni, ma anche di responsabilità vincolanti, le decisioni erano quindi tutte spostate a livello di negoziazioni locali: regioni, ma soprattutto comuni e in qualche caso di province (che hanno ad esempio competenza nelle politiche per le madri nubili e per i minori disabili).

Nel periodo del governo dell'Ulivo il ministero per la Solidarietà sociale ha tentato una azione di regia, oltre che di promozione delle politiche sociali di sostegno alle responsabilità familiari. A partire dal 1997 perciò, le politiche di sostegno alle responsabilità familiari sono entrate nell'agenda governativa e parlamentare, non solo tramite l'approvazione di leggi importanti (dalla n. 285/1997 alla n. 53/2000 fino alla n. 328/2000), ma impegnando una quota significativa di risorse economiche, vuoi con trasferimenti diretti, vuoi con detrazioni fiscali. È stato inoltre creato il Fondo sociale, che oggi costituisce il bilancio delle politiche sociali non previdenziali e non sanitarie da distribuire tra le regioni perché queste a loro volta lo distribuiscano alle province e ai comuni. Soprattutto, la legge n. 328/2000 ha iniziato a disegnare un quadro istituzionale più definito degli attori – pubblici, ma anche di terzo settore e privati – che possono concorrere alla definizione delle politiche in questo campo e delle regole che devono presiedere alla loro cooperazione. L'utilizzo di fondi «dedicati» e di leggi di settore, come la n. 285/2000, da questo punto di vista, per quanto potesse essere valutato un ennesimo caso di frammentazione e di produzione di politiche in modo incrementale anziché sistemico, ha avuto l'effetto di promuovere l'innovazione a livello locale, anche sollecitando la riorganizzazione di professionalità, strutture, consolidate divisioni amministrative e così via, aprendo appunto la strada alla riorganizzazione complessiva implicata dalla attuazione della n. 328/2000. Si tratta ancora in larga misura di una scatola che va riempita, di un meccanismo che va messo in moto e che ha subito qualche rallentamento sia a motivo, come si è detto, della riforma del Titolo V della Costituzione, sia anche delle nuove proposte di riforma in materia di federalismo. Soprattutto rimangono ancora largamente da chiarire, in questo come in altri settori, gli equilibri tra decentramento, o cessione, di competenze di intervento e cessione di competenze fiscali e l'intera questione del rapporto (anche per quanto riguarda il peso finale sui cittadini) tra fiscalità generale e fiscalità locale.

Con la creazione del nuovo ministero unificato del Lavoro e delle politiche sociali questa operazione di regia dovrebbe essere in teoria facilitata. Mettendo insieme le indicazioni emerse dalle leggi fiscali del 2002 e 2003 e i propositi annunciati nel *Libro bianco sul welfare* presentato nel febbraio 2003, accanto ad una certa contraddittorietà tra analisi e proposte, emerge l'intenzione di proseguire sulla via delle detrazioni fiscali e dell'incentivazione alla flessibilità e al part time, specie per le madri. Esplicita è anche l'enfasi sulla capacità di auto-organizzazione delle famiglie, il cui ruolo come fornitrici di servizi viene accentuato, a fronte di una riduzione di fatto dei trasferimenti alle regioni che avrà conseguenze sulla offerta dei servizi stessi.

D'altra parte, il contesto istituzionale disegnato dalla legge n. 328/2000 e dalla riforma del Titolo V della Costituzione vincola fortemente le competenze del ministero e del governo centrale in questo campo essendo le politiche sociali – ad esclusione di quelle previdenziali – largamente di competenza regionale, non può agire altro che sotto forma di indirizzo e di definizione dei livelli essenziali, e marginalmente di incentivo. Quindi le competenze che deve sviluppare riguardano principalmente sia la capacità di definizione degli obiettivi, sia quella di individuare le risorse, umane, professionali, finanziarie necessarie per realizzarli, sia infine quella di monitorare adeguatamente la realizzazione di quegli obiettivi da parte dei livelli di governo locale competenti. Rimane inoltre aperta la questione di quale sia il suo ruolo nel caso in cui neppure i livelli essenziali di servizio fossero garantiti a livello regionale.

La situazione è solo apparentemente simile a quella della sanità, cui pure il nuovo disegno istituzionale si è ispirato. Nel caso della sanità, infatti, il sistema era consolidato sia negli obiettivi che nelle dimensioni organizzative e professionali, nelle strutture ed anche nel bilancio. Per quanto il sistema sia stato più volte ritoccato anche conflittualmente e la componente decentrata rafforzata, ciò è avvenuto sulla base di questo insieme consolidato. Nel caso del Fondo sociale e delle politiche sociali non previdenziali e non sanitarie, invece, il fondo è nato insieme alle politiche e in interazione con politiche locali di cui poco si sapeva, e sa, a livello centrale sia per quanto riguarda i servizi erogati che per quanto riguarda i fondi impegnati. La stessa definizione dei livelli essenziali dei servizi è avvenuta in questo vuoto, o meglio frammentazione e non conoscenza sistematica delle esperienze pregresse e persino dei bisogni cui dovrebbero riferirsi, nella loro distribuzione concreta.

Lo sviluppo della capacità di regia e monitoraggio da parte del centro richiederebbe un surplus di legittimazione che invece non è facile da sviluppare, proprio a causa della mancanza di un consenso e di una iniziativa consolidata in questo campo, della persistenza di forti conflitti ideologici (e di usi ideologici dei dissensi in tema di famiglia) ed ora di vocazioni federaliste che possono in molti casi basarsi su forti tradizioni di welfare locale (anche se più a livello municipale che regionale).

Non va, infine, trascurato che il nuovo disegno federalista ha da un lato rafforzato, e talvolta creato, nuove istituzioni di rappresentanza degli enti locali e moltiplicato i tavoli di negoziazione, su questo come su altri temi – dall'Anci (Associazione Nazionale Comuni Italiani) alla Conferenza delle regioni, alla Conferenza Stato-Regioni, alla Conferenza Unificata. Dall'altro lato ha anche moltiplicato le potenziali sedi di conflitto non solo relativamente alla divisione dei fondi, ma alle competenze. Ad esempio, il rafforzamento del potere regionale ha per certi versi indebolito quello dei comuni, che fino a pochi anni fa erano gli attori principali delle politiche sociali a livello locale. In generale ha messo in moto una ridefinizione complessiva del sistema degli attori e dei meccanismi di negoziazione e decisione che non è ancora compiuta nel momento in cui scriviamo.

4. *Gli enti locali come promotori di politiche familiari*

Si è detto che la lunga assenza di una legge quadro in materia di servizi e politiche sociali non previdenziali e non sanitarie ha lasciato tutta l'iniziativa agli enti locali, specie dopo che l'istituzione delle regioni, nel 1977, ha trasferito loro le competenze in materia di assistenza sociale e di servizi alla persona. Anche l'attenzione per le famiglie e il sostegno alle responsabilità familiari si è sviluppata prima a livello locale, di alcuni comuni e regioni, che non a livello nazionale: sia tramite una maggiore attenzione per le relazioni familiari nella offerta di servizi, che tramite la considerazione della ampiezza familiare nella definizione delle tariffe e delle imposte, che infine tramite sostegni economici alle famiglie con figli.

È soprattutto a livello delle politiche locali, perciò, che si può rintracciare quel poco o tanto di politiche di sostegno delle responsabilità familiari che sono state attuate nel nostro paese, in particolare nel settore dei servizi. Il tipo, la quantità, la qualità dei servizi e delle risorse disponibili a livello locale, vuoi organizzati e offerti direttamente dagli enti locali, vuoi da questi incentivati e sostenuti, costituiscono infatti un pezzo importante del sistema di welfare italiano e delle politiche di sostegno alle responsabilità familiari[16]. Possono avere effetti rilevanti per la qualità della vita delle famiglie, e per le risorse con cui possono non solo affrontare problemi piccoli o grandi, ma anche effettuare scelte in merito alla assunzione di responsabilità familiari: verso i più piccoli, ma anche verso le persone non autosufficienti. Allo stesso tempo costituiscono un forte elemento di differenziazione tra famiglie a parità di bisogni e di reddito, ma residenti in luoghi diversi, oltre ad acuire le disuguaglianze tra famiglie che non solo hanno redditi diversi a parità di bisogno, ma risiedono in contesti con una offerta di risorse pubbliche diseguale: dalla offerta di nidi e di servizi per l'infanzia ai doposcuola, ai servizi mensa, dalla esistenza di servizi di assistenza domiciliare per gli anziani non autosufficienti, ai servizi di trasporto per i portatori di handicap, dalle politiche di accesso alla abitazione alle attività di tempo libero per i bambini e i ragazzi. In assenza di una legge quadro che definisse standard minimi uniformi, si sono sviluppati nel tempo non solo una varietà di modelli locali di welfare, ma anche sistemi di diritti locali fortemente diso-

[16] Per altro, diversi autori hanno sottolineato l'importanza dei servizi sociali nel dare forma al sistema o regime di welfare. E Taylor Gooby [1991], Alber [1995] e Anttonen e Sipilä [1996] hanno sostenuto che se si tenesse conto della offerta dei servizi sociali forse le tipologie prevalenti negli studi comparativi sul welfare state e il modo di raggruppare i diversi paesi in uno o in un altro tipo dovrebbero essere corretti più o meno radicalmente. Il motivo per cui raramente se ne tiene conto è che, appunto, i servizi sociali sono organizzati su base locale e non è sempre agevole avere dati nazionali comparabili.

mogenei, sia sul piano dei trasferimenti di reddito che su quello dei servizi alle persone, da una regione all'altra, ma anche all'interno di una stessa regione. Di norma, vi è maggiore ricchezza e diversificazione nella offerta di sostegni nelle città del centro-nord che non in quelle del Mezzogiorno; anche se esistono fortissime variazioni tra regioni e all'interno della stessa regione, e se tutta l'innovazione non è limitata alle grandi città del centro-nord.

4.1. *Il ruolo dei comuni nelle politiche sociali per le famiglie*

Non è agevole ricostruire l'impegno dei comuni dai dati della spesa sociale, stante il modo in cui sono formulati i bilanci (ad esempio le spese del personale di un nido non saranno conteggiate nella voce «nido» ma nelle spese generali, o per il personale). Solo di recente gli enti locali stanno rivedendo il modo in cui sono impostati tecnicamente i bilanci – un passaggio indispensabile per poter tenere adeguatamente sotto controllo e verificare l'adeguatezza ed efficacia dei propri interventi. Due ricerche nella prima metà degli anni Novanta sulla spesa sociale delle regioni e dei comuni italiani [Irs 1994; 1997] avevano tentato di effettuare prime stime, pur limitate dal fatto che circa il 60% della spesa non era chiaramente imputabile a voci precise. Da queste analisi erano emerse differenze territoriali in termini di spesa *pro capite*, specie per quanto riguarda gli interventi nell'area più specificamente individuabile come «familiare», quella materno-infantile. Era stato anche segnalato il fatto che l'area di intervento che assorbiva la maggiore percentuale di spesa chiaramente identificata era quella dei servizi ai portatori di handicap, seguita dall'area materno-infantile e dall'area anziani. In particolare, il servizio che assorbiva la maggior quantità di fondi regionali era l'assistenza domiciliare, seguita dai nidi. Meno rilevanti dal punto di vista delle risorse investite, le strutture residenziali per anziani e i centri diurni per portatori di handicap mostravano tuttavia livelli di investimento considerevoli. Le regioni del sud mostravano in generale una più elevata propensione alla spesa per strutture residenziali, sia per anziani che per minori. Questo dato era confermato anche dalla spesa dei comuni. Una successiva analisi effettuata dall'Istat [2001, 303-307] ha rilevato che i comuni gestiscono oltre il 50% della spesa assistenziale complessiva e che la quota maggiore di questa spesa (36,7%), nel 1997, era rivolta ai minori. Più contenuta (18,8%) la spesa per disabili e anziani. I servizi di tipo generale – segretariato sociale, assistenza alle emergenze sociali, servizi di telesoccorso, centri di ascolto e assistenza economica – assorbivano quasi il 14% dei servizi offerti in totale (cfr. tab. 5.1). Rispetto agli anni Settanta è aumentata notevolmente la quota di servizi destinata ai disabili, che è passata dal 2,1% al 18,8% della spesa. Molto più contenuto l'aumento dell'incidenza della spesa dedicata ai servizi rivolti a coloro che sono dipendenti da sostanze, che rimane marginale nei bilanci comunali: dallo 0,1% al 2,9%. Viceversa è diminuito il peso relativo delle attività rivolte ai minori e, in minor misura, agli anziani.

TAB. 5.1. *Servizi socio-assistenziali erogati dai comuni per ampiezza demografica dei comuni e tipo dei servizi*

Tipo di servizi	Comuni		
	Con almeno 20.000 abitanti	Con meno di 20.000 abitanti	Totale
Generali	11,3	13,9	13,8
Per minori	35,9	26,2	36,2
Per portatori di handicap	20,2	18,8	18,8
Per tossicodipendenti/etilisti	4,7	2,8	2,9
Per anziani	15,1	19,0	18,8
Per altre categorie	12,8	9,3	9,5
Totale	100,0	100,0	100,0

Fonte: Istat [2001, tab. 6.11].

La citata analisi dell'Istat ha rilevato che dal 1995 al 1999 in valore assoluto le spese impegnate dai comuni nel settore sono aumentate dell'11,8%, ed è anche aumentato il livello di spesa *pro capite* (da 188 mila lire nel 1995 a 209 mila lire nel 1999). L'incremento maggiore si è avuto nel Mezzogiorno, che partiva da livelli di spesa più bassi: la spesa *pro capite* nel Mezzogiorno ancora nel 1995 era infatti la metà della media nazionale. Per altro, ancora nel 1999 i livelli di spesa più bassi si continuano a registrare nel Mezzogiorno, in particolare in Puglia, Calabria e Molise, dove la spesa è attorno alle 100 mila lire *pro capite*. Va infine rilevato che, nonostante l'aumento in valore assoluto della spesa sociale, il suo peso sul totale della spesa corrente ha viceversa subito una lieve flessione, che ha riguardato tutte le componenti della stessa. Ciò è probabilmente dovuto all'ampliamento delle sfere di intervento delle amministrazioni comunali derivanti dai processi di decentramento degli ultimi anni. Esso da un lato ha fatto aumentare la spesa comunale complessiva, dall'altro ne ha imposto un riequilibrio.

Negli ultimi anni diversi comuni di medie o grandi dimensioni hanno iniziato a riordinare le politiche sociali locali a partire da una più esplicita messa a fuoco delle esigenze delle famiglie: favorendo un maggior coordinamento del lavoro svolto tra i diversi organi e servizi; utilizzando quello che è stato definito «il parametro familiare» nell'elaborare e valutare le politiche sociali e tariffarie e così via [cfr. anche Trifiletti 1999; 2002]. Ad esempio, accanto alle misure di tipo più specificamente assistenziale, dirette alle famiglie e agli individui in condizione di povertà, alcune città ultimamente hanno iniziato a sviluppare una propria politica di sostegno al reddito delle famiglie in particolari circostanze o fasi della vita. Così, tutti i comuni hanno introdotto uno sconto dell'Ici per la casa di abitazione, ma alcuni lo legano anche al reddito e all'ampiezza della famiglia. Alcuni comuni differenziano le tariffe per alcune utenze (elettricità, acqua, disposizione dei rifiuti, trasporti) non solo per tener conto di particolari stati di bisogno economico, ma anche della presenza di figli. Vi sono anche comuni che pagano una qualche forma di idennità a chi si occupa di un familiare non autosufficiente ed altri che incoraggiano, anche economicamente, forme di affido non solo nei confronti di minori, ma anche di anziani soli e non del tutto autosufficienti. Alcuni comuni (ad esempio Bologna e Torino) hanno introdotto una idennità per chi intende avvalersi della assenza facoltativa dopo tre mesi dalla nascita di un figlio, per compensare la forte riduzione di reddito che essa comporta. Tutte queste misure, per altro, sono vincolate a un qualche tipo di livello di reddito familiare. Altri comuni hanno introdotto degli assegni per i figli, di solito connessi all'evento nascita.

Accanto ad un ripensamento delle misure economiche e dei servizi «tradizionali» (inclusi quelli educativi) per tenere maggiormente conto del coinvolgimnento delle famiglie, le iniziative più interessanti riguardano i centri di servizi di consulenza e mutuo aiuto per le famiglie, i servizi che possono essere frequentati insieme da bambini e genitori (o nonni, o babysitter), i servizi estivi educativi e di tempo libero per bambini e ragazzi, le «banche del tempo», che favoriscono gli scambi di aiuto tra individui e famiglie, i servizi di sollievo (ospitalità temporanea ad un disabile grave, per consentire ai familiari che lo accudiscono di avere un periodo di riposo e maggior tempo per sé e la famiglia), i servizi per i minori disabili, che ne favoriscono lo sviluppo dell'autonomia e insieme sostengono le famiglie, e più in generale i servizi che favoriscono la domiciliarietà.

Tutti questi servizi possono essere gestiti in forma diretta o indiretta. Ad essi inoltre se ne affiancano in misura crescente altri, organizzati direttamente da istituzioni di terzo settore o di mercato. In effetti la presenza delle istituzioni di terzo settore nel campo delle politiche sociali rivolte alle famiglie è andata crescendo negli ultimi anni e costituisce un pezzo importante delle politiche locali, sia in quanto offre interlocutori e talvolta anche gestori delle politiche pubbliche stesse, sia appunto perché ne integra e diversifica l'offerta. Costituisce anche un ulteriore elemento di differenziazione territoriale, nella misura in cui esse sono distribuite molto diversamente sul territorio nazionale. Il censimento effettuato dall'Istat di queste istituzioni nel 1999 [Istat 1999; 2002a] ha infatti rilevato che quasi la metà si concentra in cinque regioni: Lombardia, Veneto, Emilia-Romagna, Piemonte e Toscana. All'opposto cinque regioni – Valle d'Aosta, Molise, Basilicata, Umbria e Calabria – ne vedono una presenza limitata. In generale la densità di istituzioni è mediamente più elevata nel centro-nord rispetto al Mezzogiorno.

Inoltre le dimensioni delle istituzioni sono generalmente maggiori nelle regioni settentrionali. I settori di attività prevalente delle istituzioni non profit – cultura, sport e tempo libero e assistenza sociale – si sovrappongono per ampi tratti con quelli tipici delle politiche per le famiglie.

4.2. *Le leggi regionali sulle politiche per le famiglie*

Accanto ai comuni, a partire dalla fine degli anni Ottanta anche le regioni hanno iniziato a sviluppare proprie politiche esplicite rivolte alle famiglie, in alcuni casi pervenendo anche ad approvare leggi quadro in questo campo. Al momento in cui scriviamo, inizio 2003, otto regioni hanno approvato una legge di questo tipo [cfr. anche D'Angelo 1994; Brienza 2001]. La prima è stata l'Emilia-Romagna, nel 1989 (legge regionale n. 27, «Norme concernenti la realizzazione di politiche di sostegno alle scelte di procreazione e agli impegni di cura verso i figli»). Successivamente hanno approvato leggi in questo campo il Friuli-Venezia Giulia (legge regionale n. 49 del 1993, «Norme per il sostegno delle famiglie e per la tutela dei minori»); le Marche (legge regionale n. 22 del 1992, «Per la promozione e il sostegno della famiglia e della persona»), che la hanno successivamente sostituita, nel 1998 con una nuova legge, n. 30/1998, «Interventi a favore della famiglia»); la Liguria (legge regionale n. 11/1994, «Interventi regionali a favore della famiglia»); l'Abruzzo (legge regionale n. 95/1995, sulla tutela della famiglia e della vita); la Valle d'Aosta (legge regionale n. 44/1998, «Iniziative a favore della famiglia»); la Lombardia (legge regionale n. 23/1999, «Politiche regionali per la famiglia»); il Lazio (legge regionale n. 34/1999), che la ha successivamente sostituita, nel 2002 con una nuova legge, «Programmazione degli interventi a sostegno dei nuclei familiari». La regione autonoma Trentino-Alto Adige, inoltre, ha approvato nel 1992 una legge (n. 4/1992, «Interventi nel campo della previdenza sociale integrativa») che, nonostante il nome, ha l'obiettivo di tutelare il lavoro casalingo e la maternità. Negli anni trascorsi tra la prima e l'ultima legge regionale è cambiato il contesto normativo di riferimento, dapprima con la legge n. 59/1997 che ha redistribuito i poteri sul territorio tra regioni, province e comuni, poi con la legge n. 328/2000 che ha ulteriormente modificato questa redistribuzione e ha dato alle regioni la responsabilità di definire piani sociali regionali complessivi, infine con la riforma dell'art. V della Costituzione che ha ulteriormente rafforzato i poteri regionali. Anche alcune leggi di settore della seconda metà degli anni Novanta, in particolare la legge n. 285/1997, l'istituzione del Fondo di sostegno alla locazione, l'introduzione dell'assegno per il terzo figlio (A3F) e dell'assegno di maternità (AM), hanno modificato il quadro in cui sono state pensate ed operavano queste leggi, imponendo più o meno rilevanti adattamenti.

Fatta eccezione per la legge del Trentino-Alto Adige, la quale prevede un'assicurazione volontaria integrativa che fornisce l'indennità di maternità, di malattia e di invalidità anche alle donne che non sono assicurate in quanto lavoratrici, tutte le altre proposte di legge regionali approvate riguardano interventi specifici per la famiglia: interventi di sostegno per il diritto alla casa delle giovani coppie (sposate) tramite mutui agevolati o prestiti senza interessi; interventi per riconoscimento del lavoro di cura e di accudimento dei minori, attraverso la promozione di servizi per la prima infanzia, mense, attività di doposcuola e di tempo libero; interventi a favore di chi assiste parenti anziani fragili o altri parenti disabili, interventi di sostegno alla natalità. Le leggi regionali approvate prevedono in generale una collaborazione con le associazioni non a fini di lucro e di volontariato, nonché il riconoscimento di qualche forma di rappresentanza delle associazioni delle famiglie.

Le maggiori differenziazioni si riscontrano da un lato per quanto riguarda la definizione di famiglia che viene individuata come oggetto delle politiche, dall'altro per quanto riguarda il ruolo assegnato al terzo settore e all'associazionismo.

Per quanto riguarda la definizione di famiglia, le leggi del Friuli-Venezia Giulia, dell'Abruzzo, della Lombardia, la prima delle Marche e quella nuova del Lazio esplicitano chiaramente, anche con riferimenti all'art. 31 della Costituzione, che ci si riferisce solo alla famiglia legalmente costituita, quindi a quella fondata sul matrimonio. In modo più sfumato ciò avviene anche nella legge della Liguria. Viceversa la legge della Valle d'Aosta, quella vecchia del Lazio e, almeno implicitamente, quella nuova delle Marche si riferiscono sia alla famiglia legalmente costituita che a quella di fatto. La legge emiliana non affronta neppure la questione perché si concentra sulle responsabilità genitoriali. In effetti, l'insistenza sulla famiglia legalmente costituita sembrerebbe lasciar fuori non solo le coppie di fatto, ma anche le famiglie monogenitore, o le coppie di fatto che sono anche coppie genitoriali, che pure hanno, dalla stessa Costituzione, un riconoscimento come famiglia, nella misura in cui figli naturali e figli legittimi sono equiparati. Più in generale, l'insistenza sul matrimonio come fondamento dei rapporti familiari riconosciuti lascia in ombra i rapporti di filiazione, che pure sono alla base, come abbiamo visto, di gran parte degli scambi entro la parentela e sono attesi dalle stesse politiche pubbliche di vecchia e nuova generazione nei confronti degli anziani fragili e del loro diritto a rimanere nel proprio ambiente.

I mutamenti, di segno opposto, avvenuti nelle Marche e nel Lazio proprio su questo punto ne confermano il carattere altamente simbolico ed insieme confermano come il terreno delle politiche familiari sia più aperto di altri a stravolgimenti nei passaggi di maggioranza politica.

Per quanto riguarda le politiche concrete, le regioni che più nettamente individuano la famiglia legalmente costituita come proprio referente sono anche quelle che prevedono sostegni alla formazione di nuove famiglie tramite facilitazioni all'acquisto della abitazione e/o (è il caso dell'Abruzzo) tramite la riserva di una quota negli alloggi di edilizia popolare. Le regioni che viceversa hanno una concezione più estensiva di famiglia non prevedono nulla di questo genere, forse per non incorrere in ulteriori conflitti ideologico-politici e per non dover affrontare la questione di quando una coppia non sposata è una «coppia di nuova costituzione». Per altro, va segnalato che restrizioni nell'accesso all'edilizia popolare sulla base dello stato civile possono scontrarsi con i regolamenti sull'accesso all'edilizia popolare stessa, che sono fondati sul reddito e stato di bisogno (in cui conta molto la composizione della famiglia dal punto di vista numerico, della salute, dell'età).

Friuli-Venezia Giulia e Valle d'Aosta concedono anche un assegno per i figli. Ma nella prima regione è subordinato a criteri di reddito (non è chiaro se anche di stato civile), mentre quello della Valle d'Aosta è concesso a tutti, per tre anni.

Valle d'Aosta e Lombardia valorizzano molto l'auto-organizzazione delle famiglie, fornendo incentivi a quelle associazioni o gruppi di famiglie che organizzano i propri servizi, anche per rispondere a bisogni che difficilmente potrebbero essere organizzati dal pubblico, ma anche dal privato, in alcuni ambiti territoriali caratterizzati da ampia dispersione (ad esempio le zone montane). In Lombardia, inoltre – in nome della libertà di scelta delle famiglie in tutti i settori – dalla sanità alla istruzione – viene molto incentivato il ricorso sia al mercato privato che al mercato sociale (dove operano le istituzioni di terzo settore), che vengono pressoché equiparati al settore pubblico tramite l'erogazione di buoni servizio. Tale indirizzo, dapprima sviluppato in campo sanitario e socio-assistenziale, è stato rafforzato con riguardo al sistema scolastico con la deliberazione del Consiglio regionale n. 18/2000 (Indirizzi e criteri per l'erogazione del buono scuola).

Va per altro rammentato che anche regioni (e comuni) che non hanno una legge sulla famiglia hanno avviato l'esperienza dei buoni servizio, soprattutto nel campo della assistenza domiciliare, sia per ampliare l'offerta di servizi, sia per controllare la qualità e fare emergere dal settore informale molte prestazioni. Ed alcune regioni, tra cui il Piemonte, dopo molte controversie hanno introdotto il buono scuola come parziale compensazione delle rette delle scuole private.

5. *Verso una ulteriore differenziazione delle cittadinanze locali?*

Il decentramento delle competenze iniziato con l'istituzione delle regioni ha favorito l'innovazione e lo sviluppo di servizi più consoni alle necessità dei cittadini; ma, in assenza di una legge quadro che definisse standard minimi uniformi, ha appunto anche aumentato le disparità territoriali nelle prestazioni e nei criteri usati per definire i diritti di accesso. Ciò ha dato luogo non solo ad una varietà di modelli locali di welfare, ma a sistemi di diritti locali fortemente disomogenei, sia sul piano dei trasferimenti di reddito che su quello dei servizi alle persone, da una regione all'altra, ma anche all'interno di una stessa regione. Nel loro insieme, e nella loro varietà, le politiche messe in atto da regioni, province e soprattutto comuni concorrono quindi a disegnare non solo specifici modelli di welfare locale, ma specifici modelli, più o meno espliciti, di politiche familiari locali. Allo stesso tempo, il finanziamento solo locale, unitamente alla lunga assenza di standard e criteri comuni minimi definiti a livello nazionale, hanno fatto sì che esse non differenzino solo il complesso di risorse disponibili in un luogo rispetto ad un altro, ma possano escludere coloro che non soddisfano criteri di residenza locale, anche tra comuni contigui: nell'accesso ai nidi d'infanzia e alla scuola per l'infanzia, alla assistenza domiciliare, ai prestiti per l'abitazione, e così via[17].

Per certi versi, le leggi regionali sulle politiche familiari che negli ultimi anni sono state approvate o proposte, al di là dei loro singoli contenuti, segnalano proprio questa istituzionalizzazione delle cittadinanze locali come strumento di regolazione dell'accesso alle risorse pubbliche – ben prima che si iniziasse a parlare di federalismo in sede di

[17] Ad esempio tutte le leggi regionali sulla famiglia approvate o solo proposte pongono un vincolo in termini non solo di possesso della residenza locale, ma di una durata minima nella stessa, per accedere alle agevolazioni sulla casa concesse alle giovani coppie. Ciò scoraggia di fatto la mobilità per lavoro, che pure viene per altri versi evocata come necessaria ed auspicabile, in particolare per i giovani.

riforma costituzionale, e al di fuori di un quadro chiaro e certo di regole comuni e relativamente alla cittadinanza comune. La legge n. 328/2000 se verrà attuata appieno riuscirà solo a costruire una base minima comune in termini di standard e di prestazioni. Il che non è certamente poco in un paese che ancora manca di questi standard. Allo stesso tempo quella stessa legge, unitamente al rafforzamento delle dimensioni federaliste dell'assetto istituzionale italiano, non potrà che accentuare i processi di sviluppo di modelli locali di politiche sociali e familiari anche fortemente differenziati.

Proprio per questo sarebbe necessario non solo un rafforzamento delle funzioni di regia del governo centrale, ma anche il chiarimento su tre altri aspetti. In primo luogo occorre chiarire se e in che misura debba esistere una politica nazionale di sostegno alle responsabilità familiari e che cosa debba riguardare. La questione del riconoscimento del costo dei figli, ad esempio, non può essere affidata esclusivamente alle scelte regionali o comunali. Occorre porre finalmente mano ad una revisione sistematica degli strumenti esistenti al fine di arrivare ad un sistema più coerente sia negli obiettivi che nel rapporto tra questi e gli strumenti adottati. Anche il sostegno al reddito degli individui e delle famiglie in situazione di povertà non può essere lasciato esclusivamente alla iniziativa, e risorse, locali. In secondo luogo va affrontata la questione della definizione di famiglia dal punto di vista dell'obiettivo delle politiche familiari, nazionali o locali che siano. L'individuazione della famiglia di riferimento, delle relazioni che vi sono comprese, non può essere lasciata di volta in volta alle maggioranze politiche locali. La legge n. 328/2000 aveva tentato di fornire una soluzione condivisa là dove parla di «responsabilità familiari» suggerendo che il bene da tutelare è il fatto che gli individui assumano liberamente responsabilità verso le generazioni più giovani e più vecchie e siano disposti ad attività di auto e mutuo aiuto. Ciò tuttavia sembra insieme troppo e troppo poco a chi è preoccupato di distinguere tra famiglia legale e famiglia di fatto e teme che ogni allargamento concettuale incentivi comportamenti che ritiene devianti, quando non pericolosi. Questi conflitti definitori, che sono conflitti di valore e rispecchiano concezioni diverse non solo della libertà e del bene e del male, ma anche della autonomia degli individui a definire quali sono per loro, per dirla con l'articolo 2 della Costituzione, le «formazioni sociali rilevanti in cui esplicano la propria personalità», in passato hanno contribuito a bloccare lo sviluppo di politiche in questo campo. Oggi forse rischiano, ancora più di un tempo, di produrre gradi di cittadinanza diversi non solo tra individui e famiglie che fanno scelte diverse, ma anche tra individui e famiglie simili, ma che abitano in città e regioni diverse. In terzo luogo, la non risolta questione dell'equilibrio tra finanza locale e centrale, e tra attribuzione di competenze e attribuzione di risorse economiche rischia non solo di ridurre in generale lo spazio delle politiche per le famiglie da parte di enti locali con bilanci sempre più sotto pressione. Rischia anche di ampliare il divario già troppo ampio che persiste tra regioni e ripartizioni territoriali.

RIFERIMENTI BIBLIOGRAFICI

RIFERIMENTI BIBLIOGRAFICI

AA.VV.
1962 *Il problema femminile*, Roma, Edizioni Paoline.
Abburrà, F.
1989 *L'occupazione femminile dal declino alla crescita*, Torino, Rosenberg & Sellier.
Accornero, A. e Carmignani, F.
1986 *I paradossi della disoccupazione*, Bologna, Il Mulino.
Addis, E.
2000 *Gender in the Reform of the Italian Welfare State*, in González, Jurado e Naldini [2000, 122-149].
Alber, J.
1995 *A Framework for the Comparative Study of Social Services*, in «Journal of European Social Policy», V, n. 2, pp. 131-149.
Aniacap
1993 *Nuovi modelli procedurali per migliorare strutture e procedure dell'intervento pubblico nell'edilizia abitativa*, Roma, Rapporto non pubblicato.
Anttonen, A. e Sipilä, J.
1996 *European Social Care Services: Is it Possibile to Identify Models?*, in «Journal of European Social Policy», VI, 2, pp. 87-100.
Artoni, R. e Ranci Ortigosa, E.
1989 *La spesa pubblica per l'assistenza in Italia*, Milano, Angeli.
Ascoli, G.
1976 *L'UDI tra emancipazione e liberazione 1943-1964*, in «Problemi del socialismo», XVII, 4, ottobre-dicembre.
Atella, V.
1996 *Il quadro macro-economico e la distribuzione del reddito*, in Rossi [1996, 47-102].

Balbo, L.
1978 *La doppia presenza*, in «Inchiesta», 32, pp. 3-6.
Balbo, L., May P. e Micheli G.
1990 *Vincoli e strategie della vita quotidiana*, Milano, Angeli.

Baldini, M. e Bosi, P.
2002a *Finanziaria 2003: le politiche per la famiglia*, in «La Voce.info», 17.12.2002. Si trova all'indirizzo www.lavoce.info
2002b *Chi beneficia della riforma dell'Irpef per il 2003?*, in «La Voce.info», 30.9.2002. Si trova all'indirizzo www.lavoce.info
Ballestrero, M.
1979 *Dalla tutela alla parità*, Bologna, Il Mulino.
1996 *La protezione concessa e l'uguaglianza negata: il lavoro femminile nella legislazione italiana*, in Groppi, A. (a cura di), *Il lavoro delle donne*, Roma-Bari, Laterza.
Banca d'Italia
2002 *I bilanci delle famiglie italiane nel 2000*, supplemento al bollettino statistico, XII, 6 gennaio.
Banfield, E.
1958 *The Moral Basis of a Backward Society*, New York, Free Press; trad. it. *Le basi morali di una comunità arretrata*, Bologna, Il Mulino, 1961.
Baranski, Z. e Vinall, S. (a cura di)
1991 *Women and Italy: Essays on Gender, Culture and History*, London, Macmillan.
Barbagli, M.
1988 *Sotto lo stesso tetto*, Bologna, Il Mulino.
1990 *Provando e riprovando*, Bologna, Il Mulino.
1997 *La scelta del regime patrimoniale*, in Barbagli e Saraceno [1997, 103-112].
Barbagli, M. e Saraceno, C. (a cura di)
1997 *Lo stato delle famiglie in Italia*, Bologna, Il Mulino.
1998 *Separarsi in Italia*, Bologna, Il Mulino.
Becchi Collidà, A.
1979 *Politiche del lavoro e garanzia del reddito in Italia*, Bologna, Il Mulino.
Benassi, D.
2000 *Le politiche nazionali contro l'esclusione sociale*, Quaderni della commissione di indagine sulla esclusione sociale, Roma, Istituto poligrafico e zecca dello Stato.
Bianchi, M.
1981 *I servizi sociali*, Bari, De Donato.
Bianchi, M. e Cacioppo, M.
1980 *I servizi che non piacciono allo stato: il caso degli asili nido*, in «Inchiesta», 49-50.

Bielli, C., Pinnelli, A. e Russo, A.
1973 *Fecondità e lavoro della donna in quattro zone tipiche italiane*, Roma, Istituto di demografia dell'Università di Roma.
Bimbi, F.
1978 *L'ideologia cattolica tra crisi e ristrutturazione della famiglia*, in Guizzardi, G. (a cura di), *La politica dell'ideologia*, Padova, Cleup.
1992 *La cittadinanza delle donne*, in «Inchiesta», luglio-dicembre.
Birindelli, L. *et al.*
1996 *La distribuzione personale e familiare delle risorse*, in Rossi [1996, 103-174].
Bonini, F.
1997 *La famiglia alla costituente. Strategie e modelli istituzionali*, in Mazzonis, F. (a cura di), *Percorsi e modelli familiari in Italia tra '700 e '900*, Roma, Bulzoni, pp. 207-254.
Bradbury, B. e Jäntti, M.
1999 *Child Povery across Industrialized Nations*, Innocenti Occasional Papers, Economic and Social Policy Series, n. 71, Firenze, International Child Development Centre.
Bradshaw, J. *et al.*
1993 *Support for Children: A Comparison of Arrangements in Fifteen Countries*, London, Hmso.
Bravo, A.
1991 *Donne e uomini nelle guerre mondiali*, Roma-Bari, Laterza.
Bravo, A. e Bruzzone, A.
1995 *In guerra senz'armi. Storie di donne: 1940-1945*, Roma-Bari, Laterza.
Brienza, G.
2001 *Famiglia e politiche familiari in Italia*, Roma, Carocci.
Buratta, V. e Crialesi, R.
2002 *Famiglie con problemi di assistenza e sistema di sostegno*, in Osservatorio nazionale sulle famiglie e le politiche locali di sostegno alle responsabilità familiari [2002, vol. II, 285-305].

Calafà, L.
2001 *La prestazione di lavoro tra assenze e (dis)equilibri familiari*, in «Lavoro e Diritto», XV, 1, inverno, pp. 13-162.
Caldwell, L.
1991 *Italian Family Matters: Women, Politics and Legal Reform*, London, Macmillan.

Carmignani, F. e Pruna, M.
1991 *Le donne nel mercato del lavoro. Vecchi problemi e nuove opportunità*, in «Sociologia del lavoro», 43, pp. 137-148.
Carrà Mittini, E.
2002 *I nuovi nonni: risorsa e vincolo per le generazioni*, in Osservatorio nazionale sulle famiglie e le politiche locali di sostegno alle responsabilità familiari, vol. I, pp. 249-171.
Castellina, L.
1974a *L'esperienza sovietica*, in Castellina [1974b].
1974b (a cura di) *Famiglia e società capitalistica*, «Il Manifesto», Quaderno n. 1, Roma, Alfani.
Castiglioni, M.
1993 *Innovazione nella tradizione. Comportamento riproduttivo e unioni coniugali in Italia negli anni '70 e '80*, Relazione presentata alla Prima conferenza dei giovani studiosi di demografia, Roma, 2-4 giugno.
2002 *Crisi dell'autosufficienza e forme familiari nella popolazione anziana*, in Osservatorio nazionale sulle famiglie e le politiche locali di sostegno alle responsabilità familiari, vol. II, pp. 231-256.
Castiglioni, M. e Della Zuanna, G.
1997 *L'inizio delle relazioni sessuali*, in Barbagli e Saraceno [1997, 76-85].
Cavalli, A. e De Lillo, A. (a cura di)
1993 *Giovani anni 90. Terzo rapporto Iard sulla condizione giovanile in Italia*, Bologna, Il Mulino.
Censis
1990 *Interruzione volontaria di gravidanza: regioni e consultori pubblici*, Roma.
1994 *XXVIII rapporto sulla situazione sociale del paese*, Milano, Angeli.
Centro nazionale di documentazione e analisi per l'infanzia e l'adolescenza
2001 *Non solo sfruttati e violenti. Bambini e adolescenti del 2000*, Firenze, Istituto degli Innocenti.
2002a *I servizi educativi per la prima infanzia*, Quaderno n. 21, Firenze, Istituto degli Innocenti, disponibile anche su www. minori.it
2002b *Esperienze e buone pratiche con la legge 285/97*, Quaderno n. 26, Firenze, Istituto degli Innocenti, disponibile anche su www. minori.it

Cerroni, U.
1974 *Presentazione*, in Castellina (a cura di) [1974b].
Cheles, L.
1991 *Dolce Stil Nero? Images of Women in the Graphic Propaganda of the Italian Neo-Fascist Party*, in Baranski e Vinall [1991].
Cherubini, A.
1977 *Storia della previdenza sociale*, Roma, Editori Riuniti.
Cioni, E.
1997 *Il sistema di parentela*, in Barbagli e Saraceno [1997, 214-223].
Citoni, F., Gesano, G. e Menniti, A.
1994 *Schede regionali*, in Golini, A. (a cura di), *Tendenze demografiche e politica per la popolazione. Terzo rapporto Irp sulla situazione demografica italiana*, Bologna, Il Mulino.
Colicelli, C.
1991 *Famiglia e politiche sociali in Italia*, in Donati [1991, 370-409].
Colozzi, I. e Matteini, M.
1991 *La promozione sociale della famiglia: proposte legislative ed esperienze di servizi innovativi*, in Donati [1991, 446-514].
Comitato per l'anno internazionale della famiglia
1994 *Per una politica familiare in Italia*, Roma, Presidenza del Consiglio dei Ministri.
Commissione di indagine sulla povertà e sull'emarginazione
1995a *La povertà in Italia. 1993-1994*, Roma, Presidenza del Consiglio dei Ministri, Dipartimento per l'informazione e l'editoria.
1995b *Verso una politica di lotta alla povertà. L'assegno per i figli e il minimo vitale*, Roma, Presidenza del Consiglio dei Ministri, Dipartimento per l'informazione e l'editoria.
1996a *La povertà in Italia. 1980-1994*, Roma, Presidenza del Consiglio dei Ministri, Dipartimento per l'informazione e l'editoria.
1996b *La povertà in Italia. 1995*, Roma, Presidenza del Consiglio dei Ministri, Dipartimento per l'informazione e l'editoria.
Commissione di indagine sull'esclusione sociale
2002 *Rapporto sulle politiche contro la povertà e l'esclusione sociale. 1997-2001*, a cura di C. Saraceno, Roma, Carocci.

Corradini, L.
1993 *I nessi tra famiglia e scuola e l'associazionismo familiare in campo scolastico*, in Donati [1993b, 193-244].
Costa, G. e Faggiano, F. (a cura di)
1994 *L'equità nella salute in Italia*, Milano, Angeli.

D'Angelo, L.
1994 *Famiglie, presenza, politiche sociali*, Roma, Edizioni Robuffo.
D'Apice, C.
1981 *L'arcipelago dei consumi*, Bari, De Donato.
De Giorgio, M. e Di Cori, P.
1980 *Politica e sentimenti: le organizzazioni femminili cattoliche dall'età giolittiana al fascismo*, in «Rivista di storia contemporanea», 3, pp. 357-372.
De Luna, G.
1995 *Donne in oggetto. L'antifascismo nella società italiana 1922-1939*, Torino, Bollati-Boringhieri.
De Sandre, P.
1991 *Contributo delle generazioni ai cambiamenti recenti nei comportamenti e nelle forme familiari*, in Donati [1991, 109-155].
1997 *La formazione di nuove famiglie*, in Barbagli e Saraceno [1997, 65-75].
De Singly, F.
1987 *Fortune et infortune de la femme mariée*, Paris, Presses Universitaires de France.
Della Peruta, F.
1979 *Infanzia e famiglia nella prima metà dell'Ottocento*, in «Studi storici», 3, pp. 473-491.
Donati, P.
1991 (a cura di) *Secondo rapporto sulla famiglia in Italia*, Milano, Edizioni San Paolo.
1993a *Le nuove mediazioni familiari: Le «relazioni invisibili» portatrici di nuovi diritti di cittadinanza*, in Donati [1983b, 23-82].
1993b (a cura di) *Terzo rapporto sulla famiglia in Italia*, Milano, Edizioni San Paolo.
2002 *Quali politiche sociali per la famiglia*, in Osservatorio nazionale sulle famiglie e le politiche locali di sostegno alle responsabilità familiari, vol. I, pp. 273-302.

Donati, P. e Rossi, G. (a cura di)
1995 *Le associazioni familiari in Italia. Cultura, organizzazioni e funzioni sociali*, Milano, Angeli.
Drudi, I. e Filippucci, C.
2002 *Il costo dei figli e dei genitori anziani*, in Osservatorio nazionale sulle famiglie e le politiche locali di sostegno alle responsabilità familiari, vol. II, pp. 195-229.

Esping-Andersen, G.
1990 *The Three Worlds of Welfare Capitalism*, Oxford, Polity.
1995 *Il welfare state senza il lavoro. L'ascesa del familismo nelle politiche sociali dell'Europa continentale*, in «Stato e mercato», XLV, 3, pp. 347-380.
Eurisko
1993 *Il ruolo e le prospettive della famiglia nelle rappresentazioni degli italiani*, in Donati [1993b, 83-122].
Eurostat
1992 *Demographic Statistics 1992*, Luxembourg.
1999 *Demographic Statistics*, Luxembourg.
2000 *European Social Statistics. Social Protection: Expenditure and Receipts, 1980-1998*, Luxembourg, European Commission.

Facchini, C.
1997 *Gli anziani e la solidarietà tra generazioni*, in Barbagli e Saraceno [1997, 281-289].
Facchini, C. e Scortegagna, R.
1993 *Italy: Alternatives to Institutionalization and Women's Central Role*, in Leseman e Martin [1993, 33-69].
Falcucci, F.
1967 *Relazione all'XI Convegno Nazionale del Movimento Femminile della Democrazia Cristiana*, Bologna, 23-25 settembre 1966, in *Movimento Femminile della Dc*, Roma, Arti Grafiche Italiane.
Federici, N.
1984 *Procreazione, famiglia, lavoro della donna*, Torino, Loescher.
Ferrera, M.
1996 *Il modello di welfare Sud europeo*, in «Quaderni di ricerca», 5, Milano, Università Bocconi.
Ferrera, M. e Zincone, G.
1986 *La salute che noi pensiamo*, Milano, Angeli.

Filippi, P.
1989 *Famiglia (Diritto Tributario)*, in *Enciclopedia Giuridica Treccani*, Roma, Istituto della Enciclopedia Italiana.
Finch, J. e Mason, M.
1993 *Negotiating Family Obligations*, London, Routledge.
Franco, D.
1993 *L'espansione della spesa pubblica in Italia*, Bologna, Il Mulino.
Franco, D. e Sartor, N.
1990 *Stato e famiglia*, Milano, Angeli.
Fregni, G.
1991 *Famiglia e comunità ecclesiale*, in Donati [1997, 410-445].
Freguja, C.
1994 *Consumi e ciclo di vita della famiglia*, in Comitato per l'anno internazionale della famiglia, pp. 115-134.

Gallo, F.
1977 *Regime fiscale della famiglia e principio di capacità contributiva*, in «Rivista di diritto finanziario», I, pp. 92 ss.
Gambale, S.
1994 *Il trattamento tributario della famiglia*, in Comitato per l'anno internazionale della famiglia, pp. 91-108.
Garonna, P.
1984 *Nuove povertà e sviluppo economico*, Padova, Cleup.
Gesano, G.
1990 *Dieci anni di evoluzione del mercato del lavoro italiano: 1978-1987. Un'analisi per generazioni del Centro-Nord e del Mezzogiorno*, Working Paper n. 1, Irp/Cnr.
Ginsborg, P.
1994 *Familismo*, in Ginsborg, P. (a cura di), *Lo stato dell'Italia*, Milano, Garzanti.
Golini, A.
1988 *Profilo demografico della famiglia italiana*, in Melograni (a cura di), pp. 327-382.
1994 *Le tendenze demografiche dell'Italia in un quadro europeo. Analisi e problemi per una politica per la popolazione*, in Golini, A. (a cura di), *Tendenze demografiche e politiche per la popolazione*, Bologna, Il Mulino, pp. 17-78.
Golini, A. e Menniti, A.
1994 *Popolazione e famiglia*, in Comitato per l'anno internazionale della famiglia, pp. 3-26.

González, M.J., Jurado, T. e Naldini, M. (a cura di)
2000 *Gender Inequalities in Southern Europe. Women, Work and Welfare in the 1990s*, London, Frank Cass.
Gorrieri, E.
1979 *La giungla dei bilanci familiari*, Bologna, Il Mulino.
Gottardi, D.
2001 *Lavoro di cura. Spunti di riflessione*, in «Lavoro e Diritto», XV, 1, inverno, pp. 121-142.
Gramaglia, M.
1974 *Referendum e liberazione della donna*, in Castellina [1974b].

Hoffner, C.
1940 *Le développement de la législation sur les allocations familiales au cours des années récentes*, in «Revue Internationale de Travail», XLI, 4.

Iard
1991 *I percorsi femminili di transizione dalla scuola al lavoro*, Rapporto di ricerca, Milano.
Immerval, H., Sutherland, H. e de Vos, K.
2001 *Reducing Child Poverty in the European Union: The Role of Child Benefits*, in Vleminckx e Smeeding [2001, 407-432].
Inps
1948 *Mezzo secolo di attività assicurativa e assistenziale. 1898-1948*, Roma.
Irer/Lombardia
1988 *Social Survey in Lombardia*, Milano.
Ires/Piemonte
1987 *L'espulsione tutelata*, Torino.
Irs
1994 *La spesa pubblica per l'assistenza in Italia. Sintesi del secondo rapporto Irs*, non pubblicato.
1997 *La spesa pubblica per l'assistenza. Terzo rapporto Irs*, effettuato per conto della Commissione di indagine sulla povertà e sull'emarginazione, Dipartimento per l'informazione e l'editoria.
Isae
2001 *Rapporto trimestrale. Finanza pubblica e redistribuzione*, Roma, ottobre.

Istat
1983a *Contabilità nazionale. Fonti e metodi*, in *Annali di statistica*, serie XX, vol. IV.
1983b *Annuario di statistica italiano*, Roma, anni vari.
1985 *Indagine sulle strutture e i comportamenti familiari*, Roma.
1991 *Indagine statistica sulle condizioni di salute e sul ricorso ai servizi sanitari*, novembre 1986 - aprile 1987, Roma.
1992 *Rapporto annuale*, Roma.
1993a *Indagine Multiscopo sulle famiglie: anni 1987-1991*, vol. II: *Famiglie, popolazione, abitazione*, Roma.
1993b *Indagine Multiscopo sulle famiglie: anni 1987-1991*, vol. IV: *L'uso del tempo in Italia*, Roma.
1993c *Rapporto annuale*, Roma.
1994a *Indagine Multiscopo sulle famiglie: anni 1987-1991*, vol. X: *La condizione di salute e il ricorso ai servizi sanitari*, Roma.
1994b *Indagine Multiscopo sulle famiglie: anni 1987-1991*, vol. VIII: *La condizione degli anziani*, Roma.
1994c *Indagine Multiscopo sulle famiglie: anni 1987-1991*, vol. XII: *Aspetti della condizione femminile: Istruzione, lavoro, famiglia*, Roma.
1994d *Rapporto annuale*, Roma.
1997a *Rapporto sull'Italia*, Bologna, Il Mulino.
1997b *La povertà in Italia nel 1996. Note Rapide*, 14 luglio.
1998 *Indagine Multiscopo* «Famiglia, soggetti sociali e condizioni dell'infanzia».
1999 *Istituzioni non profit in Italia*, Roma.
2000 *Rapporto annuale 1999*, Roma.
2001a *Rapporto annuale 2000*, Roma.
2001b *L'instabilità coniugale in Italia: evoluzione e aspetti strutturali*, Roma.
2002a *Rapporto annuale 2001*, Roma.
2002b *Le matrici di transizione della Rilevazione trimestrale sulle forze di lavoro: principali risultati aprile 1998-aprile 2002*, mimeo, Roma.
2002c *La povertà in Italia*, «Note brevi», Roma, luglio.
2002d *Annuario statistico italiano*, Roma.
2002e *Separazioni, divorzi, provvedimenti emessi: anno 2000*, «Statistiche in breve», Roma, luglio.
anni vari *Annuario di statistiche sanitarie*, Roma.
anni vari *Indagine sui consumi delle famiglie.*
anni vari *Indagine Multiscopo* «Aspetti della vita quotidiana».

Jenson, J. e Sineau, M. (a cura di)
1998 *Qui doit garder le jeune enfant?*, Paris, Droit et Société.

Kazepov, Y.
1996 *Le politiche locali contro l'esclusione sociale*, Commissione di indagine sulla povertà e sull'emarginazione, Presidenza del Consiglio dei Ministri, Dipartimento per l'informazione e l'editoria.

Lelleri, R. e Marzano, N.
2002 *L'assegno al nucleo familiare e l'assegno di maternità: alcuni dati a livello nazionale*, in Osservatorio nazionale sulle famiglie e le politiche locali di sostegno alle responsabilità familiari, vol. II, pp. 377-411.

Leonardi, R. e Wertman, D.
1989 *Italian Christian Democracy*, London, Macmillan.

Leseman, F. e Martin, C. (a cura di)
1993 *Les personnes âgées. Dépendance, soins et solidarités familiales. Comparaisons internationales*, Paris, La Documentation Française.

Livi Bacci, M.
1977 *A History of Italian Fertility during the Last Two Centuries*, Princeton, Princeton University Press; trad. it. *Donna, fecondità, figli*, Bologna, Il Mulino.
1991 *Politica, politiche, demografia*, in Golini, A. *et al.*, *Famiglia, figli e società in Europa*, Torino, Edizioni della Fondazione Giovanni Agnelli, pp. 343-360.

Lo Conte, M.
2002 *Evoluzione e caratteristiche dei matrimoni successivi al primo*, in Osservatorio nazionale sulle famiglie e le politiche locali di sostegno alle responsabilità familiari [2002, vol. II, 171-194].

Loffredo, F.
1938 *Politica della famiglia*, Milano, Bompiani.

Maggioni, G.
1997 *Le separazioni e i divorzi*, in Barbagli e Saraceno [1997, 232-247].

Maggioni, G., Pocar, V. e Ronfani, P.
1988 *La separazione senza giudice*, Milano, Angeli.

Mancina, C.
1981 *La famiglia. Teoria storia e funzioni della comunità familiare*, Roma, Editori Riuniti.

Mapelli, V.
1994 *Libertà di scelta ed equità nel sistema sanitario italiano, un'indagine campionaria*, in Costa e Faggiano [1994, 253-272].
Marchese, C.
1994 *Finanza pubblica e decisioni riproduttive*, in Blangiardo, C. *et al.*, *Politiche per la popolazione in Italia*, Torino, Edizioni della Fondazione Giovanni Agnelli, pp. 73-85.
Matteuzzi, M.
2002 *La riforma dell'Irpef e la discriminazione delle famiglie monoreddito*, in «La Voce.info», 17.12.2002. Si trova all'indirizzo www.lavoce.info
Mauri, L. *et al.*
1992 *Vita di famiglia. Social Survey in Veneto*, Milano, Angeli.
Melograni, P. (a cura di)
1988 *La famiglia italiana dall'Ottocento ad oggi*, Roma-Bari, Laterza.
Menniti, A.
1990 *Le famiglie italiane degli anni '80*, Roma, Monografie Irp.
Menniti, A., Palomba, R. e Sabbadini, L.
1992 *Changes in Family Life in the 1980s: The Italian Case*, Relazione presentata al II Working Group Meeting on Family Policy e Family Life, Bonn, aprile.
Micheli, G.
1995 *Le cicogne non volano più*, in Micheli, G. (a cura di), *La società del figlio assente*, Milano, Angeli, pp. 9-26.
Miniaci, R.
1996 *Effetti redistributivi di breve periodo della riforma dell'equo canone*, in Rossi [1996, 361-398].
Ministero del Lavoro e della previdenza sociale
2000 *Rapporto di monitoraggio sulle politiche occupazionali e del lavoro*, 2, Roma.
Moeller, R.G.
1993 *Protecting Motherhood. Women and the Family in the Politics of Postwar West Germany*, Berkeley, University of California Press.
Montanari, G., Di Renzo, G. e Rossi, F.
1979 *Principali carenze organizzative delle maternità pubbliche nella assistenza al parto*, in «Epidemiologia e prevenzione», 9.

Naldini, M.
2002 *Le politiche familiari in Europa: modelli in trasformazione*, in Osservatorio nazionale sulle famiglie e sulle politiche locali di sostegno alle responsabilità familiari, vol. I, pp. 303-328.
2003 *The Family in the Mediterranean Welfare States*, London, Frank Cass.
Negri, N., Ortona, G. e Santagata, W.
1986 *Inflazione a misura di famiglia*, in «Politica ed Economia», 5, pp. 67-71.
Negri, N. e Saraceno, C.
1996 *Le politiche contro la povertà in Italia*, Bologna, Il Mulino.

Oecd
1991 *Economic Outlook*, Paris.
1994 *Caring for Frail Elderly People*, Social Policy Studies n. 14, Paris.
Olagnero, M.
1999 *I muri e le barriere. Il disagio abitativo tra crisi del welfare, crisi del mercato e trasformazioni della famiglia*, in «Rassegna italiana di sociologia», XXXIX, 1, marzo, pp. 43-74.
Ongaro, F.
1995 *La transizione allo stato adulto in un approccio di corso di vita. Persistenze e cambiamenti nel cambiamento delle coorti*, in Sis, *Continuità e discontinuità nei processi demografici*, Soveria Mannelli, Rubbettino, pp. 341-353.
Osservatorio nazionale sulle famiglie e le politiche locali di sostegno alle responsabilità familiari
2002 *Famiglie: mutamenti e politiche sociali*, Bologna, Il Mulino, voll. I e II.

Paci, M.
1989 *Pubblico e privato nei moderni sistemi di welfare*, Napoli, Liguori.
Palomba, R. (a cura di)
1987 *Vita di coppia e figli*, Firenze, La Nuova Italia.
1991 *Gli italiani e le opinioni sulla natalità e le politiche demografiche*, in Golini, A. *et al.*, *Famiglia, figli e società in Europa*, Torino, Edizioni della Fondazione Giovanni Agnelli, pp. 301-332.
Pedersen, S.
1993 *Family Dependence and the Origins of the Welfare State.*

Britain and France, 1914-1945, Cambridge, Cambridge University Press.

Piccone Stella, S.

1993 *La nuova generazione*, Milano, Angeli.

1997 *I giovani in famiglia*, in Barbagli e Saraceno [1997, 151-162].

Pillinger, J.

1993 *Feminising the Market*, London, Macmillan.

Pinnelli, A.

1989 *La sopravvivenza infantile*, in Sonnino, E. (a cura di), *Demografia e società in Italia*, Roma, Editori Riuniti, pp. 105-128.

Pocar, V.

1997 *Le famiglie di fatto: il quadro giuridico*, in Barbagli e Saraceno [1997, 95-102].

Rettaroli, R.

1997 *Le seconde nozze*, in Barbagli e Saraceno [1997, 257-271].

Rocco, A.

1935 *La legislazione*, in «Civiltà fascista».

Rosina, A.

2002 *Forme di prima unione alternative al matrimonio*, in Osservatorio nazionale sulle famiglie e le politiche locali di sostegno alle responsabilità familiari, vol. I, pp. 113-126.

Rossi, G.

2002 *L'associazionismo familiare*, in Osservatorio nazionale sulle famiglie e le politiche di sostegno alle responsabilità familiari [2002, vol. II, 357-376].

Rossi, N. (a cura di)

1992 *La crescita ineguale: 1989-91. Primo rapporto Cnel sulla distribuzione del reddito in Italia*, Bologna, Il Mulino.

1994a *Distribuzione e redistribuzione del reddito e dei consumi delle famiglie. Le caratteristiche economiche di alcune tipologie familiari*, in Comitato per l'anno internazionale della famiglia, pp. 65-90.

1994b *La transizione equa: 1992-1993. Secondo rapporto Cnel sulla distribuzione e redistribuzione del reddito in Italia*, Bologna, Il Mulino.

1996 *Competizione e giustizia sociale. Terzo rapporto Cnel sulla distribuzione e redistribuzione del reddito in Italia*, Bologna, Il Mulino.

Sabbadini, L.L.
1994 *Reti di relazioni familiari e tipologia della famiglia*, in Comitato per l'anno internazionale della famiglia.
1997 *Le convivenze «more uxorio»*, in Barbagli e Saraceno [1997, 86-94].
2000 *Modelli di formazione e organizzazione delle famiglie*, in Presidenza del Consiglio dei Ministri, Dipartimento per gli Affari sociali, *Atti del Convegno «Le Famiglie interrogano le politiche sociali», Bologna, 29-30-31 marzo 1999*, Roma, Istituto Poligrafico dello Stato.
2002 *La rete di aiuti informali*, in Osservatorio nazionale sulle famiglie e le politiche locali di sostegno alle responsabilità familiari, vol. II, pp. 307-328.

Sabbadini, L.L. e Palomba, R.
1994 *Tempi diversi. L'uso del tempo di uomini e donne nell'Italia di oggi*, Roma, Istat/Commissione Nazionale per la Parità e le Pari Opportunità tra Uomo e Donna, Presidenza del Consiglio dei Ministri.

Salvemini, G.
1988 *Complementarità e sovrapposizione tra pubblico e privato in Italia*, in «Economia pubblica», 7-8.

Santini, A.
1986 *Recenti trasformazioni nella formazione della famiglia e della discendenza in Italia e in Europa*, in Istat, *Atti del convegno «La famiglia in Italia»*, Annali di Statistica, serie IX, vol. VI, pp. 121-144.
1988 *Natalità e fecondità*, in Irp/Cnr, *Secondo rapporto sulla situazione demografica italiana*, Roma, Irp, pp. 61-74.
1994 *La fecondità delle coorti nelle regioni italiane nel dopoguerra: premesse per delle ipotesi in materia di politiche della popolazione*, Rapporto della Fondazione Agnelli, Firenze, novembre.
1997 *La fecondità*, in Barbagli e Saraceno [1997, 113-121].

Saraceno, C.
1979-80 *La famiglia operaia sotto il fascismo*, in *Annali della Fondazione Feltrinelli*, Milano, Feltrinelli, pp. 189-230.
1990a *Women, Family and the Law, 1750-1942*, in «Journal of Family History», XV, 4, pp. 427-442.
1990b *Child Poverty and Deprivation in Italy: 1950 to the Present*, Innocenti Occasional Papers, n. 6.

1991a *Redefining Maternity and Paternity: Gender, Pro-Natalism and Social Policies in Fascist Italy*, in Bock, G. e Thane, P. (a cura di), *Maternity and Gender Policies*, London, Routledge, pp. 196-212.

1991b *La famiglia come soggetto economico e il patrimonio familiare. Ovvero, della divisione del lavoro tra i sessi e delle sue conseguenze per uomini e donne*, in «Sociologia del lavoro», 43, pp. 149-166.

1992 *Constructing Families, Shaping Women's Lives: The Making of Italian Families between Market Economy and State Interventions*, in Gillis, J., Tilly, L. e Levine, D. (a cura di), *The European Experience of Declining Fertility: 1850-1970*, Cambridge (Mass.), Blackwell, pp. 251-289.

1993a *Fecondità, famiglia e lavoro*, in Sis/Irp, *Popolazione, tendenze demografiche e mercato del lavoro*, Roma, Irp/Cnr, pp. 97-113.

1993b *Elementi per un'analisi delle trasformazioni di genere nella società contemporanea e delle loro conseguenze sociali*, in «Rassegna Italiana di Sociologia», XXXIV, 1, pp. 19-56.

1994 *The Ambivalent Familism of the Italian Welfare State*, in «Social Politics», 1, pp. 60-82.

2000a *Being Young in Italy: The Paradoxes of a Familistic Society*, in «The European Journal of Social Quality», II, 2, pp. 120-132.

2000b *Italian Families under Economic Stress. The Impact of Social Policies*, in «Labour», marzo.

2001 *Politiche del lavoro e politiche della famiglia: una alleanza lunga e problematica*, in «Lavoro e diritto», 1, inverno, pp. 37-54.

Saraceno, C. (a cura di)

1980 *Il lavoro maldiviso*, Bari, De Donato.

Saraceno, C. *et al.*

1992 *Percorsi formativi, professionali e familiari delle donne adulte trentine*, Trento, Provincia Autonoma di Trento, Commissione per le pari opportunità.

Scaraffia, L.

1988 *Essere uomo, essere donna*, in Melograni [1988, 193-258].

Scaramuzza, E.

1983 *Professioni intellettuali e fascismo. L'ambivalenza dell'Alleanza muliebre italiana*, in «Italia Contemporanea», settembre, pp. 111-138.

Schizzerotto, A.
1989 *Dinamiche temporali e territoriali nella scuola materna*, in «Polis», IV, 3, pp. 533-558.
2002 (a cura di) *Vite ineguali*, Bologna, Il Mulino.

Schizzerotto, A., Bison, I. e Zoppé, A.
1995 *Disparità di genere nella partecipazione al mondo del lavoro e nella durata delle carriere*, in «Polis», IX, 1, pp. 91-112.

Sgritta, G.
1988 *La condizione dell'infanzia*, Milano, Angeli.

Sorvillo, M.P.
2002 *La fecondità in Italia*, in Osservatorio nazionale sulle famiglie e le politiche locali di sostegno alle responsabilità familiari [2002, vol. II, 11-28].

Spano, N. e Camarlinghi, F.
1972 *La questione femminile nella politica del Pci*, Roma, Edizioni Donne e Politica.

Taylor Gooby, P.
1991 *Welfare State Regimes and Welfare Citizenship*, in «Journal of European Social Policy», I, n. 2, pp. 93-105.

Testa, L.
1987 *Emarginazione e disagio nel settore abitativo*, Roma, Labos.

Tiso, A.
1976 *I comunisti e la questione femminile*, Roma, Editori Riuniti.

Togliatti, P.
1965 *L'emancipazione femminile: discorsi alle donne*, Roma, Editori Riuniti.
1974 *Alcune osservazioni in margine*, in Castellina [1974].

Tosi, A.
1988 *Abitazioni, reti sociali, luoghi*, Bologna, Il Mulino.
1994 (a cura di) *La casa, il rischio e l'esclusione*, Milano, Angeli.

Toso, S.
1997 *Selettività e universalismo nel ridisegno delle politiche della spesa di Welfare*, Ministero del Tesoro, Commissione tecnica per la spesa pubblica, Roma.
2000 (a cura di) *Selettività e assistenza sociale*, Milano, Angeli.

Trifiletti, R.
1997 *La famiglia e il lavoro delle donne*, in Barbagli e Saraceno [1997, 205-213].

1999 *Le politiche sociali in 12 comuni italiani*, in «Inchiesta», XXIX, n. 123-124, gennaio-giugno, pp. 91-124.
2002 *Rapporto sulle politiche familiari locali*, Rapporto presentato all'Osservatorio nazionale sulle famiglie e le politiche locali di sostegno alle responsabilità familiari, gennaio.

Trigilia, C.
1992 *Sviluppo senza autonomia*, Bologna, Il Mulino.

Tronu, P.
1998 *Divorzio e famiglia*, in De Rose (a cura di), *Separazioni e divorzi in Italia*, Roma, SIS/CGD.

Turnaturi, G.
1991 *Associati per amore*, Milano, Feltrinelli.

Ungari, P.
1970 *Il diritto di famiglia in Italia*, Bologna, Il Mulino.

Vicarelli, G.
1992 *Politica sanitaria e medicina privata in Italia*, in «Stato e Mercato», 4, pp. 457-472.

Vincenzi Amato, D.
1997 *Il diritto di famiglia*, in Barbagli e Saraceno [1997, 37-52].
1988 *La famiglia e il diritto*, in Melograni [1988, 629-700].

Visco, V.
1981 *L'imposizione fiscale sui redditi familiari*, in «Politica ed Economia», 2.

Vleminckx, K. e Smeeding, T. (a cura di)
2001 *Child Well-Being, Child Poverty and Child Policy in Modern Nations. What do we know?*, Bristol, Policy.

Zanatta, A.L.
1997 *Le nuove famiglie*, Bologna, Il Mulino.

Zanuso, L.
1984 *La segregazione occupazionale: i dati di lungo periodo (1901-71)*, in Barile, G. (a cura di), *Lavoro femminile, sviluppo tecnologico e segregazione occupazionale*, Milano, Angeli.

Stampato dalla
Litografia LI.PE snc San Giovanni Persiceto (Bo)
Aprile 2003

STUDI E RICERCHE

ultimi volumi pubblicati:

469. Franca Maino, *La politica sanitaria*
470. Gian Maria Gros-Pietro - Edoardo Reviglio - Alfio Torrisi, *Assetti proprietari e mercati finanziari europei*
471. *Protezione sociale, occupazione e integrazione europea*, a cura di Giuseppe Bertola, Tito Boeri e Giuseppe Nicoletti
472. Elena Granaglia, *Modelli di politica sociale*
473. *I servizi sanitari in Italia – 2001*, a cura di Gianluca Fiorentini
474. Giuliano Amato - Mauro Maré, *Le pensioni. Il pilastro mancante*
475. Marcello Clarich - Andrea Pisaneschi, *Le fondazioni bancarie. Dalla holding creditizia all'ente non-profit*
476. Marco Lamandini, *Struttura finanziaria e governo nelle società di capitali. Le prospettive di riforma*
477. Ronald Dore, *Capitalismo di borsa o capitalismo di welfare?*
478. Emanuela Poli, *Forza Italia. Strutture, leadership e radicamento territoriale*
479. *La riforma del sistema previdenziale italiano. Opzioni e proposte*, a cura di Elsa Fornero e Onorato Castellino
480. *La finanza pubblica italiana. Rapporto 2001*, a cura di Luigi Bernardi e Alberto Zanardi
481. *Scelte cruciali. Giovani e famiglie di fronte alle scelte alla fine della scuola secondaria. Un'indagine Iard su un campione di maturandi delle scuole milanesi*, a cura di Alessadro Cavalli e Carla Facchini
482. Miriam A. Golden, *Eroiche sconfitte. Sindacati e politiche di riduzione del personale*
483. ISAE, *Rapporto sullo stato dell'Unione Europea*, a cura di Fiorella Kostoris Padoa Schioppa
484. *Dall'Ulivo al governo Berlusconi. Le elezioni del 13 maggio 2001 e il sistema politico italiano*, a cura di Gianfranco Pasquino
485. Renata Lizzi, *La politica agricola*
486. *Maggioritario finalmente? La transizione elettorale 1994-2001*, a cura di Roberto D'Alimonte e Stefano Bartolini

487. Roberto Cartocci, *Diventare grandi in tempi di cinismo. Identità nazionale, memoria collettiva e fiducia nelle istituzioni tra i giovani italiani*
488. Carla Barbati, *L'attività consultiva nelle trasformazioni amministrative*
489. Costanzo Ranci, *Le nuove disuguaglianze sociali in Italia*
490. *Giovani del nuovo secolo. Quinto rapporto* IARD *sulla condizione giovanile in Italia*, a cura di Carlo Buzzi, Alessandro Cavalli e Antonio de Lillo
491. Fabrizio Saccomanni, *Tigri globali, domatori nazionali. Il difficile rapporto tra finanza globale e autorità monetarie nazionali*
492. Nadia Linciano e Alfredo Macchiati, *Insider trading. Una regolazione difficile*
493. Lorenzo Fischer - Maria Grazia Fischer - Marco Masuelli, *I dirigenti nella scuola dell'autonomia*
494. Alessandro Natalini, *Le semplificazioni amministrative*
495. Tito Boeri - Roberto Perotti, *Meno pensioni, più welfare*
496. Angelo Pichierri, *La regolazione dei sistemi locali. Attori, strategie, strutture*
497. *Vite ineguali. Disuguaglianze e corsi di vita nell'Italia contemporanea*, a cura di Antonio Schizzerotto
498. *I servizi sanitari in Italia – 2002*, a cura di Gianluca Fiorentini
499. Raimondo Catanzaro - Fortunata Piselli - Francesco Ramella - Carlo Trigilia, *Comuni nuovi. Il cambiamento nei governi locali*
500. ISAE, *Rapporto sullo stato dell'Unione Europea 2002*, a cura di Fiorella Kostoris Padoa Schioppa
501. Giovanni Pascuzzi, *Il diritto dell'era digitale. Tecnologie informatiche e regole privatistiche*
502. *Le ragioni dell'elettore. Perché ha vinto il centro-destra nelle elezioni italiane del 2001*, a cura di Mario Caciagli e Piergiorgio Corbetta
503. Franco Garelli, *Sfide per la Chiesa nel nuovo secolo. Indagine sul clero in Italia*
504. Daniela Marchesi, *Litiganti, avvocati e magistrati. Diritto ed economia del processo civile*
505. *Sentirsi in/sicuri in città*, a cura di Bruna Zani
506. Nicola Lupo, *Dalla legge al regolamento. Lo sviluppo della potestà normativa del governo nella disciplina delle pubbliche amministrazioni*
507. Antonio La Spina, *La politica per il Mezzogiorno*

Qualora –
nonché –